PRACTICAL SCIENTIFIC RUSSIAN

PRACTICAL
SCIENTIFIC RUSSIAN

S. KAGANOFF

G
B

GORDON AND BREACH

SCIENCE PUBLISHERS, Inc.   NEW YORK · LONDON · PARIS

COPYRIGHT © 1967 BY GORDON AND BREACH
Science Publishers, Inc.
150 Fifth Avenue, New York, N.Y. 10011
Library of Congress Catalog Card Number 66–28067

Editorial Office for Great Britain:
Gordon and Breach, Science Publishers Ltd., 8 Bloomsbury Way, London WC1

Editorial Office for France:
Gordon & Breach
7–9 rue Emile Dubois, Paris 14e

Distributed in France by:
Dunod Editeur, 92 rue Bonaparte, Paris 6e

Distributed in Canada by:
The Ryerson Press, 299 Queen Street West, Toronto 2B, Ontario

Printed in Germany by VEB Leipziger Druckhaus, Leipzig

Contents

Introduction

THIS book has been written for the scientist or engineer who wishes to be able to make his own direct translations of Russian scientific and technical literature. It has been designed to offer detailed guidance for translating such literature not only by giving a broad foundation in the grammar used but also by dealing with the idioms and expressions characteristic of scientific and technical writings. The materials used in the examples and exercises have been chosen with a strong emphasis on expressions used in the fields of physics and electronics. Special attention has been given to the differences between Russian and English expressions.

To help the reader acquire an active vocabulary in a comparatively short time the first chapters contain numerous cognates (related words) that can be easily recognized. In the grammatical chapters the exercises give the student practice in mastering each part of speech as well as the various kinds of sentence construction. The amount of material in exercises has been dictated by the frequency of usage of the particular part of speech and type of sentence.

The exercises in the Reader give complete abstracts as they appear in *Referativnyi Zhurnal-Fizika*. Thus the student has supplementary reading for review of grammar and at the same time he can check his progress by translating abstracts of articles in his field of interest.

The vocabularies usually follow the text. They contain all the words given in the appropriate exercise, excluding the cognates, which can be found in the cumulative vocabulary.

The material used in the book was originally compiled as a course for a group of scientists and engineers who wished to translate Russian scientific and technical literature themselves. It was their success in utilizing this approach that led to the expansion of the material into book form.

The author wishes to express his deep gratitude to his daughter-in-law Ann Kaganoff and to his son Sheldon for editorial and critical assistance.

The author also wishes to express his appreciation to Mr. H. C. LaParo and Mr. B. Burkhoff, of ITT Laboratories, who made available excellent teaching facilities and kindly provided all necessary instructional materials.

Chapter 1

The Russian Alphabet

§ 1. The Russian alphabet consists of thirty-three letters:

Printed		Letter — Written		Name	Pronounced as in
А	а	$\mathcal{A}$	a	ah	far
Б	б	$\mathcal{Б}$	σ	beh	book
В	в	$\mathcal{B}$	ℓ	veh	valve
Г	г	$\mathcal{T}$	ι	geh	go
Д	д	$\mathcal{D}$	g	deh	day
Е	е	$\mathcal{E}$	ℓ	yeh	yes
Ё	ё	$\ddot{\mathcal{E}}$	$\ddot{\ell}$	yoh	
Ж	ж	$\mathcal{Ж}$	$ж$	zheh	treasure
З	з	$\mathcal{Z}$	z	zeh	zeal
И	и	$\mathcal{U}$	u	ee	see
Й	й	$\breve{\mathcal{U}}$	u	ee (short)	toy
К	к	$\mathcal{K}$	$к$	kah	ink
Л	л	$\mathcal{A}$	λ	ell	sold
М	м	$\mathcal{M}$	$м$	em	me
Н	н	$\mathcal{H}$	$н$	en	none
О	о	$\mathcal{O}$	o	oh	talk
П	п	$\mathcal{T}$	n	peh	pay
Р	р	$\mathcal{P}$	n	err	"form"
С	с	$\mathcal{C}$	c	ess	small
Т	т	$\mathcal{T}$	m	teh	tie
У	у	$\mathcal{Y}$	y	ooh	foot
Ф	ф	$\mathcal{F}$	φ	eff	fame
Х	х	$\mathcal{X}$	x	khah	
Ц	ц	$\mathcal{U}$	$ц$	tseh	quartz
Ч	ч	$\mathcal{U}$	γ	cheh	child

2

	Letter		Name	Pronounced as in
Printed	Written			
Ш ш	*Ш*	*ш*	shah	share
Щ щ	*Щ*	*щ*	shchah	(borshch)
Ъ ъ	*ъ*	*ъ*	hard sign	
Ы ы	*ы*	*ы*	yerih	"it"
Ь ь	*ь*	*ь*	soft sign	
Э э	*э*	*э*	eh	men
Ю ю	*Ю*	*ю*	yuh	you
Я я	*Я*	*я*	yah	yard

§ 2. The letters are grouped in the following manner, depending on their sound:

(1) Vowels

    (a) Hard: а, э, ы, о, у.

    (b) Soft: я, е, и, ё, ю.

(2) Consonants: б, в, г, д, ж, з, к, л, м, н, п, р, с, т, ф, х, ц, ч, ш, щ.

(3) Semivowel: й

(4) Soundless: ъ, ь.

Exercise 1. Underline the vowels in the following words:

Калориметрия, электронный, демонстрационный, регистрация, потенциал, коэффициент, стереоскопия, интерметаллический, кристаллография, радиотехника, нейтрон, интерпретация, электромагнит, телефон, телеграф, телеграфист, телевизия, спецификация, фотоэлектричество, ионизация, температурный, акустический, осциллограмма, термоэлектрический, параметрический, парамагнитный, пульсация.

§ 3. Voiced and voiceless consonants:

(1) Voiced consonants: л, м, н, р, | б, в, г, д, з, ж,

(2) Voiceless consonants: | п, ф, к, т, с, ш, | х, ц, ч, щ.

The consonants in the block form pairs:

б-п, в-ф, г-к, д-т, з-с, ж-ш.

1*

Exercise 2. Pronounce the following:

аа	я	э	е	ы	и	о	ё	у	ю
ба	бя	бэ	бе	бы	би	бо	бё	бу	бю
ва	вя	вэ	ве	вы	ви	во	вё	ву	вю
га	гя	гэ	ге		ги	го	гё	гу	гю
да	дя	дэ	де	ды	ди	до	дё	ду	дю
за	зя	зэ	зе	зы	зи	зо	зё	зу	зю
ка	кя	кэ	ке		ки	ко	кё	ку	кю
ла	ля	лэ	ле	лы	ли	ло	лё	лу	лю
ма	мя	мэ	ме	мы	ми	мо	мё	му	мю
на	ня	нэ	не	ны	ни	но	нё	ну	ню
па	пя	пэ	пе	пы	пи	по	пё	пу	пю
са	ся	сэ	се	сы	си	со	сё	су	сю
та	тя	тэ	те	ты	ти	то	тё	ту	тю
фа	фя	фэ	фе	фы	фи	фо	фё	фу	фю

§(4) Most consonants may be either hard or soft. When letter -ь is placed in the middle or at the end of a word it indicates softness.

Examples: у́гол – у́голь   angle – coal,   эму́льсия

Exercise 3. Pronounce the following:

шест – шесть   pole – six,   ел – ель   he ate – spruce,   стал – сталь he stood – steel,   брат – брать   brother – to take,   жал – жаль he pressed – pity,   вес – весь   weight – all,   апре́ль, мо́дуль, моде́ль, нуль.

Exercise 4. Pronounce the following:

гальвано́метр, вольта́ж, вольфра́м, идеа́льный, принципиа́льный, фор-ма́льный, минима́льный, максима́льный, альбе́до, а́льфа, анома́льный, мультипле́тный, весьма́ greatly,   да́льше further,   де́ньги money,   отде́льный separate,   статья́ article,   ме́ньше less, ско́лько how much,   не́сколько several.

§ 5. Letters я, е, ё, ю have a double function:

(1) At the beginning of the word, after vowels, and after -ъ, -ь, -я denotes йа, -е denotes йэ, ё denotes йо, -ю denotes йу.

Examples: юбиле́й, батаре́я, евро́пий.

(2) After consonants the letters я, е, ё, ю denote sounds а, э, о, у and indicate the softening of the preceding consonant.

Examples: се́ра sulfur,   слюда́ mica,   изоля́тор.

Exercise 5. Pronounce the following:

яйцо́ egg,
язы́к language, tongue,
яд poison,
едини́ца unit,
вибра́ция,
юг south,
генера́ция,
ядро́ nucleus,
появле́ние appearance,
мая́к beacon,
литьё casting,
объясне́ние explanation,
объявля́ть to announce,
рытьё digging.

я́ркий bright,
я́сный clear,
явле́ние phenomenon,
ёмкость capacitance,
едва́ hardly,
ёмкостный capacitive,
юстиро́вка alignment,
юпи́тер,
вариа́ция,
враще́ние rotation,
заземле́ние grounding,
объясня́ть to explain,
объединя́ть to unite,

Exercise 6. Pronounce the following:

желе́зо iron,
разря́д discharge,
явля́ться to appear,
определя́ть to determine,
уравне́ние equation,
изменя́ть to vary,
позволя́ть to allow,

заря́д charge,
наблюда́ть to observe,
определи́ть to determine,
применя́ть to apply,
сходя́щийся converging,
рассе́яние scattering,
переключа́ть to switch.

§ 6. After ж, ч, ш, щ, г, к, х, do not write ы, ю, я; use instead и, у, а.
Examples: жи́дкость liquid,   ощуща́ть to feel.
Exception: some words of foreign origin; as, брошю́ра, жюри́.
After letter ч do not write ю, я, use instead у, а.
Examples: грани́ца boundary,   едини́ца unit.

Exercise 7. Pronounce the following:

выра́щивать to grow,
часть part,
освеща́ть to illuminate,
о́бщий general,
гала́ктика,
вы́числить to calculate,
насыща́ть to saturate,

получи́ть to receive,
намагни́чивание magnetization,
эне́ргия,
отража́ть to reflect,
печа́тать to print,
шунт,
зажи́м terminal,

заряжа́ть to charge,	слу́шать to listen,
све́шивать to let down,	замеча́ние remark,
запи́ски notes,	журна́л.

§ 7. There are as many syllables in a word as there are vowels. Examples: ци-ли́ндр, спек-тро-фо-то-ме́т-ри-я.

Exercise 8. Syllabilize the words given in Exercise 7.

Exercise 9. Translate into English and put the Russian words into alphabetical order.

Центр, атмосфе́ра, ультрааку́стика, пери́од, а́льфа, изоля́тор, фо́сфор, нео́н, ио́ны, вибра́тор, люминофо́р, батаре́я, электроско́п, ква́нтум, спектр, калибра́тор, тита́н, океа́н, ре́ний, диэле́ктрик, га́мма, сама́рий, о́птика, модуля́тор, температу́ра, баро́метр, руби́дий, электро́ника, шторм, ша́сси, циклотро́н, термодина́мика, хлор, бром, мета́лл, парамагни́тный, вана́дий, кера́мика, като́д, генера́тор, та́ллий, бор, диффу́зия, седимента́ция, зо́на, ни́кель, бе́та, си́нхротрон, ферри́ты, меха́ника, электриза́ция, резона́тор, характери́стика, плане́та, криста́лл, ви́смут, цинк, це́зий, фараде́й, аку́стика, филосо́фия, тропосфе́ра, ли́нза, полиме́р, фи́зика, изоба́р, ге́лий, ли́тий, магни́т, лока́тор, дефе́кт, радиа́ция, сейсмоло́гия, гальвано́метр, пла́тина, а́том, энтропи́я, тео́рия, диффра́кция, ана́лиз, о́мметр, ва́куум, озо́н, объекти́в, дио́д, интерфере́нция, раке́та, игнитро́н, хи́мия, хром, циркуля́ция, нукло́н, вулка́н, графи́т, нейтро́н, индика́ция, ду́плекс, спидо́метр, си́нус, синхрониза́ция, реле́, радионавига́ция, прое́ктор, монта́ж, ме́гатрон, коммута́тор, гармо́ника, вибра́ция, акаде́мия, ма́гнетрон, и́мпульс, ди́поль.

Chapter 2

Word Elements

§ 8. A word may consist of several elements: prefix, root, suffix, and ending. The combination of the elements without the ending is called the stem.

Example: в-ход-и́-ть   to enter

в- prefix,   -ход- root,   -и- suffix,   -ть ending.

§ 9. The prefix precedes the root and imparts additional meaning to the word.

Example: ход-и́-ть   to go,   в-ход-и́-ть   to enter.

§ 10. The root is the element containing the principal meaning of the word.

Example: ход   motion,   в-ход   entrance,   вы́-ход   outlet, у-хо́д   departure.

§ 11. The suffix follows the root and imparts additional meaning to the word.

Example: в-ход-я́щ-ий   incoming.

§ 12. The ending is the element imparting grammatical form (gender, number, case, person, etc.) to the word.

Examples: в-ход   entrance,   в-хо́д-а   of the entrance, к вхо́ду   to the entrance.

Exercise 10. Indicate the elements which make up the following words:

писа́ть   to write,
вписа́ть   to inscribe,
списа́ть   to copy out,
записа́ть   to write down,
прихо́д   arrival, income,
расхо́д   expense,
переходи́ть   to get across,

заходи́ть   to call,
перехо́дный   transitional,
дописа́ть   to finish writing,
приписа́ть   to ascribe,
переписа́ть   to rewrite,
надписа́ть   to inscribe,
приходи́ть   to arrive,

7

перехо́д   transition,

восходи́ть   to ascend,

восхо́д   rising,

подписа́ть   to sign,

писа́тель   writer,

писе́ц   clerk,

дохо́д   income,

подхо́д   approach,

подходи́ть   to approach

Formation of words

The main methods used in forming words are: prefixation (§ 13), suffixation (§ 14), prefixation + suffixation (§ 15), attaching particles (§ 16), alternation of stress (§ 17), compounding words (§ 18), alternation of vowels (§ 19), and alternation of consonants (§ 20).

§ 13. Prefixation:
Prefix:

(1) Adjective → adjective

а-	мора́льный	– амора́льный
анти-	мора́льный	– антимора́льный
интер-	национа́льный	– интернациона́льный

(2) Verb → verb

в-	бежа́ть – вбежа́ть	to run – to run into
до-	бежа́ть – добежа́ть	to run – to run to
за-	бежа́ть – забежа́ть	to run – to drop in

(3) Numeral → adverb

в-	двое – вдво́е	two – twice

(4) Adverb → adverb

ни-	когда́ – никогда́	when – never

§ 14. Suffixation:
Suffix: Suffix

(1) Noun → noun

-изм	материа́л – материали́зм	-тор	изоля́ция – изоля́тор
-анец	Аме́рика – америка́нец		

(2) Noun → adjective

-онн-	изоля́ция – изоляцио́нный	-н-	а́том – а́томный
-ческ-	фотогра́фия – фотографи́ческий		

(3) Verb → noun

-щик	полирова́ть – полиро́вщик	to polish	– polisher
-тель	испыта́ть – испыта́тель	to test	– tester
-ок	списа́ть – спи́сок	to copy out – a list	

(4) Verb → verb

-а   реши́ть – реша́ть   to decide

(5) Adjective → adverb

Suffix:

| -о- | тёплый – тепло́ | warm – heat |
| -и- | факти́ческий – факти́чески | actual – actually |

§ 15. Prefixation + suffixation:

пуска́ть – пусти́ть   to allow,   запусти́ть   to neglect
броса́ть – бро́сить   to throw,   вы́бросить   to throw out

§ 16. Attaching particles:

Particle:

-то	кто	кто – то	who	– somebody
-бы	что	что́бы	what	– that
-ся	учи́ть	– учи́ться	to teach	– to learn

§ 17. Alternation of stress:

число́ – чи́сла – чи́сла́   number – numbers – of the number
кольцо́ – ко́льца – кольца́   ring – rings – of the ring
ядро́ – я́дра – ядра́   nucleus – nuclei – of the nucleus

§ 18. Compounding words:

(1) Noun + verb + noun

волна́ + води́ть   → волново́д
wave   to guide   waveguide

(2) Adjective + noun → adjective

высо́кий + частота́   → высокочасто́тный
high   frequency   high frequency (attr.)

(3) Noun + noun → noun

газ + анализа́тор → газоанализа́тор

§ 19. Alternation of vowels:

о – а	рост	– расти́	growth	–to grow
е – и	деле́ние	– дели́ть	division	– to divide
е – о	нести́	– носи́ть	to carry	
о – ы	назову́	– называ́ть	I shall come	– to name
е – ё	стекло́	– стёкла	glass	– glasses

Exercise 11. Underline the vowels alternating in the following pairs of words:

измере́ние	– изме́рить	measurement	– to measure
сма́зочный	– сма́зывать	lubricating	– to lubricate
лета́ть	– самолёт	to fly	– aircraft
туше́ние	– туши́ть	extinguishing	– to extinguish
стро́ить	– устра́ивать	to build	– to arrange
получе́ние	– получи́ть	receipt	– to receive
улучше́ние	– улу́чшить	improvement	– to improve

§ 20. Alternation of consonants:

з – ж	бли́зкий	– бли́же	near	– nearer
с – ш	высо́кий	– вы́ше	tall	– taller
ст – щ	просто́й	– про́ще	simple	– simpler
к – ч	фи́зика	– физи́ческий		
г – ж	дви́гать	– движе́ние	to move	– movement
т – щ	защи́та	– защища́ть	protection	– to protect
ц – ч	коне́ц	– коне́чный	end	– final
д – ж	ходи́ть	– хожу́	to walk	– I walk

Exercise 12. Underline the consonants alternating in the following pairs of words:

части́ца	– части́чный	particle	– partial
густо́й	– гу́ще	dense	– denser
писа́ть	– пишу́	to write	– I write
о́птика	– опти́ческий		
диэле́ктрик	– диэлектри́ческий		
матема́тика	– математи́ческий		
меха́ника	– механи́ческий		
ни́зкий	– ни́же	low	– lower
твёрдый	– твёрже	hard	– harder
достига́ть	– достиже́ние	to achieve	– achievement

наука	– научный	science	– scientific
свет	– освещать	light	– to illuminate
присходить	– происхождение	to occur	– origin
вырастить	– выращивание	to grow	– growth
возбудить	– возбуждение	to excite	– excitement

§ 21. Fleeting o, e. In the formation of some words the vowels o, e are frequently omitted.

Examples: порядок – порядковый   order – ordinal
конец – концы́   end – ends   американец – американцы

Exercise 13. Underline the fleeting letters o, e in the following words:

свинец	– свинца́	lead	– of lead
у́ровень	– у́ровни	level	– levels
порошо́к	– порошки́	powder	– powders
отре́зок	– отре́зки	segment	– segments
образе́ц	– образцы́	specimen	– specimens
пучо́к	– пучки́	beam	– beams
у́зел	– узлы́	node	– nodes
у́гол	– углы́	angle	– angles

Chapter 3

Parts of Speech: Nouns

§ 22. There are ten parts of speech in the Russian language:

(1) Nouns (Chapter 3)
(2) Adjectives (Chapter 4)
(3) Numerals (Chapter 5)
(4) Pronouns (Chapter 6)
(5) Verbs (Chapters 7–9)

(6) Adverbs (Chapter 10)
(7) Prepositions (Chapter 11)
(8) Conjunctions (Chapter 12)
(9) Particles (Chapter 13)
(10) Interjections

The first five parts of speech (nouns, adjectives, numerals, pronouns, and verbs) possess different forms which depend on case, number, gender, tense, person, and other features. The adverbs, prepositions, conjunctions, and particles do not possess such forms and remain unchanged. Interjections are of no importance in scientific language and are omitted.

§ 23. Nouns. Words referring to persons, things, and places to which we may put the question: who or what?

Kinds of nouns: proper nouns, common nouns, collective nouns, and abstract nouns.

§ 24. Proper nouns are:

(1) Names of persons; as, Эйнштейн, Фёрми.

(2) Geographical names (countries, towns, oceans, rivers, lakes, mountains, etc.) as, Москва́, Байка́л, Во́лга.

(3) Titles of books, periodicals, etc.; as Успе́хи физи́ческих Нау́к *Advances in Physical Science*.

§ 25. Common nouns are in general class names of persons and objects; as, студе́нт, журна́л.

§ 26. Collective nouns are names used to denote aggregates of persons or objects; as, о́бщество society, буке́т.

§ 27. Abstract nouns are names used to denote attributes of persons or objects; as, зна́ние knowledge, красота́ beauty.

§ 28. In Russian the names of days and months are considered common nouns and are not capitalized; as, май, вто́рник Tuesday.

Animate and inanimate nouns

§ 29. Animate nouns are names used to denote living things; as, челове́к person, живо́тное animal.

§ 30. Inanimate nouns are used to denote non-living things; as, кни́га book, проводни́к conductor.

§ 31. Gender of nouns: masculine, feminine, and neuter. The genders of nouns are differentiated by endings and suffixes.

Use of endings to differentiate gender

§ 32. Masculine:

(1) All nouns with the stem ending in a hard consonant; as, газ, про́вод wire, вид aspect, зако́н law.

(2) Most nouns with the stem ending in a soft consonant; as, у́ровень level.

(3) Most nouns with the stem ending in й; as, слой layer, слу́чай case, край edge.

§ 33. Feminine:

(1) Most nouns with the ending -a; as, частота́ frequency, обмо́тка winding, кату́шка coil, едини́ца unit.

(2) Most nouns with the ending -я; as, пе́тля loop, пу́ля bullet.

(3) Most nouns with the ending -ия; as, конфере́нция, фу́нкция.

(4) Some nouns with the stem ending in a soft consonant; as, ось axis.

(5) After ж, ч, ш, щ, the letter ь is used only at the end of feminine nouns; as, по́мощь help, печь furnace, ночь night.

§ 34. Neuter:

(1) Nouns with the ending -o; as, сво́йство property.

(2) Nouns with the ending -e; as, по́ле field, мо́ре sea.

(3) Nouns with the ending -ие; as, соединéние compound, сопротивлéние resistance, отвéрстие opening, изменéние change, поглощéние absorption.

(4) Nouns with the ending -мя; as, и́мя name, врéмя time, сéмя seed.

Use of suffixes to differentiate gender

§ 35. Masculine:

(1) Suffix -тель: выключáтель switch, измери́тель measuring instrument, дели́тель divisor, числи́тель numerator, знаменáтель denominator, мнóжитель factor, носи́тель carrier.

(2) Suffix -тор: коммутáтор, конденсáтор, трансду́ктор, дискриминáтор.

§ 36. Feminine:

Suffix -ость: вя́зкость viscosity, ги́бкость flexibility, лóмкость fragility, плáвкость fusibility, зави́симость dependence, необходи́мость necessity.

§ 37. Neuter:

(1) Suffix -ств-: произвóдство production, устрóйство arrangement, достóинство quality.

(2) Suffix -ени-: достижéние achievement, изобретéние invention, строéние structure, делéние division.

Exercise 14. Translate into English and group the nouns according to gender:

фронт, магнетрóн, атмосфéра, батарéя, материáл, кристáлл, фильтр, компенсáция, магнети́зм, панéль, пресс, телегрáмма, модéль, полимéр, журнáл, инстру́кция, мину́та, маши́на, милливóльтметр, диагрáмма, гру́ппа, индикáтор, гальванóметр, анóд, аргóн, систéма, диффрáкция, вáкуум, импéданс, интервáл, поляризáция, метáлл, плáзма, си́нтез, трансформáтор, транзи́стор, микрóн, интерферéнция, индикáция, мéтод, нихрóм, микрофóн, ионосфéра, гистерéзис, инéртность, газ, элемéнт, журнали́ст, игнитрóн, люминесцéнция, технолóгия, тип, детéктор, гермáний, манипуля́ция, стереоскóп, характери́стика, синхрогенерáтор, плáтина, механи́зм, контáкт, спектр, модуля́ция, резонáтор, генерáтор, баланс, анте́нна, пери́од, ра́дио, коэффицие́нт, сигна́л, бланк, ве́ктор, и́мпульс, поляро́н, потенциа́л, осцилла́тор, плато́, спира́ль, кварц, радиоко́мпас, люме́н, диэле́ктрик, дипо́ль, металлу́ргия, миллиа́мпер, микросеку́нда, институ́т, зо́на, га́усс, вибра́тор.

Number of nouns

§ 38. Plural of masculine nouns:

(1) Nouns ending in a hard consonant take ы in the plural; as,

газ – га́зы.

(2) Nouns ending in a soft consonant or й take и; as,

| носи́тель – носи́тели | carrier – carriers, |
| слой – слой | layer – layers. |

(3) Nouns having ж, ч, ш, щ, г, к, х at the end take -и in the plural; as,

| ток – то́ки | current – currents, |
| луч – лучи́ | ray – rays. |

(4) Irregular plurals:

глаз	– глаза́	eye	– eyes
год	– года́	year	– years
учи́тель	– учителья́	teacher	– teachers
англича́нин	– англича́не	Englishman	– Englishmen
брат	– бра́тья	brother	– brothers
стул	– сту́лья	chair	– chairs
лист	– ли́стья	leaf	– leaves
(another plural	лист – листы	sheet – sheets)

Exercise 15. Indicate the change of endings in the following pairs of nouns:

знак	– зна́ки	sign	– signs
проце́сс	– проце́ссы		
элеме́нт	– элеме́нты		
слу́чай	– слу́чаи	case	– cases
дипо́ль	– дипо́ли		
вы́вод	– вы́воды	conclusion	– conclusions
цикл	– ци́клы		
изото́п	– изото́пы		
пото́к	– пото́ки	stream	– streams

по́ршень	– по́ршни	piston	– pistons
ана́лиз	– ана́лизы		
ме́тод	– ме́тоды		
криста́лл	– криста́ллы		
сте́ржень	– сте́ржни	pivot	– pivots
сигна́л	– сигна́лы		
исто́чник	– исто́чники	source	– sources
объём	– объёмы	volume	– volumes

§ 39. Plural of feminine nouns:

(1) Nouns ending in -a take -ы in the plural; as,

частота́ – часто́ты   frequency – frequencies.

(2) Nouns ending in a soft consonant or -я take -и in the plural:

пе́тля – пе́тли loop – loops,   ось – о́си axis – axes.

(3) Nouns with ж, ч, ш, щ, г, к, х, before the final -a take -и as,

оболо́чка – оболо́чки shell – shells,   кни́га – кни́ги book – books,
поме́ха – поме́хи   interference – interferences.

Exercise 16. Indicate the change of endings in the following pairs of
nouns:

то́чка	– то́чки	point	– points
моде́ль	– моде́ли		
полоса́	– по́лосы	band	– bands
жи́дкость	– жи́дкости	liquid	– liquids
се́тка	– се́тки	grid	– grids
поте́ря	– поте́ри	loss	– losses
фо́рма	– фо́рмы		
дуга́	– ду́ги	arc	– arcs
анте́нна	– анте́нны		
рабо́та	– рабо́ты	work	– works
статья́	– статьи́	article	– articles
систе́ма	– систе́мы		
плане́та	– плане́ты		
зада́ча	– зада́чи	problem	– problems
о́бласть	– о́бласти	region	– regions
эне́ргия	– эне́ргии		
фа́за	– фа́зы		
цель	– це́ли	goal	– goals
диагра́мма	– диагра́ммы		

среда́	– сре́ды	medium	– media
пове́рхность	– пове́рхности	surface	– surfaces
ка́мера	– ка́меры	chamber	– chambers
ско́рость	– ско́рости	velocity	– velocities
ёмкость	– ёмкости	capacity	– capacities

§ 40. Plural of neuter nouns:

(1) Nouns ending in -o take -a in the plural; as,
сво́йство – сво́йства   property – properties.

(2) Nouns ending in -e take -я in the plural; as,
по́ле – поля́   field – fields.

(3) Nouns ending in -мя take -ена in the plural; as,
вре́мя – времена́   time – times.

(4) Irregular plurals: у́хо – у́ши   ear – ears,
де́рево – деревья   tree – trees,   перо́ – пе́рья   pen – pens,
плечо́ – пле́чи   shoulder – shoulders.

Exercise 17. Indicate the change of endings in the following pairs of nouns:

се́мя	– семена́	seed	– seeds
устро́йство	– устро́йства	arrangement	– arrangements
ядро́	– я́дра	nucleus	– nuclei
излуче́ние	– излуче́ния	radiation	– radiations
те́ло	– тела́	body	– bodies
измере́ние	– измере́ния	measurement	– measurements
усло́вие	– усло́вия	condition	– conditions
уравне́ние	– уравне́ния	equation	– equations
число́	– чи́сла	number	– numbers
заключе́ние	– заключе́ния	conclusion	– conclusions
решение	– решения	solution	– solutions
замеча́ние	– замеча́ния	remark	– remarks
отноше́ние	– отноше́ния	ratio	– ratios
стекло́	– стёкла	glass	– glasses
и́мя	– имена́	name	– names
сообще́ние	– сообще́ния	communication	– communications
вещество́	– вещества́	substance	– substances
движе́ние	– движе́ния	motion	– motions
зе́ркало	– зеркала́	mirror	– mirrors

2   PSR

§ 41. Nouns used only in singular:

(1) Collective nouns; as листва foliage, профессу́ра, аппарату́ра, агенту́ра.

(2) Abstract nouns; as, разви́тие development, отва́га courage.

(3) Substantive nouns; as, желе́зо iron, цинк, молоко́ milk.

(4) Some proper nouns; as, А́фрика, Москва́.

§ 42. Nouns used only in the plural:

(1) Objects consisting of one or more parts; as, очки́ eye-glasses, но́жницы scissors, часы́ clock, де́ньги money, мемуа́ры.

(2) Some proper nouns; as, А́льпы.

§ 43. The use of singular and plural for certain nouns is not exactly the same in Russian and English; as,

Russian		English	
Singular	Plural	Singular	Plural
–	часы́	clock	–
сове́т	сове́ты	advice	–
информа́ция	информа́ции	information	–
успе́х	успе́хи	progress	–
зна́ние	зна́ния	knowledge	–
–	де́ньги	money	–
–	во́лосы	hair	–
–	кани́кулы	vacation	–
това́р	това́ры	–	goods
оде́жда	оде́жды	–	clothes
содержа́ние	–	–	contents

Exercise 18. Form the plural of the following nouns:

фильтр, фу́нкция, ка́пля, смесь, обзо́р, звук, ле́нта, магни́т, ли́ния, шум, диск, расстоя́ние, фа́ктор, тео́рия, волна́, си́ла, ион, соедине́ние, сопротивле́ние, конфере́нция, механи́зм, ма́сса, эму́льсия, структу́ра, длина́, вещество́, зерно́, плёнка, крива́я, ле́кция, направле́ние, роль, клин, связь, пло́тность, перехо́д, моле́кула, разря́д, электро́н, лаборатóрия, ошúбка, напряжéние, примéр, спектр, заря́д, причúна, прúмесь, состоя́ние, заключéние, отражéние.

Vocabulary for Exercise 18

веществó substance	перехóд transition
волнá wave	плёнка film
длинá length	плóтность density
заключéние conclusion	примéр example
заря́д charge	прúмесь impurity
звук sound	причúна cause
зернó seed	разря́д discharge
кáпля drop	расстоя́ние distance
клин wedge	связь communication
кривáя curve	сúла force
лéнта tape	слой layer
лúния line	смесь mixture
направлéние direction	соединéние compound
напряжéние tension	сопротивлéние resistance
обзóр review	состоя́ние state
ошúбка error	шум noise

Declension of nouns

§ 44. Declensions are used to express the relationship between persons, objects, persons and objects, actions and persons, and actions and objects.

§ 45. There are six cases in the Russian language:

		Case	Typical question
Именительный	кто? что?	Nominative	who? what?
Родительный	когó? чегó?	Genitive	of whom? of what?
Дательный	комý? чемý?	Dative	to whom? to what?
Винительный	когó? что?	Accusative	whom? what?
Творительный	кем? чем?	Instrumental	by whom? by what?
Предложный	о ком? о чём?	Prepositional	about whom? about what?

Main types of declension

§ 46. Type 1. To this type belong:

(a) Masculine nouns with a hard and soft stem (having no ending or ending in -ь and -й); as, газ, дипóль, слой layer.

2*

(b) Neuter nouns with a hard and soft stem ending in -o or -e; as, устройство device, по́ле field, уравне́ние equation.

	Singular	Plural	Singular	Plural
Nom.	газ	га́з-ы	дипо́л-ь	дипо́л-и
Gen.	га́з-а	га́з-ов	дипо́л-я	дипо́л-ей
Dat.	га́з-у	га́з-ам	дипо́л-ю	дипо́л-ям
Acc.	газ	га́з-ы	дипо́л-ь	дипо́л-и
Instr.	га́з-ом	га́з-ами	дипо́л-ем	дипо́л-ями
Prep.	о газ-е	о га́з-ах	о дипо́л-е	о дипо́л-ях

Nom.	сло́-й	сло́-и	устро́йств-о	устро́йств-а
Gen.	сло́-я	сло́-ев	устро́йств-а	устро́йств
Dat.	сло́-ю	сло́-ям	устро́йств-у	устро́йств-ам
Acc.	сло́-й	сло́-и	устро́йств-о	устро́йств-а
Instr.	сло́-см	сло-я́ми	устро́йств-ом	устро́йств-ами
Prep.	о сло́-е	о сло-я́х	об устро́йств-е	об устро́йств-ах

	Singular	Plural	Singular	Plural
Nom.	по́л-е	пол-я́	уравне́н-ие	уравне́н-ия
Gen.	по́л-я	пол-е́й	уравне́н-ия	уравне́н-ий
Dat.	по́л-ю	пол-я́м	уравне́н-ию	уравне́н-иям
Acc.	по́л-е	пол-я́	уравне́н-ие	уравне́н-ия
Instr.	по́л-ем	пол-я́ми	уравне́ни-ем	уравне́н-иями
Prep.	о по́л-е	о пол-я́х	об уравне́н-ии	об уравне́н-иях

§ 47. Masculine animate nouns have identical endings for the genitive and accusative cases. Masculine inanimate nouns have identical endings for the nominative and accusative cases:

§ 48. Declension type 2. To this type belong: feminine nouns with a hard and soft stem ending in -a or -я; as, фа́за, ми́ля, тео́рия, грани́ца boundary

	Singular	Plural	Singular	Plural
Nom.	фа́з-а	фа́з-ы	ми́л-я	ми́л-и
Gen.	фа́з-ы	фаз	ми́л-и	мил-ь
Dat.	фа́з-е	фа́з-ам	ми́л-е	ми́л-ям
Acc.	фа́з-у	фа́з-ы	ми́л-ю	ми́л-и
Instr.	фа́з-ой	фа́з-ами	ми́л-ей	ми́л-ями
Prep.	о фа́з-е	о фа́з-ах	о ми́л-е	о ми́л-ях

Nom.	теóр-ия	теóр-ии	грани́ц-а	грани́ц-ы
Gen.	теóр-ии	теóр-ий	грани́ц-ы	грани́ц
Dat.	теóр-ии	теóр-иям	грани́ц-е	грани́ц-ам
Acc.	теóр-ию	теóр-ии	грани́ц-у	грани́ц-ы
Instr.	теор-ией	теóр-иями	грани́ц-ей	грани́ц-ами
Prep.	о теóр-ии	о теóр-иях	о грани́ц-е	о грани́ц-ах

§ 49. Declension type 3. To this type belong: feminine nouns with the stem ending in a soft consonant (with the exception of й) and ж, ч, ш, щ, ц; as, модéль, вещь thing.

	Singular	Plural	Singular	Plural
Nom.	модéл-ь	модéл-и	вещ-ь	вéщ-и
Gen.	модéл-и	модéл-ей	вéщ-и	вещ-éй
Dat.	модéл-и	модéл-ям	вéщ-и	вещ-áм
Acc.	модéл-ь	модéл-и	вещ-ь	вéщ-и
Instr.	модéл-ью	модéл-ями	вéщ-ью	вещ-áми
Prep.	о модéл-и	о модéл-ях	вéщ-и	о вещ-áх

§ 50. Mixed declension type. To this type belong neuter nouns ending in -мя; as, врéмя time.

	Singular	Plural
Nom.	врéм-я	врем-енá
Gen.	врéм-ени	врем-ён
Dat.	врéм-ени	врем-енáм
Acc.	врéм-я	врем-енá
Instr.	врéм-енем	врем-енáми
Prep.	о врем-ени	о времен-áх

Exercise 19. Decline the following nouns:

нóвость news,
у́голь coal,
батарéя, числó number,
кость bone,
пу́ля bullet,
частотá frequency,

смесь mixture,
мáтрица, имя name,
энéргия,
у́гол angle,
дви́гатель motor,
обзóр review.

Uses of the cases

§ 51. The nominative case is used to denote:

(1) The subject; as,   Учи́тель чита́ет.   The teacher reads.

(2) The predicate; as,

Менделе́ев – изве́стный учёный.   Mendeleev is a famous scientist.

§ 52. The genitive case is used:

(1) In combination with other nouns to denote:

  (a) Possession; as,   Лаборато́рия Акаде́мии Нау́к.

  (b) Quality; as,   Жи́дкость высо́кой температу́ры кипе́ния.
                Liquid of high boiling point.

  (c) Partitive sense; as,   Грани́ца сло́я.   The boundary of the layer.

  (d) Measure; as,   Литр раство́ра.   A liter of solution.

  (e) Object or person possessing the quality; as,
    Расходи́мость интегра́лов.   Divergence of integrals.

  (f) Receiver of an action; as,   Ана́лиз зави́симости.
    An analysis of the dependence.

  (g) Relation; as,   Профе́ссор университе́та.

(2) In combination with numerals (see § 86).

(3) In combination with verbs (see § 156).

(4) In combination with prepositions (see § 276, § 277).

Note: For uses of other cases – see as follows:

	without prepositions with verbs	with prepositions see
Dative	§ 157	§ 278, § 279
Accusative	§ 158	§ 280, § 281
Instrumental	§ 159	§ 282, § 283
Prepositional		§ 284

Exercise 20. Indicate the nouns used in the genitive case and put them in the nominative case.

(a) Физи́ческий институ́т Акаде́-   Newton's law. Faraday effect in
мии Нау́к. Зако́н Ньюто́на   gases and vapors.
Зако́н Эйнште́йна. Эффект
Фараде́я в га́зах и пара́х.

(b) Металлы высокой температу́ры   Metals of high melting point.
     плавле́ния.
     Металлы высо́кой проводи́-   Metals of high conductivity.
     мости.
     Реакти́в высо́кой чистоты́.   High purity reagent.
     Тео́рия неупру́гого рассе́яния.   Theory of inelastic scattering.

(c) Грани́цы зёрен.   Grain boundaries.
     Поро́г образова́ния.   Threshold for the formation.
     О́бласть зави́симости.   Region of the dependence.
     Часть се́ти.   Part of the network.
     Пове́рхность мета́лла.   The surface of the metal.

(d) Квадра́т напряже́ния.   Square of the stress.
     О́бщее число́ уча́стков цепе́й.   Total number of chain segments.

(e) О́бщность механи́змов.   Common nature of the mechanism.
     Подви́жность дре́йфа элек-   Electron drift mobility.
     тро́нов.
     Энергети́ческая зави́симость   Energy dependence of cross section
     сече́ния вблизи́ поро́га.   near threshold.

(f) Постано́вка зада́чи.   Statement of the problem.
     Де́йствие p–n перехо́да.   The action of a p–n junction.
     Созда́ние выпрямле́ния.   Producing rectification.
     Прекраще́ние облуче́ния.   Discontinuation of irradiation.
     Рабо́та схе́мы.   Operation of the circuit.
     Поляриза́ция нейтро́нов.
     Тео́рия возникнове́ния радио-   Theory of the origin of the very low
     излуче́ний о́чень ни́зкой   frequency radio emission from the
     частоты́ из земно́й экзосфе́ры.   earth's exosphere.
     Постро́ение электри́ческих   Trajectory plotting in electron guns.
     траекто́рий в электри́ческих
     пу́шках.
     Дире́ктор лаборато́рии.
     Профе́ссор университе́та.

Exercise 21. Explain the use of the genitive case in the following expressions and put the nouns in the nominative case.

Механи́зм испуска́ния све́та.   Mechanism of light emission.
Тео́рия радиопереда́чи.   Theory of radio transmission.

Происхожде́ние послесвече́ния.	Origin of afterglows.
Результа́ты измере́ний.	Measurement results.
Уменьше́ние проводи́мости.	Diminution of conductivity.
Результа́ты о́пытов обраба́тывали ...	The experimental data were worked up ...
Схе́ма устано́вки.	A diagram of the installation.
Пучо́к све́та фокуси́ровался на иссле́дуемый криста́лл.	The light beam was focused on the test crystal.
Диффра́кция электромагни́тных и́мпульсов.	Diffraction of electromagnetic pulses.
Замира́ние радиово́лн.	Fading of radio waves.
Коэффицие́нты опти́ческой аберра́ций.	
Криву́е погаса́ния.	The extinction curves.
Но́вая систе́ма логарифми́ческих едини́ц.	New system of logarithmic units.
Определе́ние электростати́ческих потенциа́лов с по́мощью рядо́в.	Determination of electrostatic potentials by series.
Примене́ние термодина́мики необрати́мых проце́ссов в сва́рочной дуге́.	The application of the thermodynamics of irreversible processes to welding arcs.
Системати́ческий подхо́д к реше́нию определённого кла́сса пробле́м в теории шу́ма и други́х случа́йных явле́ний.	A systematic approach to the solution of a defined class of problems in the theory of noise and other random phenomena.
Дифференциа́льное уравне́ние для незатуха́ющих колеба́ний в нелине́йных систе́мах.	A differential equation for undamped forced non-linear oscillations.
Затуха́ние фосфоресце́нции твёрдых раство́ров.	Decay of phosphorescence of solid solutions.
О́пытные образцу́ спира́льных волново́дов.	Experimental models of helix waveguides.
Смеще́ние электри́ческого по́ля в прямоуго́льном волново́де.	Electric field displacement in rectangular waveguide.

Exercise 22. Change the nouns given on the right to the genitive case, singular or plural depending on the meaning.

Example:

падéние напряжéния voltage drop,
падéние drop,   напряжéние voltage,
напряжённость intensity,   пóле field,
создáние creation,   выпрямíтели rectifiers,
результáт   измерéния measurements,
исслéдование investigation   пробóй breakdown,
энéргия,   связь bond,
элементы,   симметрíя,
коэффициéнт,   шум noise,
вывод derivation,   фóрмула,
постоя́нная constant,   решётка lattice,
прáвильность validity,   теóрия,
градиéнт,   температýра,
произведéние product,   коэффициéнты,
стéпень degree,   иониза́ция,
фронт,   волнá wave,
ориентáция,   дипóли,
свóйства properties,   феррíты.

Exercise 23. Change the nouns given on the right as in Exercise 22.

Эмíссия,   электрóны,
анáлиз,   звук sound,
адсóрбция,   молéкулы,
теплотá heat,   сублимáция,
влия́ние influence,   деформáция,
разрушéние destruction,   кристáллы,
сплáвы alloys,   алюмíний,
распределéние distribution,   момéнты,
дефект,   мáсса,
проблéмы,   адгéзия,
теóрия,   вероя́тность probability,
врéмя time,   адсóрбция,
адсóрбция,   соединéния compounds,
искажéние distortion,   сигнáлы,
адсóрбция,   иóны,
деформáция,   радиовóлны radio waves,
энéргия,   деформáция,

образова́ние formation
деформа́ция,
моме́нт,
адге́зия,
контро́ль,
эне́ргия,
уравне́ние equation,
титана́т,
адге́зия,
адсо́рбция,
механи́зм,
соедине́ния compounds,
анизотропи́я,
механи́зм,
разме́ры dimensions,
ме́тоды,
у́ровни levels,
взаимодействие interaction,
моме́нт,

мезо́ны,
я́дра nuclei,
ине́рция,
мета́ллы,
эне́ргия,
актива́ция,
Шре́дингер,
ба́рий,
плёнки films,
а́томы,
возбужде́ние excitation,
хлор,
твёрдость hardness,
скольже́ние sliding,
криста́ллы,
определени́е determination,
эне́ргия,
нукло́ны,
ине́рция.

Formation of nouns

§ 53. Nouns may be derived from other nouns by suffixation:

(1) Masculine
Suffix

-анец	А́фрика	– африка́нец		
-ант	му́зыка	– музыка́нт		
-арь	бу́ква	– буква́рь	letter	– ABC book
-изм	идеа́л	– идеали́зм		
-ик	акаде́мия	– акаде́мик		
-ист	маши́на	– машини́ст		
-ник	по́мощь	– помо́щник	help	– helper
-няк	и́звесть	– известня́к	lime	– limestone
-тор	опера́ция	– опера́тор		
-чик	перево́д	– перево́дчик	translation	– translator
-щик	ка́мень	– ка́менщик	brick	– bricklayer

(2) Feminine

-к-а	америка́нец	– америка́нка		
-ниц-а	рабо́тник	– рабо́тница	worker	– woman-worker
	писа́тель	– писа́тельница	writer	– woman-writer

-ур-а   скульптор   – скульптура
(3) Neuter
-ств-о   председатель –   chairman – chairmanship
         председательство
         áвтор   – áвторство

Exercise 24. Form nouns by using the following suffixes and nouns:

Suffix	Noun		Derived noun
-ств-о	инженéр		engineering
-чик	завóд	plant	plant owner
-ур-а	архитéктор		architecture
-арь	слóво	word	dictionary
-ик	хи́мия		chemist
-ник	грáдус	degree	thermometer
	руда́	ore	mine
	задáча	problem	book of problems
-няк	желéзо	iron	iron-clay
-тор	вулканизáция		vulcanizer
-к-а	делегáт		woman-delegate
	студéнт		woman-student
-ниц-а	учи́тель	teacher	woman-teacher
-анец	Амéрика		American
-ист	журнáл		journalist
-чик	счёт	account	meter

Stress in nouns

§ 54. The stress in nouns may be either fixed or mobile.

Examples:

Nom. sing.	Gen. sing.	Nom. plural	Type of stress
батарéя	батарéи	батарéи	fixed
волна́	волны́	вóлны	mobile
wave	of the wave	waves	stem ending
час	чáса	часы́	mobile
hour	of the hour	clock	stem ending
янвáрь	января́	–	mobile
			stem (last syllable) ending

Exercise 25. Translate into English:

Atomic number	Element	Atomic number	Element	Atomic number	Element
1	Водоро́д	35	Бром	69	Ту́лий
2	Ге́лий	36	Крипто́н	70	Итте́рбий
3	Ли́тий	37	Руби́дий	71	Люте́ций
4	Бери́ллий	38	Стро́нций	72	Га́фний
5	Бор	39	И́ттрий	73	Танта́л
6	Углеро́д	40	Цирко́ний	74	Вольфра́м
7	Азо́т	41	Нио́бий	75	Ре́ний
8	Кислоро́д	42	Моли́бден	76	О́смий
9	Фтор	43	Техне́ций	77	Ири́дий
10	Нео́н	44	Руте́ний	78	Пла́тина
11	На́трий	45	Ро́дий	79	Зо́лото
12	Ма́гний	46	Палла́дий	80	Рту́ть
13	Алюми́ний	47	Серебро́	81	Та́ллий
14	Кре́мний	48	Ка́дмий	82	Свине́ц
15	Фо́сфор	49	И́ндий	83	Ви́смут
16	Се́ра	50	О́лово	84	Поло́ний
17	Хлор	51	Сурьма́	85	Аста́тин
18	Арго́н	52	Теллу́р	86	Радо́н
19	Ка́лий	53	Йод	87	Фра́нций
20	Ка́льций	54	Ксено́н	88	Ра́дий
21	Ска́ндий	55	Це́зий	89	Акти́ний
22	Тита́н	56	Ба́рий	90	То́рий
23	Вана́дий	57	Ланта́н	91	Протакти́ний
24	Хром	58	Це́рий	92	Ура́н
25	Ма́рганец	59	Празео́дим	93	Непту́ний
26	Желе́зо	60	Нео́дим	94	Плуто́ний
27	Ко́бальт	61	Проме́тий	95	Амери́ций
28	Ни́кель	62	Сама́рий	96	Кю́рий
29	Медь	63	Евро́пий	97	Бе́рклий
30	Цинк	64	Гадоли́ний	98	Калифо́рний
31	Га́ллий	65	Те́рбий	99	Эйнште́йний
32	Герма́ний	66	Диспро́зий	100	Фе́рмий
33	Мышья́к	67	Го́льмий	101	Менделе́евый
34	Селе́н	68	Э́рбий	102	Нобе́лий

Vocabulary for Exercise 25

Atomic number	Element	Atomic number	Element	Atomic number	Element
1	Hydrogen	35	Bromine	69	Thulium
2	Helium	36	Krypton	70	Ytterbium
3	Lithium	37	Rubidium	71	Lutetium
4	Beryllium	38	Strontium	72	Hafnium
5	Boron	39	Yttrium	73	Tantalum
6	Carbon	40	Zirconium	74	Tungsten
7	Nitrogen	41	Niobium	75	Rhenium
8	Oxygen	42	Molybdenum	76	Osmium
9	Fluorine	43	Technetium	77	Iridium
10	Neon	44	Ruthenium	78	Platinum
11	Sodium	45	Rhodium	79	Gold
12	Magnesium	46	Palladium	80	Mercury
13	Aluminium	47	Silver	81	Thallium
14	Silicon	48	Cadmium	82	Lead
15	Phosphorus	49	Indium	83	Bismuth
16	Sulfur	50	Tin	84	Polonium
17	Chlorine	51	Antimony	85	Astatine
18	Argon	52	Tellurium	86	Radon
19	Potassium	53	Iodine	87	Francium
20	Calcium	54	Xenon	88	Radium
21	Scandium	55	Cesium	89	Actinium
22	Titanium	56	Barium	90	Thorium
23	Vanadium	57	Lanthanum	91	Protactinium
24	Chromium	58	Cerium	92	Uranium
25	Manganese	59	Praseodymium	93	Neptunium
26	Iron	60	Neodymium	94	Plutonium
27	Cobalt	61	Prometium	95	Americium
28	Nickel	62	Samarium	96	Curium
29	Copper	63	Europium	97	Berkelium
30	Zinc	64	Gadolinium	98	Californium
31	Gallium	65	Terbium	99	Einsteinium
32	Germanium	66	Dysprosium	100	Fermium
33	Arsenic	67	Holmium	101	Mendelevium
34	Selenium	68	Erbium	102	Nobelium

Chapter 4

Adjectives

§ 55. An adjective is a word which modifies a noun and to which we may put the questions какой, какая, какое, какие? which? чье, чей, чья, чьи? whose?

§ 56. Adjectives must agree in number, case, and gender with the nouns they modify. This is accomplished by use of the proper ending.

Gender of adjectives

§ 57. Adjectives of the masculine gender end in -ой, -ый, or -ий; as, прямой straight, твёрдый solid, синий blue.

§ 58. Adjectives of the feminine gender end in -ая or -яя; as, прямая, синяя.

§ 59. Adjectives of the neuter gender end in -ое or -ее; as, прямое, синее.

Exercise 26. Group the adjectives according to gender:

Фотографическая гранулярность	photographic granularity
психо-физическое исследование	psychophysical study
кристаллическая решётка	crystalline lattice
необратимый контур	non-reciprocal network
пространственный заряд	space charge
нормальное колебание	normal vibration
параметрический усилитель	parametric amplifier
эквивалентная схема	equivalent circuit
зрительное восприятие	visual perception
вспомогательное устройство	auxiliary device
ультрафиолетовый спектр	матричная механика
спиральный волновод	helical waveguide
магнитное измерение	magnetic measurement

электрóнная и решёточная проводи́мость в мета́ллах	electron and lattice conduction in metals
автомати́ческое управле́ние	automatic control
экваториа́льная пло́скость	equatorial plane
печа́тная схе́ма	printed circuit
про́волочная решётка	wire grating
постоя́нное по́ле	constant field
абсорбцио́нный волноме́р	absorption wavemeter
отража́тельный клистро́н	reflex klystron
динами́ческая чувстви́тельность	dynamic sensitivity

Plural of adjectives

§ 60. (1) All adjectives ending in -ой, -ый, -ая, -ое change their endings into -ые in the plural; as,

прямо́й		твёрдый	
пряма́я прямы́е straight		твёрдая твёрдые solid	
прямо́е		твёрдое	

(2) If the stem ends in ж, ч, ш, щ, г, к, х, and after consonants (mainly ending in -ний, -няя, -нее) in the singular, the adjectives change their endings into -ие in the plural; as,

си́ний		хоро́ший	
си́няя си́ние blue		хоро́шая хоро́шие good	
си́нее		хоро́шее	

Exercise 27. Form the plural of the following:

Специа́льное примене́ние	special application
запомина́ющая электронолучева́я тру́бка	cathode-ray memory tube
силово́й выпрями́тель	power rectifier
нелине́йное колеба́ние	nonlinear oscillation
метеорологи́ческое иссле́дование	meteorological study
лёгкий керами́ческий материа́л	lightweight ceramic material
ды́рочный дефе́кт	hole defect
когере́нтный дете́ктор	
некогоре́нтный дете́ктор	
временно́й селе́ктор	time selector
сфери́ческая пове́рхность	spherical surface
чи́сленное вычисле́ние	numerical calculation
кристалли́ческий преобразова́тель	crystal converter

Exercise 28. Form the plural of the following:

Люминесце́нтная ла́мпа, высо́кое давле́ние, популя́рный обзо́р, аэро-
динами́чеокая си́ла, твёрдое те́ло, диэлектри́ческая про́чность, галь-
вани́ческий элеме́нт, компто́новское рассе́яние, сцинтиляцио́нный дете́к-
тор, углово́е распределе́ние, термоэлектри́ческая мо́щность, ква́рцевый
генера́тор, пьезоэлектри́ческий резона́тор, углова́я корреля́ция, термо-
динами́ческое сво́йство, диамагни́тная восприи́мчивость, акусти́ческая
волна́, диффракцио́нная решётка изобари́ческая пове́рхность, волново́е
уравне́ние, лине́йное реше́ние, реляти ви́стское приближе́ние, приближённый ме́тод, электромагни́тное по́ле, ферромагни́тный криста́лл,
класси́ческая тео́рия, популя́рная статья́, металли́ческое соедине́ние,
вибрацио́нный у́ровень, ковале́нтная связь, кристалли́ческая структу́ра,
температу́рная зави́симость, диэлектри́ческая поте́ря, простра́нствен-
ный заря́д, заряжённая части́ца.

Vocabulary for Exercise 28

волна́ wave	про́чность strength
волново́й wave (attr.)	распределе́ние distribution
восприи́мчивость permittivity	рассе́яние scattering
высо́кий high	реше́ние solution
давле́ние pressure	решётка grating
зави́симость dependence	сво́йство property
заря́д charge	связь bond
заряжённый charged	си́ла force
ла́мпа tube	соедине́ние compound
мо́щность power	статья́ article
обзо́р review	твёрдый solid
пове́рхность surface	те́ло body
по́ле field	углово́й angular
поте́ря loss	уравне́ние equation
приближе́ние approximation	у́ровень level
приближённый approximate	части́ца particle
простра́нственный space (attr.)	

Kinds of adjectives: qualitative and relative

§ 61. Qualitative adjectives denote the quality of objects; as,
лёгкий light; тяжёлый heavy.

They may have long and short forms; as,

Form	Masculine	Feminine	Neuter	Plural	
long	бе́лый	бе́лая	бе́лое	бе́лые	white
short	бел	бела́	бело́	белы́	
long	прямо́й	пряма́я	прямо́е	прямы́е	straight
short	прям	пряма́	прямо́	прямы́	
long	тёмный	тёмная	тёмное	тёмные	dark
short	тёмен	темна́	темно́	темны́	

The short form is used only as predicate and has no declensions.

§ 62. Relative adjectives denote the relation of one object to another Here Russian differs from English in that the relative objects cannot be expressed by nouns in the function of attribute; as,

часто́тная модуля́ция	frequency modulation
заводска́я лаборато́рия	plant laboratory
электро́нно-лучева́я тру́бка	cathode-ray tube
идукцио́нная тру́бка	induction coil
электро́нный микроско́п	electron microscope
цепна́я реа́кция	chain reaction

§ 63. Adjectives having a possessive character also belong to the group of relative adjectives. They are formed from nouns by adding suffixes -ов, -ев, -ин, -нин, -ий;

отец – отцов father – father's;   дя́дя – дя́дин uncle – uncle's.

Degrees of comparison: comparative and superlative

§ 64. The comparative is formed by adding the suffix -ee, -ей, or -e to the stem of the adjective; as,

кра́сный – красне́е red – redder;   большо́й – бо́льше large – larger.

§ 65. If the stem of the adjective ends in г, х, д, т, ст, к, the comparative is formed with the alternation of consonants:

г – ж	дорого́й – доро́же	dear – dearer
х – ш	сухо́й – су́ше	dry – drier
д – ж	твёрдый – твёрже	hard – harder
т – ч	бога́тый – бога́че	rich – richer
ст – щ	чи́стый – чи́ще	pure – purer
к – ч	мя́гкий – мя́гче	soft – softer

3 PSR

§ 66. In adjectives with a suffix -к the latter drops out and suffix -e is added to the root with the alternation of the terminal consonant of the stem:

д – ж	гла́дкий	– гла́же	smooth	– smoother
	ре́дкий	– ре́же	rare	– more rare
т – ч	коро́ткий	– коро́че	short	– shorter
з – ж	ни́зкий	– ни́же	low	– lower
	бли́зкий	– бли́же	close	– closer
с – ш	высо́кий	– вы́ше	high	– higher

§ 67. The comparative degree is also formed with the use of the word бо́лее (more) or ме́нее (less); as, тяжёлый heavy

Singular:	Masculine	Feminine	Neuter
	бо́лее тяжёлый	бо́лее тяжёлая	бо́лее тяжёлое
	ме́нее тяжёлый	ме́нее тяжёлая	ме́нее тяжёлое

Plural for all three genders: бо́лее тяжёлые; ме́нее тяжёлые

§ 68. The superlative degree of adjectives is formed:

(1) With the use of suffixes -ейш and -айш.

After ж, ч, ш, щ, the suffix -айш is used with the change of the consonant preceding the suffix:

к – ч	вели́кий – велича́йший	great – greatest
х – ш	ти́хий – тиша́йший	quite – quitest
	стро́гий – строжа́йший	strict – strictest

(2) The superlative degree is formed by placing the word са́мый, са́мая, са́мое, or са́мые (most) before the adjective; as, са́мый большо́й, са́мая больша́я, са́мое большо́е, са́мые больши́е (the largest).

(3) The superlative degree is formed by adding the prefix наи- to the adjective; as, наибо́льший largest; наилу́чший best.

Exercise 29. Group together adjectives of the same degree (comparative and superlative):

… обозна́чим наибо́льшие из соотве́тствующих величи́н	… we denote the greatest of the corresponding magnitudes
… наиме́нее сто́йкие соедине́ния	… the least stable compounds
наибо́льшее смеще́ние испы́тывают те́рмы …	the terms undergo the largest shift …
бо́лее тща́тельная прове́рка …	a more careful verification …

са́мые коро́ткие радиово́лны ...	the shortest radio waves ...
бо́лее горя́чие пове́рхности ...	the hotter surfaces ...
наибо́лее перспекти́вные полу- проводники́ ...	the most promising semiconduc- tors ...
бо́лее нагля́дный вид фо́рмулы ...	a more descriptive form of for- mula ...
бо́лее то́чное испо́льзование ...	more accurate use ...
наибо́льшее значе́ние ...	the largest value ...
бо́лее коро́ткие длины́ волн ...	shorter wavelengths ...
бо́лее удо́бный для расчёта ...	a more convenient for calculation ...
бо́лее ра́нние о́пыты ...	earlier experiments ...
са́мые коро́ткие радиово́лны ...	the shortest radio waves ...
наибо́лее лёгкий а́том ...	the lightest atom ...
наибо́льшие измене́ния должны́ получи́ться ...	the greatest changes must occur ...
са́мый ху́дший слу́чай ...	the worst case ...
наибо́лее круто́й подъём ...	the steepest rise ...
бо́лее заме́тный эффе́кт ...	the more pronounced effect ...
бо́лее ва́жная причи́на ...	a more important reason ...

Exercise 30. Form the comparative and superlative degree of the following adjectives:

тру́дный	difficult	све́тлый	light
си́льный	strong	до́брый	good
у́мный	clever	но́вый	new
сла́бый	weak	прямо́й	straight

Declension of adjectives

§ 69. Adjectives may be divided into three groups according to their
endings:

(1) Adjectives with a hard consonant preceding the ending (with a hard
stem); as, голубо́й light blue; но́вый new.

(2) Adjectives with a soft consonant preceding the ending (with a soft
stem); as, вне́шний external.

(3) Adjectives with a stem ending in г, к, х, ж, ч, ш, щ, ц;
большо́й large; жи́дкий liquid; горя́чий hot;
о́бщий general.

3*

§ 70. The declension of adjectives with a hard stem is as follows:

	Masculine	Feminine	Neuter	Plural (all genders)
Nom.	голуб-о́й	голуб-а́я	голуб-о́е	голуб-ы́е
Gen.	голуб-о́го	голуб-о́й	голуб-о́го	голуб-ы́х
Dat.	голуб-о́му	голуб-о́й	голуб-о́му	голуб-ы́м
Acc.	голуб-о́й -ого	голуб-у́ю	голуб-о́е	голуб-ы́е -ых
Instr.	голуб-ы́м	голуб-о́ю -ой	голуб-ы́м	голуб-ы́ми
Prep.	о голуб-о́м	о голуб-о́й	о голуб-о́м	о голуб-ы́х
Nom.	но́в-ый	но́в-ая	но́в-ое	но́в-ые
Gen.	но́в-ого	но́в-ой	но́в-ого	но́в-ых
Dat.	но́в-ому	но́в-ой	но́в-ому	но́в-ым
Acc.	но́в-ый -ого	но́в-ую	но́в-ое	но́в-ые -ых
Instr.	но́в-ым	но́в-ою -ой	но́в-ым	но́в-ыми
Prep.	о но́в-ом	о но́в-ой	о но́в-ом	о но́в-ых

Exercise 31. State the case of the adjectives given below:

Тео́рия и расчёт широкополо́сных многосекцио́нных четвертьволно-вы́х трансформа́торов.

Theory and design of wide-band multisection quarter-wave transformers.

Непреры́вные отраже́ния радио-локацио́нных сигна́лов от ионизи-ро́ванных метео́рных следо́в.

Continuous radar echoes from meteor ionization trails.

Зерка́льная электро́нная микрос-копи́я магни́тных поле́й рассе́яния.

Electron mirror microscopy of magnetic stray fields.

Распределе́ние скоросте́й электро́-нов термоио́нных эми́ттеров в и́м-пульсном режи́ме.

The velocity distribution of electrons of thermoionic emitters under pulsed operation.

§ 71. The declension of adjectives with a soft stem is as follows:

	Masculine	Feminine	Neuter	Plural (for all genders)
Nom.	вне́шн-ий	вне́шн-яя	вне́шн-ее	вне́шн-ие
Gen.	вне́шн-его	вне́шн-ей	вне́шн-его	вне́шн-их
Dat.	вне́шн-ему	вне́шн-ей	вне́шн-му	вне́шн-им

	Masculine	Feminine	Neuter	Plural (for all genders)
Acc.	внéшн-ий -его	внéшн-юю	внéшн-ее	внéшн-ие -их
Instr.	внéшн-им	внéшн-ею -ей	внéшн-им	внéшн-ими
Prep.	о внéшн-ем	о внéшн-ей	о внéшн-ем	о внéшн-их

Exercise 32. State the case of the adjectives given below:

Круговáя поляризáция внýтрен-него тормознóго излучéния.	Circular polarization of internal bremsstrahlung.
О классúческой теóрии внýтрен-него вращéния молéкул.	On the classical theory of the internal rotation of molecules.
Анáлиз зáднего фрóнта úмпульса.	Analysis of the rear fall off of the pulse.

§ 72. The declension of adjectives with a stem ending in г, к, х, ж, ч, ш, щ, ц, has some peculiarities.

Examples: (1) Adjectives with a stem ending in ш: большóй   large.

Singular

	Masculine	Feminine	Neuter	Plural (for all genders)
Nom.	больш-óй	больш-áя	больш-óе	больш-úе
Gen.	больш-óго	больш-óй	больш-óго	больш-úх
Dat.	больш-óму	больш-óй	больш-óму	больш-úм
Acc.	больш-óй -ого	больш-ýю	больш-óе	больш-úе -их
Instr.	больш-úм	больш-óю -ой	больш-úм	больш-úми
Prep.	о больш-óм	о больш-óй	о больш-óм	о больш-úх

(2) Adjectives with a stem ending in ч: горячий   hot.

Singular

	Masculine	Feminine	Neuter	Plural (for all genders)
Nom.	горя́ч-ий	горя́ч-ая	горя́ч-ее	горя́ч-ие
Gen.	горя́ч-его	горя́ч-ей	горя́ч-его	горя́ч-их
Dat.	горя́ч-ему	горя́ч-ей	горя́ч-ему	горя́ч-им

	Masculine	Feminine	Neuter	Plural (for all genders)
Acc.	горя́ч-ий -его	горя́ч-ую	горя́ч-ее	горя́ч-ие
Instr.	горя́ч-им	горя́ч-ею -ей	горя́ч-им	горя́ч-ими
Prep.	о горя́ч-ем	о горя́ч-ей	о горя́ч-ем	о горя́ч-их

Exercise 33. State the case of the adjectives given below:

То́нкие углеро́дные плёнки.	Thin carbon films.
Я́ркость жи́дкого сцинтилля́тора …	Liquid scintillator luminosity …
Сфери́ческие ка́пли …	Spherical droplets …
Явле́ние пробо́я в жи́дких диэле́ктриках.	Breakdown phenomenon in liquid dielectrics.
Параметри́ческое усиле́ние при низкочасто́тной нака́чке.	Parametric amplification using low frequency pumping.
Самогаше́ние электри́ческих разря́дов, происходя́щих в полостя́х внутри́ диэле́ктриков.	The self-extinction of gaseous discharges in cavities in dielectrics.
Высо́кие техни́ческие показа́тели.	High technical indices.

Exercise 34. State the case of the adjectives given below:

Разрабо́тка и конструи́рование электронолучевы́х осциллогра́фов с непосре́дственной свя́зью для промы́шленности и иссле́довательских целе́й.	The development and design of direct-coupled cathode-ray oscillographs for industry and research.
В са́мом гру́бом приближе́нии …	In the coarsest approximation …
Опти́ческая систе́ма с переме́нным, фо́кусным расстоя́нием.	Optical system with variable focal length.
Об оптима́льном си́нтезе многопо́люсных систе́м.	On the optimum synthesis of multipole systems.
О среднеквадрати́чной стаби́льности лине́йных систе́м со случа́йными пара́метрами.	On the mean square stability of random linear system.
… мо́гут быть полу́чены в преде́льных слу́чаях сла́бого и си́льного взаимоде́йствия электро́на с колеба́ниями решётки.	… can be obtained in the limiting cases of weak and strong coupling of the electron to lattice vibration.

Детéкторы с определёнными час-тóтными характери́стиками.	Detector with defined frequency cha-racteristics.
Спектр теплови́х нейтрóнов в рас-сéивающей средé.	The thermal neutron spectrum in a diffusing medium.
О квáнтовом ви́ходе скотопи́чес-кого и фотопи́ческого зрéния.	On the quantum yield of scotopic and photopic vision.
Теóрия и зóндовые измерéния в магни́тном истóчнике иóнов.	Theory and probe measurements in a magnetic ion source.
Структýра рассéянного ионос-фéрой высокочастóтного сигнáла.	The structure of high frequency iono-spheric scatter signal.
Пик внýтреннего трéния.	Internal friction peak.
… при соотвéтствующих грани́ч-ных услóвиях.	… with the appropriate boundary conditions.
Проводи́мость колебáтельной систéмы.	The admittance of the oscillating system.

Exercise 35. Decline the following adjectives in all genders:

крéпкий strong,
дорогóй dear,
бéлый white,
бли́зкий close,

сухóй dry,
си́ний blue,
линéйный linear,
электри́ческий.

Formation of adjectives

§ 73. Adjectives may be formed from nouns by suffixation:

Suffix	Noun	Adjective		
-альн-	горизóнт	горизонтáльный		
-арн-	элемéнт	элементáрный		
-енн-	кáчество	кáчественный	quality	– qualitative
-ивн-	дефéкт	дефекти́вный		
-ист-	волнá	волни́стый	wave	– wavy
-ическ-	энéргия	энерги́ческий		
-ичн-	тип	типи́чный		
-н-	комплéкс	комплéксный		
-ов-	проводни́к	проводникóвый	conductor	– conducting
-онн-	поляризáция	поляризациóнный		
-ск-	апрéль	апрéльский		
-ческ-	кинéтика	кинети́ческий		
-ческ-	фотогрáфия	фотографи́ческий		
-янн-	дéрево	деревя́нный	wood	– wooden
-ярн-	молéкула	молекуля́рный		

Exercise 36. Form adjectives from nouns by suffixation as shown below:

Suffix	Noun
-альн-	центр, инструме́нт, моме́нт
-енн-	коли́чество quantity; существо́ creature; иску́сство art
-ивн-	объе́кт, эффе́кт
-ист-	зерно́ grain; азо́т nitrogen; хлор, бром
-ическ-	геогра́фия, стеногра́фия
-ичн-	анало́гия
-н-	авторите́т, телефо́н, телегра́ф, фо́кус, трансформа́тор, конта́кт, каска́д, дипо́ль, хромосфе́ра, ионосфе́ра, полиме́р, резона́тор, станда́рт, структу́ра, и́мпульс.
-ов-	квант, волна́ wave, дуга́ arc, и́скра spark
-онн-	изоля́ция, иониза́ция, реа́кция, концентра́ция, радиа́ция, конфигура́ция, ориента́ция, релакса́ция.
-ск-	июнь, июль, февра́ль, Кита́й
-ческ-	характери́стика, электроста́тика, кера́мика, о́птика, стати́с-
к → ч	тика, диэле́ктрик, дина́мика, пра́ктика, автома́тика
-ческ-	геоло́гия, гравиме́трия, рентгеногра́фия, колориме́трия.

§ 74. Adjectives may be formed by prefixation as shown below:

Prefix	Adjective	Derived adjective		
а-	симметри́чный	асимметри́чный		
анти-	санита́рный	антисанита́рный		
наи-	бо́льший	наибо́льший	larger	– largest
не-	большо́й	небольшо́й	large (small)	– not large
сверх-	мо́щный	сверхмо́щный	powerful	– super-power
ультра-	коро́ткий	ультракоро́ткий	short	– ultrashort
экстра-	ордина́рный	экстраордина́рный		

Exercise 37. Give the prefixes and adjectives from which the following adjectives are formed:

апериоди́ческий, нелине́йный, сверхтеку́чий superfluid, неоднородный inhomogeneous, негорани́ческий, наименьший the least, антикоррози́й-ный, сврхвысо́кий superhigh, антиферромагни́тный, ультраакусти́-ческий, незатуха́ющий undamped, ацикли́ческий, сверхъесте́ственный supernatural, ахромати́ческий, антисейсми́ческий, ультрафиоле́товый, экстраорбита́льный, наилу́чший best

Compound adjectives

§ 75. Compound adjectives are formed from two adjectives with the vowel -o as an ending for the first adjective; as,

коро́ткий – волново́й коротковолново́й short – wave
тёмный   – си́ний тёмноси́ний dark blue
све́тлый – си́ний светлоси́ний light blue

(For formation of compound adjectives from numerals and adjectives, see § 101.)

Stress in adjectives

§ 76. The stress in long form adjectives may fall either on the stem or on the ending; as, бе́лый white, золото́й golden.

§ 77. The stress in the short form adjectives is as follows:

(1) Masculine. If the stress in the long form falls on the stem the stress in the corresponding short form remains fixed; as,
ну́жный – ну́жен necessary; ре́дкий – ре́док rare.

(2) Feminine. If the stem has no suffix the stress is on the ending; as,
твёрдый – тверда́ hard, бе́лый – бела́ white.

(3) Neuter. In a great majority of cases the stress falls on the stem; as,
кре́пкий – кре́пко, strong, ни́зкий – ни́зко low.

§ 78. The stress in comparative degree adjectives falls on the stem; as,
ни́зкий – ни́же low – lower, то́нкий – то́ньше thin – thinner.

§ 79. The stress in superlative degree adjectives falls on the suffix; as,
бли́зкий – ближа́йший near   – nearest
просто́й – просте́йший simple – simplest
до́брый – добре́йший good   – best

Exercise 38. Translate the following:

Азимута́льный	Телегра́фный	Эффекти́вный
Фотоэлектри́ческий	Акусти́ческий	Цикли́ческий
Га́зовый	Физи́ческий	Квадрати́чний
Конденса́торный	Цилиндри́ческий	Кинети́ческий
Ферроэлектри́ческий	Паралле́льный	Горизонта́льный

Пропорциона́льный

Галакти́ческий

Ква́нтовый

Ацикли́ческий

Автомати́ческий

Компле́ксный

Прогресси́вный

Периоди́ческий

Электролити́ческий

Танта́ловый

Резона́нсный

Эквивале́нтный

Электри́ческий

Диэлектри́ческий

Индукти́вный

Радиа́льный

Электро́нный

Графи́ческий

Интенси́вный

Динами́ческий

Минима́льный

Ионосфе́рный

Тропосфе́рный

Оптима́льный

Специа́льный

Теорети́ческий

Асимметри́ческий

Скаля́рный

Концентри́ческий

Стереофони́ческий

Эксперимента́льный

Телефо́нный

Центра́льный

Транзи́сторный

Структу́рный

Рефле́ксный

Температу́рный

Максима́льный

Регуля́рный

Сигна́льный

Электромагни́тный

Миниатю́рный

Радиолокацио́нный

Реле́йный

Балисти́ческий

Хаоти́ческий

Акти́вный

Амплиту́дный

Ано́дный

Крити́ческий

Номина́льный

Орбита́льный

Электростати́ческий

Потенциометри́ческий

Магни́тный

Атмосфе́рный

Дипо́льный

Косми́ческий

Стати́ческий

Статисти́ческий

Стереоскопи́ческий

Селе́кторный

Керами́ческий

Ква́рцевый

Визуа́льный

Индивидуа́льный

Ультрафиоле́товый

Нейтра́льный

Вертика́льный

Параметри́ческий

Ва́куумный

Тангенциа́льный

Магнитоэлектри́чески

Алюми́ниевый

Селе́новый

Оксидно́й

Универса́льный

Гидродинами́ческий

Масс-спектрометри́ческий

Аналити́ческий

Параболи́ческий

Ферри́товый

Спира́льный

Архитекту́рный

Радиоакти́вный

Абсолю́тный

Метеорологи́ческий

Логарифми́ческий

Поля́рный

Не́полярный

Квадрупо́льный

Аксиа́льный

Релятиви́стский

Коллекти́вный

Гига́нтский

Прото́нный

Лока́льный

Мультипле́тный

Вале́нтный

Герма́ниевый

Като́дный

Интегра́льный

Exercise 39. Translate into English:

Космогони́ческая гипо́теза.

Стабилизи́рованная амплиту́да.

Оптима́льная фильтра́ция.

Оптима́льные систе́мы.

Радиоакти́вные материа́лы.
Радиоакти́вные изото́пы.
Электри́ческий потенциа́л.
Терми́ческие характери́стики.
Модуляцио́нные характери́стики.
Амплиту́дные характери́стики.
Электро́нный аттенюа́тор.
Радиолокацио́нная лаборато́рия.
Амплиту́дный анализа́тор.
Радиолокацио́нный сигна́л.
Коаксиа́льный трансформа́тор.
Параболи́ческая диагра́мма.
Корреляцио́нный дете́ктор.
Радиоакти́вные элеме́нты.
Гиромагни́тный ко́мпас.
Радионавигацио́нные систе́мы.
Спира́льные анте́нны.
Ферри́товые анте́нны.
Статисти́ческий ана́лиз.
Телевизио́нный сигна́л.
Индустриа́льные анте́нны.
Автомати́ческая регулиро́вка.
Визуа́льная корреля́ция.
Абсолю́тная калибро́вка.
Графи́ческий ана́лиз.
Ионизацио́нные ме́тоды.
Магни́тная гидродина́мика.
Поляризацио́нный ана́лиз.
Автомати́ческий радио́метр.
Компенсацио́нный радио́метр.
Модуляцио́нный радио́метр.
Поляризацио́нный радио́метр.
Анте́нная систе́ма.
Параболи́ческий рефле́ктор.
Параболи́ческая анте́нна.
Когере́нтные сигна́лы.
Некогере́нтные сигна́лы.

Периоди́ческие и́мпульсы.
Синусоида́льный сигна́л.
Периоди́ческий сигна́л.
Дифференциа́льное реле́.
Контро́льное реле́.
Резона́нсный пик.
Контро́льная пане́ль.
Ква́рцевая ла́мпа.
Ква́рцевый стабилиза́тор.
Электростати́ческий во́льтметр.
Автомати́ческий телефо́н.
Фотоэлектри́ческий дензито́метер.
Фотомагни́тный эффе́кт.
Магни́тная фокусиро́вка.
Фотогальвани́ческий эффе́кт.
Фа́зовая характери́стика.
Термоэлектри́ческий эффе́кт.
Телегра́фная систе́ма.
Нормализо́ванный импе́данс.
Пьезоэлектри́ческий микрофо́н.
Механи́ческий импе́данс.
Телеметри́ческая систе́ма.
Конта́ктный микрофо́н.
Танта́ловый конденса́тор.
Электролити́ческий конденса́тор.
Фокуси́рующий като́д.
Ионизиро́ванный до́нор.
Микросеку́ндный и́мпульс.
Характеристи́ческий импе́данс.
Изоляцио́нный материа́л.
Гармони́ческий ана́лиз.
Коро́нный вольтме́тр.
Лине́йный дискримина́тор.
Лине́йная модуля́ция.
Фрикцио́нный механи́зм.
Миниатю́рное реле́.
Фототелегра́фный модуля́тор.

Chapter 5

Numerals

§ 80. Numerals represent the part of speech which indicates quantity or order. The types of numerals are: the cardinal (quantitative), ordinal, and collective.

§ 81. Cardinal numerals indicate quantity. They answer the question сколько? how many? in the nominative-accusative case.

According to composition numerals may be divided into three groups:

§ 82. Group 1. Numerals composed of one root; as,

оди́н						
одна́	1	пять	5	де́вять	9	
одно́						
два	2	шесть	6	со́рок	40	
две						
три	3	семь	7	сто	100	
четыре	4	во́семь	8			

§ 83. Group 2. Numerals composed of two roots; as,

оди́ннадцать	оди́н – на – дцать	
	оди́н – на – десять	11
	1 + 10	

двена́дцать	12	шестна́дцать	16	
трина́дцать	13	семна́дцать	17	
четы́рнадцать	14	восемна́дцать	18	
пятна́дцать	15	девятна́дцать	19	

§ 84. Group 3. Compound numerals representing a combination of two or more groups; as,

тридцать пять 35   девятьсо́т шестьдеся́т 960

44

§ 85. The numeral один 1, два 2, полтора́ 1½ have several forms:

Masc.	Fem.	Neuter.
оди́н	одна́	одно́
полтора́	полторы́	полтора́
два	две	два

§ 86. Nouns are used in genitive singular after the numerals два, три, четы́ре in the nominative-accusative case; as,
два криста́лла, три элеме́нта, четы́ре студе́нта.

Nouns are used in genitive plural after the numerals пять, шесть and so on in the nominative-accusative case; as, пять криста́ллов, шесть элеме́нтов.

Declension of cardinal numerals

§ 87. Numerals are declined as follows:

	Masc.	Fem.	Neuter
Nom.	оди́н	одна́	одно́
Gen.	одного́	одно́й	одного́
Dat.	одному́	одно́й	одному́
Acc.	один	одну́	одно́
	одного́		
Instr.	одни́м	одно́ю	одни́м
		одно́й	
Prep.	об одно́м	об одно́й	об одно́м

§ 88. Numerals два, три, четы́ре, are declined as follows:

Nom.	два	три	четы́ре
Gen.	двух	трёх	четырёх
Dat.	двум	трём	четырём
Acc.	два	три	четы́ре
	двух	трёх	четырёх
Instr.	двумя́	тремя́	четырьмя́
Prep.	двух	о трёх	о четырёх

§ 89. Numerals пять-два́дцать, три́дцать, are declined in the same way as nouns in the feminine gender ending in a consonant and -ь.

Nom.	пять	оди́ннадцать
Gen.	пяти́	оди́ннадцати
Dat.	пяти́	оди́ннадцати

Acc.	пять	одиннадцать
Instr.	пятью	одиннадцатью
Prep.	о пяти	об одиннадцати

Exercise 40. State the case of the numerals given below:

... на двух оптических трассах разной протяжённости.
... on two optical paths of different length.

Во всех трёх образцах ...
In all three specimens ...

Магнитная проницаемость молекулярного усилителя с тремя уровнями.
Magnetic susceptibility of the three-level maser.

... возрастает в два раза.
... is twice as high.

... обладает двумя недостатками.
... has two disadvantages.

... в двух вариантах.
... in two variants.

... четыре возможные волны в магнитоионной среде.
... four possible waves in a magneto-ionic medium.

... по одной из которых движется линейный источник.
... over one of which moves a linear source.

... должны быть в два раза меньше.
... must be less by a factor of two.

... связь трёх концентрических спиралей.
... the coupling og three coaxial helices.

... уменьшаются в сотни раз.
... fall off by a factor of a hundred.

... вследствие наложения двух механизмов.
... because of the overlapping of two mechanisms.

... две различные возможности.
... two alterantives.

... возникает по трем различным причинам.
... occurs for three different reasons.

... более чем в сто раз.
... the factor is greater than a hundred.

... может быть объяснено двумя причинами.
... can be attributed to two causes.

... двух противоположных предельных случаев.
... of two opposed limiting cases.

... канал из четырёх квадрупольных магнитов.
... a channel with four quadrupole magnets.

... не менее чем для трех образцов.
... on at least three specimens.

... при двух упрощающих условиях.
... under two simplifying assumption.

§ 90. The numerals пятьдеся́т, шестьдеся́т, се́мьдесят, во́семьдесят are declined as follows:

Nom.	пятьдеся́т	се́мьдесят
Gen.	пяти́десяти	семи́десяти
Dat.	пяти́десяти	семи́десяти
Acc.	пятьдеся́т	се́мьдесят
Instr.	пятью́десятью	семью́десятью
Prep.	о пяти́десяти	о семидесяти

§ 91. The numerals со́рок, девяно́сто, сто have only two forms and are declined as follows:

Nom.	со́рок	девяно́сто	сто
Gen.	сорока́	девяно́ста	ста
Dat.	сорока́	девяно́ста	ста
Acc.	со́рок	девяно́сто	сто
Instr.	сорока́	девяно́ста	ста
Prep.	о сорока́	о девяно́ста	о ста

§ 92. The numerals две́сти, три́ста, четы́реста, пятсо́т-девятьсо́т, are declined as follows:

Nom.	две́сти	пятьсо́т
Gen.	двухсо́т	пятисо́т
Dat.	двумста́м	пятиста́м
Acc.	две́сти	пятьсо́т
Instr.	двумяста́ми	пятьюста́ми
Prep.	о двухста́х	о пятиста́х

§ 93. The words ты́сяча, миллио́н, have the features of nouns as far as gender and number are concerned. They are declined as follows:

	Singular	Plural	Singular	Plural
Nom.	ты́сяча	ты́сячи	миллио́н	миллио́ны
Gen.	ты́сячи	ты́сяч	миллио́на	миллио́нов
Dat.	ты́сяче	ты́сячам	миллио́ну	миллио́нам
Acc.	ты́сячу	ты́сячи	миллио́н	миллио́ны
Instr.	ты́сячью	ты́сячами	миллио́ном	миллио́нами
	ты́сячей			
Prep.	о ты́сяче	о ты́сячах	о миллио́не	о миллио́нах

Exercise 41. Write the numerals in words by using the appropriate case:

Низковóльтный настрáиваемый отражáтельный клистрóн, рабóтающий в диапазóне частóт 50–60 Кмгц.	A tunable, low volatge reflex klystron for operation on the 50–60 Kmc. band.
… ещё в 1936 …	… as early as 1936 …
Теплоёмкость при нúзких температýрах и энтропúя при 298,15 °К.	Low temperature heat capacity and entropy at 298·15°K.
При перехóде от 610 к 570 мм …	… on going from 610 to 570 mm.
Быстрые и тóчные измерéния пóлного сопротивлéния в диапазóне частóт 400–1600 Мгц.	Rapid, precision impedance measurements in the 400–1600 megacycle frequency range.
… отличáется в 1,5–2 рáза …	… differs by a factor of 1·5 to 2.
Радиоизлучéния дискрéтных истóчников на частотé 440 Мгц.	Radio emission discrete sources at 440 mc.
Измерéния потóка радиоизлучéния в диапазóне 18,5–107 Мгц.	Flux measurements of radio emission between 18·5 mc and 107 mc.
… котóрый был полýчен нами в 1960 г.	… that we had obtained in 1960.

Ordinal numerals

§ 94. Ordinal numerals indicate order or sequence. They answer the question: котóрый? котóрая? котóрое? котóрые? which?

§ 95. Ordinal numbers agree with the noun they modify in gender, number, and case. They are declined in all three genders in singular and plural, as are adjectives.

§ 96. Ordinal numerals corresponding to cardinal numerals одúн, два, have different roots:
одúн – пéрвый,   два – вторóй.

§ 97. The stems of ordinal numerals 5 to 30 have a final hard consonant, thus differing from cardinal numerals, which have a final soft consonant.
Examples: пятый, шестóй, двадцáтый, тридцáтый.

§ 98. The stems of higher ordinal numerals starting with пятидеся́тый (with the exception of девяно́стый) are formed by adding cardinal numerals in genitive case to the ordinal numerals; as, пятидеся́тый, шестидеся́тый, семидеся́тый, восьмидеся́тый, двухсо́тый, восьмисо́тый.

Exercise 42. State the case, gender, and number of the ordinal numerals given below:

Распротране́ние пло́ских волн вдоль оси́ х опи́сывается систе́мой двух уравне́ний второй сте́пени.	The propagation of plane waves along the x-axis is described by a system of two second order equations.
… подходя́щий ко второ́му зазо́ру …	… arriving at the second gap …
Генера́тор второ́й гармо́ники на полупроводнико́вом дио́де.	Second harmonic signal generator with semiconductor diodes.
Для пя́того мно́жителя соблю-да́ются усло́вия слу́чая II для второ́го поря́дка.	For the fifth factor condition II for the second order is observed.
При второ́м вариа́нте расчёта …	With the second form of calculation …
Измене́ние втори́чной эми́ссии …	Variation of secondary emission …
… даёт в пе́рвом поря́дке попра́вку.	… gives the first order correction.
… за пе́рвые 2000 сек.	… in the first 2000 seconds.
… второ́й член обраща́ется в нуль.	… the second term vanishes.
Эффекти́вность пе́рвого явле́ния убыва́ет.	The first phenomenon becomes less effective.
Уравне́ние (4) явля́ется урав-не́нием тре́тьей сте́пени отно-си́тельно х.	Equation (4) is of third order in x.
… вплоть до чле́нов четвёртого поря́дка.	… up to fourth order terms.
… в пе́рвом слага́емом пра́вой ча́сти.	… in the first term on the right.

Collective numerals (§99–§100)

§ 99. Collective numerals are quantitative numerals which denote the number of objects as an aggregate; as, о́ба   both (masc. and neuter) and о́бе   both (fem.):

дво́е two,   тро́е three,   че́тверо four.

§ 100. Collective numerals are declined as follows:

Nom.	о́ба	о́бе	дво́е
Gen.	обо́их	обе́их	двои́х
Dat.	обо́им	обе́им	двои́м
Acc.	о́ба	о́бе	дво́е
	обо́их	обе́их	двои́х
Instr.	обо́ими	обе́ими	двои́ми
Prep.	об обо́их	об обе́их	о двои́х

Examples: о́ба студе́нта, о́бе студе́нтки, обо́их студе́нтов, обе́их студе́нток.

О́ба усло́вия …	Both conditions …
… по о́бе сто́роны.	… on either side.
В обо́их слу́чаях результа́ты совпада́ли.	In both cases the results were identical.

§ 101. Numerals, mostly in genitive case, are used to form compound adjectives; as,

двухсло́йный bilayer;   двухцве́тный bichromatic.

Exercise 43. State the case, gender, and number of the compound adjectives gives given below:

Инду́кция при колеба́нии магни́тного дипо́ля над двухсло́йной землёй.	Induction by an oscillating magnetic dipole over a two-layer ground.
Влия́ние простра́нственного заря́да на группиро́вку в двухко́нтурном клистро́не.	The effect of space charge on bunching in a two-cavity klystron.
Систе́ма шестерён для непреры́вного регули́рования рентге́новского двухкриста́льного спектро́метра.	Gearing system for a continually aligned two-crystal x-ray spectrometer.
… кото́рые бы́ли подвёргнуты двенадцатикра́тной очи́стке.	… which had been given a 12-fold purification.
… в одночасти́чном приближе́нии.	… in the case of a single particle approximation.
Замеча́ния о разли́чии ме́жду временны́ми фи́льтрами (четырехпо́люсники), двуме́рными про-	Notes on the difference between one-dimensional time filters (fourpole), two-dimensional space filters

странственными фи́льтрами (опти́-
ческие систе́мы) и трёх- или
многоме́рными простра́нственно –
временны́ми фи́льтрами (анте́нны).

… двухзаря́дные ио́ны.

Парамагни́тный резона́нс в ком-
пле́ксах переходны́х групп.

(optical systems), and three- or
more dimensional space-time filters
(antennas).

… double charged ions.

Paramagnetic resonance in trivalent transition metal complexes.

Exercise 44. Decline the following numerals: 6, 7, 8, 9, 60, 80, 300, and 400.

Exercise 45. Translate into English and state the case of the numerals:

А́том мышьяка́ заменя́ет а́том кре́мния; при э́том четы́ре вале́нтных электро́на мышьяка́ доста́точны для насыще́нияковале́нтных свя́зей с четырмья́ ближа́йшими кре́мния. Пя́тый же электро́н локализо́ван при доста́точно ни́зких температу́рах вблизи ио́на мышьяка́. В обо́их схе́мах предусмо́трено переключе́ние видеоусили́теля с сопротивле́ния в като́дной цепи́ на кристалли́ческий дете́ктор. Метеорологи́ческие усло́вия на сороко́вых широ́тах в Атла́нтике. Сообща́ются результа́ты иссле́дования спла́вов Ti—Nd (тита́н—нео́дим) ме́тодами измере́ния микротвёрдости, металлогр. и терми́ч. ана́лизов по́сле зака́лки с т–р 600; 800; 850; 920; 1000 °C при содержа́ниях 0–10 вес %. Проведено́ измере́ние поляриза́ции электро́нов конве́рсии для перехо́дов, сле́ду-ющих за β распа́дом Ta^{170}, Re^{186}, Hg^{203} и Pa. Обзо́р за 1900–1949 гг. Интерметалли́ческие соедине́ния дибори́дов с 8 мета́ллами переход-но́й гру́ппы. Паде́ние интенси́вности косми́ческих луче́й во вре́мя со́лнечного затме́ния 30 ию́ня 1954 г. Связь деформа́ции твёрдых амо́рфных тел с двойны́м лучепереломле́нием. Отража́тельная спосо́бность двух-сло́йных плёнок. (Vocabulary – see p. 52.)

Exercise 46. Translate into English and state the case of the numerals:

Бы́ли обнару́жены но́вые радиацио́нные перехо́ды: Co^{60} 59 кэв., Zn 646 кэв., Ag 655, 738 и 790 кэв., Te 173, 206, 251, 303, 322, 843 кэв., I 59.5 кэв. Углова́я корреля́ция трёх после́довательных γ-ква́н-тов. Опи́сан быстроде́йствущий сцинтилляцио́нный спектро́метр для эне́ргий вы́ше 50 мэв. Углово́е распределе́ние втори́чного γ-излу-че́ния при прохожде́нии че́рез бето́н. Позитро́нный спектр Sb^{113} оказа́лся состоя́щим из двух компоне́нт с ве́рхними грани́цами 1,85 $\pm$ 0,02 и 2,42 $\pm$ 0,02 мэв. В спе́ктре конверсио́нных электро́нов

4*

Sb[115] найдена γ ли́ния 0,499 ± 0,02 мэв. Коэффицие́нт конве́рсии $\alpha_k = 0{,}00625$. Отноше́ние коэф. конве́рсии с K- и L-оболо́чек составля́ет ~6. 27 апре́ля 1960 г. испо́лнилось 70 лет со дня рожде́ния одного́ из выдаю́щихся сове́тских фи́зиков – рентгеногра́фа чле́на корреспонде́нта Акаде́мии Нау́к СССР Серге́я Ти́хоновича Конобее́вского. Обзо́р пого́ды в Инди́йском океа́не до ю́жной широты́ 30° и восто́чной долготы́ 95°. Оса́дки в Голла́ндии за ию́нь–ию́ль 1960 г. (Vocabulary – see p. 53.)

Vocabulary for Exercise 45

ближа́йший   nearest
вблизи́   near
вес. = весово́й   by weight
видеоусили́тель   video amplifier
вре́мя   time
доста́точно   sufficiently
зака́лка   tempering
заменя́ть   to replace
затме́ние   eclipse
измере́ние   measurement
иссле́дование   investigation
кре́мний   silicon
луч   ray
лучепереломле́ние   refraction
микротвёрдость   microhardness
мышья́к   arsenic
насыще́ние   saturation
ни́зкий   low
обзо́р   review
отраже́ние   reflection
паде́ние   fall
переключе́ние   switching

перехо́д   transition
плёнка   film
по́сле   after
предусмотре́ть   to envisage
провести́   to carry out
распа́д   decay
связь   bond, connection
сле́дующий   following
содержа́ть   to contain
соедине́ние   compound
со́лнечный   solar
сообща́ть   to report
сопротивле́ние   resistance
сплав   alloy
спосо́бность   ability
схе́ма   network
твёрдый   solid
те́ло   body
усло́вие   condition
широта́   latitude
цепь   circuit

Vocabulary for Exercise 46

быстроде́йствующий   acting with high speed
ве́рхний   upper
восто́чный   eastern
выдаю́щийся   prominent

вы́ше   above
грани́ца   boundary
день   day
долгота́   longitude
излуче́ние   radiation

испо́лнилось 70 лет   70 years of age
найти́   to find
но́вый   new
обзо́р   review
обнару́жить   to discover
оболо́чка   shell
оказа́ться   to find oneself
описа́ть   to describe
оса́док   precipitation
отноще́ние   ratio
перехо́д   transition
пого́да   weather

после́довательный   successive
проходи́ть   to pass
распределе́ние   distribution
рожде́ние   birth
составля́ть   to constitute
состоя́ть   to consist
углово́й   angular
че́рез   over
член   member
широта́   latitude
ю́жный   southern

Chapter 6

Pronouns

§ 102. Pronouns represent the part of speech which is used instead of nouns. Pronouns may be divided into the following classes:

(1) Personal   (5) Definitive
(2) Possessive   (6) Negative
(3) Interrogative-relative   (7) Indefinite
(4) Demonstrative

§ 103. The personal pronouns are: я I, ты thou, он, она́, оно́ he, she, it, мы we, вы you, они́ they.

They are declined as follows:

Number:	Singular					Plural		
Gender:			M.	F.	N.			
Person:	1st	2nd	3rd	3rd	3rd	1st	2nd	3rd
Nom.	я	ты	он	она́	оно́	мы	вы	они́
Gen.	меня́	тебя́	его́	её	его́	нас	вас	их
			него́	неё	него́			них
Dat.	мне	тебе́	ему́	ей	ему́	нам	вам	им
			нему́	ней	нему́			ним
Acc.	меня́	тебя́	его́	её	его́	нас	вас	их
			него́	неё	него́			них
Instr.	мно́ю	тобо́ю	им	е́ю	им	на́ми	ва́ми	ни́ми
	мной	тобой	ним	нею	ним			
Prep.	обо мне	о тебе́	о нём	о ней	о нём	о нас	о вас	о них

Note: When pronouns are used with prepositions н- is added to pronouns which begin with a vowel, when the prepositions govern these pronouns.

Example: у <u>н</u>его   but   у его брата.

Exercise 47. State the case of pronouns given below:
... и́ми же де́лается пе́рвая попы́тка ... theirs was also the first attempt.
У меня́ есть ру́сско-англи́йский   I have a Russian-English dictionary.
слова́рь.

У него́ есть ру́сско-англи́йский слова́рь.	He has a Russian-English dictionary.
У вас есть ру́сско-англи́йский слова́рь.	You have a Russian-English dictionary.
... их вне́шнее сво́йство ...	... their external property ...
... при их столкнове́ниях.	... when they collide.
Мы ограни́чимся ...	We shall restrict ourselves ...
Нам каза́лось ...	It seemed to us ...

§ 104. The possessive pronouns are: мой, моя́, моё, мой
твой... наш... ваш... свой...
They are declined as follows:

Number:	Singular			Plural	Singular			Plural
Gender:	M.	F.	N.		M.	F.	N.	
Nom.	мой	моя́	моё	мои́	наш	на́ша	на́ше	на́ши
Gen.	моего́	мое́й	моего́	мои́х	на́шего	на́шей	на́шего	на́ших
Dat.	моему́	мое́й	моему́	мои́м	на́шему	на́шей	на́шему	на́шим
Acc.	мой моего́	мою́	моё	мой мои́х	наш на́шего	на́шу	на́ше	на́ши на́ших
Instr.	мои́м	мое́й мое́ю	мои́м	мои́ми	на́шим	на́шей на́шею	на́шим	на́шими
Prep.	о моём	о мое́й	о моём	о мои́х	о на́шем	о на́шей	о на́шем	о на́ших

Exercise 48. State the case of pronouns given below:

В настоя́щей рабо́те ста́вящей свое́й це́лью ...	... In the present work which has as its purpose ...
... на́ших вы́водов ...	... of our deductions ...
... на наш взгляд ...	... in our opinion ...
По на́шему мне́нию нет доста́точ-ных основа́ний ...	In our opinion there are no satisfactory grounds ...
... по ва́шему мне́нию ...	... in your opinion ...
... по моему́ мне́нию ...	... in my opinion ...
... о на́шей пое́здке ...	... about our trip ...
... о на́ших приключе́ниях ...	... about our adventures ...
... в на́шем до́ме ...	... in our house ...

§ 105. The interrogative-relative pronouns are: кто who; что what; како́й, кака́я, како́е, каки́е what; кото́рый, кото́рая, кото́рое, кото́рые which; чей, чья, чьё, чьи whose;

They are declined as follows:

Number:			Singular			Plural
Gender:			M.	F.	N.	
Nom.	кто	что	какой	какая	какое	какие
Gen.	кого	чего	какого	какой	какого	каких
Dat.	кому	чему	какому	какой	какому	каким
Acc.	кого	что	какой	какую	какое	какие
			какого			каких
Instr.	кем	чем	каким	какой	каким	какими
Prep.	о ком	о чём	о каком	о какой	о каком	о каких

Exercise 49. State the case of the pronouns given below:

… из-за чего не может изменить … … so in consequence it could not alter …

… из которого видно … … from which we see …

… вне которых … … outside of which …

… в которых участвуют анионы. … in which anions participate.

… схема которого … … whose circuit …

… которая может служить … … which can serve …

… энергия которой … … the energy of which …

… в связи с чем … … hence …

… в которой не учивывается … … in which no account is taken …

… которые явно содержат … … which contain explicitly …

… в который подаётся нестационарный сигнал. … into which is fed a nonstationary signal.

каким образом? … how? …

… какую лекцию вы посещаете? … what lecture are you attending?

§ 106. The demonstrative pronouns are: этот, эта, это this; тот, та, то that; такой, такая, такое, такие such.

They are declined as follows:

Number:	Singular			Plural	Singular			Plural
Gender:	M.	F.	N.		M.	F.	N.	
Nom.	этот	эта	это	эти	тот	та	то	те
Gen.	этого	этой	этого	этих	того	той	того	тех
Dat.	этому	этой	этому	этим	тому	той	тому	тем
Acc.	этот	эту	это	эти	тот	ту	то	те
	этого			этих	того			тех
Instr.	этим	этой	этим	этими	тем	той	тем	теми
		этою				тою		
Prep.	об этом	об этой	об этом	об этих	о том	о той	о том	о тех

Exercise 50. State the case of pronouns given below:

... в одни́х и тех же усло́виях ...	... in the same conditions ...
... вы́числено таки́м о́бразом ...	... so computed ...
Поступа́я аналоги́чно тому́ ...	Proceeding similarly to that ...
... как э́то пока́зано вы́ше.	... as shown above ...
Э́ти гла́вные по́лосы ...	... These principal bands ...
... таково́ что она́ препя́тствует ...	... is such as to prevent ...
Тако́го ро́да поме́х, одна́ко, не наблюда́лось.	However, this type of interference was not observed.
В све́те э́тих положе́ний ...	In the light of these assumptions ...

§ 107. The definitive pronouns are: весь, вся, всё, все all; вся́кий, вся́кая, вся́кое, вся́кие any; сам, сама́ myself; само itself; са́мый, са́мая, са́мое, са́мые the very; ка́ждый, ка́ждая, ка́ждое, ка́ждые each.
They are declined as follows:

Number:	Singular			Plural	Singular			Plural
Gender:	M.	F.	N.		M.	F.	N.	
Nom.	са́мый	са́мая	са́мое	са́мые	весь	вся	всё	все
Gen.	са́мого	са́мой	са́мого	са́мых	всего́	всей	всего́	всех
Dat.	самому́	са́мой	са́мому	са́мым	всему́	всей	всему́	всем
Acc.	са́мый	са́мую	са́мое	са́мые	весь	всю	всё	все
	са́мого			са́мых	всего			всех
Instr.	са́мым	са́мой	са́мим	са́мыми	всем	всей	всем	все́ми
						всею		
Prep.	о са́мом	о са́мой	о са́мом	о са́мых	о всём	о всей	о всём	о всех

Exercise 51. State the case of pronouns given below:

... по всей ви́димости ...	... by all appearances ...
И́мпульсы от ка́ждого счётчика ...	The pulses from each counter ...
Во всех слу́чаях ...	In all cases ...
На всём протяже́нии ...	Over the entire extent ...
По всему́ сече́нию ...	Over the whole cross-section ...
... что и наблюда́ется на са́мом де́ле ...	... which is in fact what is observed ...
Тем са́мым мы исключа́ем из рассмотре́ния слу́чай ...	By this we exclude from consideration ...
Мы должны́ име́ть в виду́ пре́жде всего́ ...	We must, before all else, bear in mind ...

На протяжении всей серии	Throughout the entire series of
измерений ...	measurements ...

§ 108. The negative pronouns are: никто́ nobody;
ничто́ nothing;   никако́й, никака́я, никако́е, никаки́е none;
ниче́й, ничья́, ничьё, ничьи́ nobody's;   не́кого there is nobody one
can;   не́чего there is nothing.

They are declined as follows:

Nom.	никто́	ничто́
Gen.	никого́	ничего́
Dat.	никому́	ничему́
Acc.	никого́	ничто́
Instr.	нике́м	ниче́м
Prep.	ни о ком	ни о чём

Exercise 52. State the case of pronouns given below:

... до сего вре́мени нике́м не про-изводи́лось.	... has not been carried out by any-one up to the present time.
... причём никако́е це́лое кра́тное не явля́ется ко́рнем.	... with none of the integral multi-pliers constituting a root.
Никто́ не посети́л э́ту ле́кцию.	Nobody attended this lecture.
Ничто́ не удиви́ло нас.	Nothing surprised us.
... ничего́ не изменя́ли в схе́ме.	... nothing was altered in the circuit.
В литерату́ре нигде́ не отме́чено ...	... has not been noted anywhere in the literature.

§ 109. The indefinite pronouns are:

Particle:

-не	не́кий someone,	не́кто someone,
	не́что something,	не́который some.
-то	кто-то somebody,	что-то something,
	чей-то somebody's,	како́й-то some,
-либо	кто-ли́бо somebody,	что-ли́бо something,
	како́й-ли́бо some.	
-нибудь	кто-нибу́дь somebody,	что-нибу́дь something.

The particle -то indicates that the person or object spoken about is not known.

The particle кое- (кое-кто, кое-что) has a restrictive meaning.

The declension of the pronoun некий is as follows:

Nom.	некий	некая	некое	некие
Gen.	некоего	некоей	некоего	некоих
		некой		неких
Dat.	некоему	некоей	некоему	некоим
		некой		неким
Acc.	некий	некую	некий	некие
	некоего		некоего	некоих, неких
Instr.	некоим	некоей	некоим	некоими
	неким	некой	неким	некими
Prep.	о некоем	о некоей	о некоем	о некоих
		некой		неких

Exercise 53. State the case of pronouns given below:

... при помощи некоторых ...	... with the help of certain ...
... в некоторых термах ...	... in several terms ...
... приближается к некоторому пределу ...	... approaches some limit ...
Условия 6 не накладывают каких либо ограничений ...	Conditions 6 lay no bounds ...
... обладает некоторыми важными для практики достоинствами.	... has certain important advantages in practice.
... без каких либо неполадок ...	... without any faults ...
... однако, необходимо сделать некоторые предположения ...	... however, certain assumptions must be made ...
... о вычислении некоторых многоцентровых интегралов ...	... on the computation of certain multicentered integrals ...

Exercise 54. State the case of pronouns given below:

У них есть русско-немецкий словарь.	They have a Russian-German dictionary.
Как показали произведенные нами предварительные опыты ...	As our preliminary experiments show ...
... их рассеяния со временем ...	... their dissipation with time ...
... в котором отсутствуют ...	... in which are not present ...
Разложение некоторых двумерных распределений вероятности и его применение для измерения шумов.	An expansion of some second-order probability distribution and its application to noise measurement.
... с той лишь разницей ...	... with the sole difference ...

... это и следовало ожидать ...

... this was indeed to be expected ...

... по самому смыслу ...

... by the very meaning ...

Причину этого можно видеть в том ...

The reason for this may be seen to be that ...

Из таких уравнений исходил В.

B. started from such equations.

... интерес в том отношении ...

... interest in that respect ...

... вследствие такого резкого падения ...

... as a consequence of such rapid decrease ...

... при всех количествах ...

... for all quantities ...

Случай с которым мы имеем дело, практически, укладывается в эти ограничения.

The case concerned, practically, fits these limitations.

... без каких-либо обоснований ...

... without any grounds ...

... во всём интервале ...

... over the entire interval ...

Диэлектрические проницаемости и вязкости некоторых амидов как функции их структуры и температуры.

Dielectric constants and viscosities of some amides as a function of their structure and temperature.

У нас есть немецко-русский словарь.

We have a German-Russian dictionary.

Некоторые исследования распространения метровых радиоволн.

Some investigations of meter-wave radio propagation.

Предпринятые нами эксперименты ...

Experiments that we have undertaken ...

Если бы они ограничились ...

If they had limited themselves ...

На том же основании ...

... on the same basis ...

... после того как найдём энергетический центр тяжести ...

... after the energetic center of gravity has been found ...

... в том числе ...

... including ...

... дело в том ...

... the point here ...

... для всех исследованных диэлектриков ...

... for all the dielectrics investigated ...

... привлекает к себе последнее время всё большее внимание ...

... have received a good deal of attention for some time past ...

... при помощи таких анодов ...

... with the help of such anodes ...

... так как в нём создаются очень сильные поля ...

... because very strong fields are created therein ...

Фотовольтайческий эффект и его использование.

The photovoltaic effect and its utilization.

Exercise 55. Translate into English and state the class, number, and case of the pronouns.

Применив эти вычисления к серии I, можно определить величину вектора. Предположение о равенстве скоростей всех упругих волн не оправдывается для реальных кристаллов. Основываясь на этом можно ориентировать кристалл. Образующиеся в этих же условиях кристаллы не дают псевдоморфизма с цинком. Предложен метод исключения этой ориентации. Это даёт ряд преимуществ, в том числе значительную экономию времени на испытание. Термообработка вызывала понижение декремента, после чего устанавливалось его постоянство. Обсуждаются возможные причины этого несогласия. Отношение осей для него составляет 1.2. Во всём этом интервале форма линии хорошо описываестя Лоренцовой кривой. При 90° К на всех длинах волн спектры одинаковы. Даны значения этих величин и установлено, что в области лабильного состояния все они являются функцией температуры. Характеризуя анизотропные диэлектрики этими эллипсоидами, можно графически по одному из заданных векторов определить два других. Дан способ построения их поверхностей. Отсутствие влияния 2-й причины авторы связывают с тем, что в этом типе триодов скорость рекомбинации очень мала. И в том и в другом рассмотрении речь идёт о тех же электронах в той же среде. Но даже и из этих электронов не все выходят за пределы энергетического барьера. Не одна из этих теорий, не объясняет того, что происходит в выпрямителях, в которых коэффициент выпрямления составляет много тысяч. Это объясняется тем, что бета-частицы Li[8] имеют весьма большую максимальную энергию. Они могут применяться только в случае небольших деформаций. Влияние термообработки на чистый висмут и богатые им сплавы приписываются увеличению размеров зёрен и постепенному устранению дислокаций. Величина этого заряда также предсказывается произведенным расчётом. Другим недостатком кристаллических детекторов является большое влияние температуры на их характеристики.

Vocabulary for Exercise 55

богатый	rich	волна	wave
большой	large	время	time
величина	quantity	вызывать	to give rise
влияние	effect	выпрямитель	rectifier
возможный	possible	выпрямление	rectification

выходи́ть   to leave
вычисле́ние   calculation
дать   to give
длина́   length
друго́й   another
задава́ть   to set
заря́д   charge
зерно́   grain
значе́ние   significance
значи́тельный   considerable
исключи́ть   to exclude
испыта́ние   test
крива́я   curve
недоста́ток   defect
о́бласть   region
образова́ть   to form
обсужда́ть   to discuss
объясня́ть   to explain
одина́ковый   identical
опи́сывать   to describe
опра́вдывать   to justify
определи́ть   to determine
осно́вывать   to base
ось   axis
отноше́ние   relation
отсу́тствие   absence
пове́рхность   surface
пониже́ние   lowering
постепе́нный   gradual
постоя́нство   constancy
постро́ить   to build
преде́л   limit
предложи́ть   to offer

предполага́ть   to assume
предска́зывать   to predict
преиму́щество   advantage
применя́ть   to apply
припи́сывать   to attribute
причи́на   cause
произвести́   to carry out
происходи́ть   to occur
ра́венство   equality
разме́р   dimension
рассмотре́ние   examination
расчёт   calculation
речь   speech
ряд   series
свя́зывать   to connect
ско́рость   velocity
слу́чай   case
согла́сие   agreement
составля́ть   to compose
состоя́ние   state
сплав   alloy
спо́соб   method
среда́   medium
термообрабо́тка   thermal treatment
увеличе́ние   increase
упру́гий   elastic
усло́вие   condition
установи́ть   to set
устрани́ть   to eliminate
хорошо́   well
число́   number
явля́ться   to appear

Chapter 7

Verbs

§ 110. A verb is a part of speech used to assert an act or a state of being of its subject.

The characteristic features of verbs are: voice, aspect, conjugation, tense, and person. Soms forms of verbs are also characterized by number and gender.

§ 111. Depending on their functions and characteristics the verbs may be divided into four groups:

(1) Infinitive. Almost all verbs end in -ть or -ти in the infinitive. Reflexive verbs take the particle -ся after a consonant and particle -сь after a vowel.

(2) Personal forms. The verbs can be conjugated, i.e., the forms depend on the person, tense, and mood.

(3) Participles—see Chapter 8.

(4) Verbal adverbs—see Chapter 9.

§ 112. Transitive and intransitive verbs. Transitive verbs express action performed by the agent upon an object. The object which completes the predicate is used in the accusative case without a preposition; as, писа́ть письмо́   to write a letter;   чита́ть кни́гу   to read a book.

§ 113. Intransitive verbs. Verbs whose action is not supposed to pass over to any object. To this group belong:

(1) Verbs of motion; as,   ходи́ть   to walk;   стоя́ть   to stand.

(2) Verbs expressing physical or moral state; as, молча́ть   to be silent,   боле́ть   to be ill.

(3) Verbs with the particle -ся, -сь attached to the transitive form; as, останови́ть – останови́ться   to stop – to stop myself.

63

§ 114. Some Russian intransitive verbs correspond to transitive verbs in English and conversely; as,

Transitive	Intransitive
слу́шать	to listen
ждать	to wait
сле́довать	to follow
приближа́ться	to approach
следи́ть	to watch
помога́ть	to help
прису́тствовать	to attend

Exercise 56. Point out the transitive and intransitive verbs:

Плёнка укрепля́ется в двух зажи́мах.	The film is fastened between two clamps.
… установи́ть электро́ды …	to place electrodes …
Как сле́дует из полу́ченной зави́симости …	As follows from the dependence obtained …
… ток прохо́дит …	… the current passes …
… вхо́дят в расли́чные слага́емые …	… enter into the various terms …
… ула́вливается колле́ктором …	… is caught by the collector …
… не мо́гут счита́ться ма́лыми …	… cannot be regarded as small …
… что и сле́довало ожида́ть …	… as was indeed to be expected …
… определя́ть величину́ …	… to determine the amount …
… уме́ньшить температу́ру …	… to decrease the temperature …
После́днее предположе́ние мо́жно проследи́ть …	The latter supposition may be followed up …
Из вышеприве́денного сле́дует …	It follows from the above …
… слу́шать сигна́лы от иску́сственных спу́тников …	… listen to signals from satellites …
Этот вы́вод подтвержда́ется …	This conclusion is verified …
… схо́дится дово́льно бы́стро.	… converges sufficiently rapidly.
… осуществля́лась дистанцио́нно …	… was performed by remote control …
… сле́дует, одна́ко, отме́тить …	… it should, however, be noted …
Электро́ны прохо́дят второ́й зазо́р.	The electrons pass through the second gap.
… оказа́лось невозмо́жным.	… it was not possible.
… вы́полнить усло́вие …	… to satisfy the condition …
… перехо́дит в о́бласть плато́ …	… passes into a plateau region …
… укрепля́ть плёнку …	… to fasten the film …

Voices: active, reflexive-medium, and passive

§ 115. The active voice is expressed by using transitive verbs with the object in accusative case; as,

убеди́ть   to convince.   Легко́ убеди́ть его́.   It is easy to convince him.

§ 116. The reflexive–medium voice is expressed by using the particle -ся added to transitive verbs. The action is reflected by the subject; as,

убеди́ться   to be convinced.

Легко́ убеди́ться ...   It is easy to convince oneself ...

§ 117. The passive voice is expressed by adding the particle -ся to verbs in the active voice. The acting subject of the verb is in most cases used in instrumental case without a preposition; as,

подтвержда́ться   to be verified

Это подтвержда́ется существу́ющими эксперимента́льными да́нными.
This is verified by the existing experimental data.

Exercise 57. Point out the voices of the verbs given below:

... мо́жет стреми́ться к едини́це ...	... can tend to unity ...
... мы здесь не бу́дем занима́ться ...	... we shall not concern ourselves here ...
Из э́тих экспериме́нтов мы де́лаем вы́вод ...	It is concluded from these experiments ...
... не бу́дет гру́бой оши́бкой счита́ть ...	... it will not be substantially in error to assume ...
... причём в основно́м интересова́лись ...	... have concerned ourselves primarily ...
... нагля́днее проявля́ются ...	... are more graphically displayed.
Ио́ны ула́вливались колле́ктором.	The ions were caught by the collector.
Это повидимому объясня́ется тем ...	This would seem to be explained by the fact ...
... возвраща́ется к тому́ первонача́льному ви́ду кото́рый он име́л до деформа́ции.	... returns to the original form which it had before deformation ...
На́ши ста́вились о́пыты с це́лью установи́ть ...	We have set experiments for the purpose of establishing ...
... э́то ну́жно, наприме́р, учи́тывать ...	... this has to be considered for example ...

Одна́ко мы не остана́вливаемся на э́том ...	However, we shall not dwell on this ...
Э́то объясня́ется всаи́мными сме-ще́ниями.	This is explained in terms of mutual displacements.
Соотноше́ние II справедли́во при усло́вии, е́сли выполня́ется нера́-венство I.	Relationship II is valid if inequality I is satisfied.
... ска́зывается на у́ровне токовы́х шу́мов.	... has a pronounced effect upon current noise level.
... поско́льку таки́е обзо́ры уже́ име́ются мы ограни́чимся ...	... as such surveys have been already published we shall limit ourselves ...
Вы́ше мы останови́лись ...	We have considered above ...
Мы стреми́лись получи́ть ...	We strove to obtain ...
... нужда́ется ешё в дальне́йших иссле́дованиях.	... requires still further investiga-tions.
... увлека́ются по́лем при пере-хо́де ...	... are drawn by the field with transition ...

Verbs in imperfective and perfective aspects

§ 118. The aspect of verbs represents one of their characteristic features. In most cases a verb in one aspect usually has a corresponding verb in the other aspect that has the same principal meaning but that differs as far as the state of the action is concerned.

§ 119. The imperfective aspect is used to express action not completed, repeated, or prolonged without indicating its completeness (its beginning or its end); as,

... как мы уже́ ука́зывали ...	... as we have already shown ...
В литерату́ре неоднокра́тно ука́зывалось ...	... It is repeatedly stated in the literature ...
... вы́сказывались предполо-же́ния ...	... postulates have been advanced ...

§ 120. The perfective aspect is used to express:

(1) Action completed or which will be completed in the future;
(2) Action begun or which will begin in the future, and
(3) An action which occurred or which will occur instantly.

Examples:

Мы поста́вили себе́ зада́чу исслѣдовать ...	We have undertaken the task to investigate ...
Он закрича́л ...	He begun to shout ...
Звоно́к позвони́л преждевре́менно.	The bell begun to ring prematurely.
Я объясню́ ...	I shall have explained ...

Exercise 58. Point out the imperfective and perfective aspects of the verbs given below:

... могли́-бы объясни́ть ...	... would make it possible to clarify ...
В послѣднее вре́мя M. занима́лся разрабо́ткой пробле́мы высоко-часто́тной те́хники.	In recent years M. has been occupied with the working out of the problem of high frequency techniques.
Одна́ко мы не производи́ли ...	We have, however, not carried out ...
K. рассма́тривал систе́му уравне́ний ...	K. has considered the system of equations ...
При вычисле́нии интегра́лов мы проимени́ли приём, изло́женный в рабо́те 5.	In calculating the integrals we have applied the procedure presented in work 5.
Полу́ченные кривы́е позво́лили нам оцени́ть ...	The curves that have been obtained permit us to estimate ...
... производи́лась ещё полве́ка тому́ наза́д ...	... was carried out as long as half a century ago.
Я бу́ду объясня́ть ...	I shall be explaining ...
С. оцени́л восприи́мчивость ...	S. estimated the susceptibility.
Мно́житель отвеча́ет тре́бованиям фу́нкции переда́чи.	The factor corresponds to the requirements of the transfer function.
Д. определи́л спектра́льные характери́стики.	D. determined the spectra characteristics.
Электрогра́ммы отлича́лись то́лько ме́ньшей чёткостью сла́бых коле́ц.	The diffraction patterns differed only in the reduced sharpness of the weak rings.
... неоднокра́тно воспроизводи́лось ...	... could be repeated many times ...
Мы пренебрегли́ величино́й x по сравне́нию с y.	We have neglected the magnitude x with regard to y.

5*

В послéдние гóды появи́лось ...	In recent years there have appeared ...
Как ужé нáми подчёркивалось рáнее ...	As we previously emphasized ...
Такáя обрабóтка, повидимому, рáнее не производи́лась.	Such a treatment has apparently not previously been carried out.
Прямоугóльную систéму координáт вы́берем так чтóбы её начáло совпадáло с цéнтром освещённой повéрхности.	The rectangular coordinate system will be chosen so that its origin coincides with the center of the illuminated surface.
Э́то явлéние возни́кло мгновéнно.	This phenomenon arose instantaneously.
... неоднокрáтно возвращáли ...	... repeatedly returned ...

Formation of aspects

The main modifications of verbs used in the formation of aspects are listed in § 121–§ 126.

§ 121. Prefixation of verbs in the imperfective aspect often for verbs in the perfective aspect; as,

писáть – написáть	to write – to have written, to write
читáть – прочитáть	to read – to have read, to read
дéлать – сдéлать	to make – to have made, to make

See also numerous examples in § 168–§ 183.

§ 122. Suffixation of verbs with and without prefixes in the imperfective aspect is often used to form verbs in the perfective aspect.

Examples:

(1) Verbs without prefixes; as,

решáть – реши́ть	to solve – to have solved, to solve
получáть – получи́ть	to receive – to have received, to receive
объяснять – объясни́ть	to explain – to have explained, to explain

(2) Verbs with prefixes; as,

переключáть – переключи́ть	to switch – to have switched, to switch
переменять – перемени́ть	to change – to have changed, to change
изменять – измени́ть	to alter – to have altered, to alter

§ 123. The alternation in the root of verbs in imperfective aspect can be used to form verbs in the perfective aspect; as,

собира́ть	– собра́ть	to collect	– to have collected, to collect
поглоща́ть	– поглоти́ть	to absorb	– to have absorbed, to absorb
пуска́ть	– пусти́ть	to let	– to have let, to let

§ 124. The alternation in the stress of verbs in imperfective aspect is used to form verbs in the perfective aspect; as,

насыпа́ть	– насы́пать	to pour in	– to have poured in, to pour in
отреза́ть	– отре́зать	to cut off, to have cut off, to cut off	
разреза́ть	– разре́зать	to cut	– to have cut, to cut

§ 125. Some verbs have different words in the imperfective and perfective aspects; as,

брать	– взять	to take	– to have taken, to take
лови́ть	– пойма́ть	to catch	– to have caught, to catch
говори́ть	– сказа́ть	to say	– to have said, to say

§ 126. Verbs in different aspects may be formed by using a combination of steps given above in § 121–§ 124; as,

броса́ть (Imperf.) – бро́сить (Perf.) – вы́бросить (Perf.) – выбра́сывать (Imperf.) to throw – to have thrown – to have thrown out – to throw out,

знать (Imperf.) – узна́ть (Perf.) – узнава́ть (Imperf.) to know – to have known – to know, to recognize,

писа́ть (Imperf.) – списа́ть (Perf.) – спи́сывать (Imperf.) to write – to have copied – to copy.

§ 127. Some verbs in the imperfective aspect have no corresponding verb in the perfective aspect.

Examples:

зави́сеть to depend on	отсу́тствовать to be absent
подразумева́ть to imply	ожида́ть to expect
преоблада́ть to prevail	предви́деть to foresee
разгова́ривать to talk	прису́тствовать to be present
соотве́тствовать to correspond	содержа́ть to contain
уча́ствовать to participate	состоя́ть to consist
зна́чить to signify	

§ 128. A few verbs in the perfective aspect have no corresponding verb in the imperfective aspect; as,

очну́ться　to come to oneself
пона́добиться　may need

§ 129. Certain verbs have the same form in both perfective and imperfective aspects; as,

испо́льзовать　to use
иссле́довать　to investigate
взаимоде́йствовать　to interact
возде́йствовать　to influence
интегри́ровать　to integrate

электризова́ть　to electrify
экрани́ровать　to shield
реализова́ть　to realize
информи́ровать　to inform
демонстри́ровать　to demonstrate

Exercise 59. Indicate in what way the verbs in the perfective aspect differ from the corresponding verbs in the imperfective aspect. (A list of verbs used in this exercise is given on the following page.)

… мо́жно измени́ть значе́ние …	… one can change the value …
Бу́дем иска́ть реше́ние …	We shall seek a solution …
… мо́жно вы́разить …	… may be expressed …
Одна́ко легко́ показа́ть …	However, it can be easily shown …
Сле́дует одна́ко отме́тить …	We should, however, note …
Реше́ние уравне́ния мо́жно иска́ть в ви́де …	The solution of the equation can be sought in the form …
… испо́льзовать корреляцио́нные фу́нкции …	… to use the correlation functions …
… соде́ржит разры́в …	… has a discontinuity …
… иссле́довать радиоизлуче́ния со́лнца …	… to study the solar radiation …
Насыще́ние должно́ наступи́ть …	… saturation would be reached …
… мо́жно вы́числить значе́ние …	… one can calculate the value …
… объясни́ть необходи́мость …	… to explain the need …
Бу́дем рассма́тривать …	We shall consider …
… испо́льзовать связь …	… to make use of the relation …
… выска́зывать предположе́ние …	… to put forward a suggestion …
… обеспе́чить существова́ние …	… to ensure the existence …
Систе́мы соде́ржат нелине́йные элеме́нты.	The systems contain non-linear elements.
… предложи́ли настоя́щую рабо́ту.	… proposed the present work.
… вы́полнить сле́дующее усло́вие …	…to satisfy the following condition…

М. исслéдовал экспериментáльно эту завúсимость.

M. studied this relation experimentally.

... мóжно найти из решéния уравнéния ...

... can be found on solving the equation ...

... мы вновь установúли ...

... we have once again established ...

Это, как мы вúдели ...

This as we have seen ...

... позволяéт сдéлать слéдующее заключéние ...

... permits to draw the following conclusion ...

... поэ́тому слéдует ожидáть ...

... one should therefore expect ...

... завúсит от крáтности выражéния ...

... depends on the multiplicity of the expression ...

... он содéржит обрáтную величину́ ...

... it contains the reciprocal value ...

... обратúли внимáние ...

... have called attention ...

List of verbs used in Exercise 59

When both aspects are given, the imperfective aspect precedes the perfective.

Abbreviation: см. denotes смотри see

вúдеть, увúдеть   to see
вы́полнить см. выполня́ть
выполня́ть, вы́полнить to carry out
выражáть, вы́разить   to express
вы́разить см. выражáть
вы́сказать см. выскáзывать
выскáзывать, вы́сказать to put
   forward, to state
вы́числить см. вычисля́ть
вычисля́ть, вы́числить to calculate
дéлать, сдéлать   to make
завúсеть to depend
изменúть см. изменя́ть
изменя́ть, изменúть   to change
искáть to look for
испóльзовать to use
исслéдовать to investigate
найтú см. находúть
наступáть, наступúть   to come,
   to reach

наступúть см. наступáть
находúть, найтú to find
обеспéчивать, обеспéчить to ensure
обеспéчить см. обеспéчивать
обратúть см. обращáть
обращáть, обратúть to turn,
   to call
объяснúть см. объясня́ть
объясня́ть, объяснúть to explain
ожидáть to wait for
отмéтить см. отмечáть
отмечáть, отмéтить to note
позвóлить см. позволя́ть
позволя́ть, позвóлить to permit
показáть см. покáзывать
покáзывать, показáть to show
послéдовать см. слéдовать
предлагáть, предложúть to offer
предложúть см. предлагáть
рассмáтривать, рассмотрéть

to consider, to examine
рассмотрѐть см. рассмáтривать
сдѐлать см. дѐлать
слѐдовать, послѐдовать   to follow
содержáть   to contain

увѝдеть см. вѝдеть
устанáвливать, установѝть
to establish
установѝть см. устанáвливать

Moods: Indicative, subjunctive-conditional, and imperative

§ 130. The indicative mood is a form of the verb which asserts or negates the presence of an action (in the present, past, and future).

Examples:

Э́то услóвие теря́ет смысл.   This condition loses its meaning.
Э́то услóвие потеря́ет смысл.   This condition will lose its meaning.
Э́то услóвие потеря́ло смысл.   This condition lost its meaning.
Э́то услóвие не теря́ет смы́сла.   This condition does not lose its meaning.

§ 131. The subjunctive-conditional mood is used to express contemplated, possible, or desired action. The subjunctive-conditional mood is formed by adding the particle бы to the past tense of the verb in the indicative mood.

Examples:

... мóжно бы́ло бы сдѐлать ...   ... it would have been possible to make ...
... мы моглѝ бы пренебрѐчь ...   ... we could neglect ...
Э́то должнó бы́ло бы вы́звать ...   This would have provoked ...

§ 132. The imperative mood is used to express command or request. The main forms of the imperative mood are:

(1) In the second person, singular:

     (a) Ending in й after vowels; as,
         читáть – читáй   to read – read.

     (b) Ending in и after consonants; as,
         повторѝть – повторѝ   to repeat – repeat.

     (c) Ending in a soft consonant by using ь; as,
         брóсить – брось   to throw – throw.

(2) In the second person, plural -те is added; as,
     читáй – читáйте   повторѝ – повторѝте   брось – брóсьте.

(3) In the indicative mood with the meaning of imperative mood; as,

... рассмо́трим тепе́рь ...	... now let us consider ...
... ограни́чимся одни́м приме́ром ...	... we shall limit ourselves to one example ...
Вы́берем углову́ю частоту́ волны́ ...	We choose the angular frequency of the wave ...
Перейдём к определе́нию э́той температу́ры ...	We proceed to the determination of this temperature ...

Exercise 60. State the mood of the verbs used below:

Для того́ чтобы не усложня́ть расчёт, име́ющий иллюстрати́вный хара́ктер, заме́ним по́ле в щеля́х периоди́ческой структу́ры по́лем М, кото́рое возни́кло бы в одно́й изоли́рованной ще́ли.	So as not to complicate the calculation presented for illustration, let us substitute the field in the gaps of the periodic structure by the field M which would arise in a single isolated gap.
Рассмо́трим эне́ргию полу́ченную с пове́рхности дуги́.	Let us consider the energy coming from the surface of the arc.
... свя́заны с фу́нкциями ...	... are related to the functions ...
... сле́довало бы изме́рить ...	... one would have to measure ...
Неоднopо́дности потенциа́ла осо́бенно си́льно влия́ют на электри́ческие сво́йства полупроводнико́в.	The inhomogeneities of the potential have a particularly strong influence on the electrical properties of semiconductors.
Это да́ло бы возмо́жность ...	This would make it possible ...
Учтём тепе́рь ...	We now take account ...
Пусть они́ говоря́т!	Let them speak!
Разло́жим свобо́дное по́ле у в ряд по пло́ским волна́м.	We expand the free field y into plane waves.
... равнове́сное состоя́ние ещё не бы́ло дости́гнуто ...	... the equilibrium state would not yet been reached ...
Скоре́е допусти́мо бы́ло бы сде́лать обра́тное предположе́ние.	The opposite conclusion would have been more likely.
Э́то игра́ет основну́ю роль.	This plays a fundamental role.
... что вероя́тно и яви́лось причи́ной смеще́ния ма́ксимума.	... which, probably, constitutes the cause of the shift in the maximum.
Перейдём к статисти́ческому рассмотре́нию ...	We move on to a statistical consideration ...

... обобщаем на другие пара-метры ...	... we generalize to other para-meters ...
... также даёт возможность объяс-нить ...	... also leads to a possible explana-tion ...
... должна была бы привести ...	... ought to have led ...
... если мы пожелали бы учесть ...	... if we were to take into account ...
Рассмотрим структуры ...	We consider the structures ...

Conjugation of verbs

§ 133. The conjugation of verbs comprises different forms of verbs depending on the mood, person, number, and in some cases gender. There are two main types of verb conjugation: the first conjugation and the second conjugation. A third type of conjugation represents a combination of the first and second conjugations.

§ 134. The endings of verbs in the present tense, first conjugation are:

Person	Sing.	Plural
1	-у, -ю	-ем
2	-ешь	-ете
3	-ет	-ут, -ют

Examples: читать   to read,   везти   to carry.

я	чита́-ю	я	вез-у́
ты	чита́-ешь	ты	вез-ёшь
он		он	
она́	чита́-ет	она́	вез-ёт
оно́		оно́	
мы	чита́-ем	мы	вез-ём
вы	чита́-ете	вы	вез-ёте
они́	чита́-ют	они́	вез-у́т

§ 135. The endings of verbs in the present tense, second conjugation are:

Person	Sing.	Plural
1	-у, -ю	-им
2	-ишь	-ите
3	-ит	-ат, -ят

Examples: смотре́ть   to look,   держа́ть   to hold.

я	смотр-ю́		я	держ-у́
ты	смо́тр-ишь		ты	де́рж-ишь
он			он	
она́	смо́тр-ит		она́	де́рж-ит
оно́			оно́	
мы	смо́тр-им		мы	де́рж-им
вы	смо́тр-ите		вы	де́рж-ите
они́	смо́тр-ят		они́	де́рж-ат

§ 136. The second conjugation applies to the following verbs:

(1) Verbs whose infinitive ends in -еть as, смотре́ть
Exception: verbs having in the first person singular the suffix -e; as,
име́ть – име́ю   to have – I have   belong to the first conjugation.

(2) Verbs whose infinitive ends in -ить; as, служи́ть   to serve.

(3) Verbs whose infinitive ends after ж, ч, ш, щ, in -ать; держа́ть.
Exception: verbs having in the first person singular the suffix -a; as,
слу́шать – слу́шаю   to listen – I listen   belong to the first conjugation.

§ 137. In the mixed conjugation the verbs are conjugated in the singular according to the first conjugation and in the plural according to the second conjugation; as, хоте́ть   to want

я	хоч-у́		мы	хот-и́м
ты	хо́ч-ешь		вы	хот-и́те
он				
она	хо́ч-ет		они	хот-я́т
оно				

Exercise 61. Underline the endings of the verbs in the present tense and state the type of conjugation, person, and number.

... тео́рия возмуще́ния налага́ет ...	... the perturbation theory imposes ...
... не захва́тывают це́лый доме́н ...	... do not take in an entire domain ...
Э́то приво́дит а́второв к вы́воду ...	This has led the authors to the conclusion ...
... обусло́вливают э́тот потенциа́л ...	... produce this potential ...

Мы рассма́триваем ни́же ...	We consider in what follows ...
... бо́лее сла́бо зави́сит от по́ля.	... varies less strongly with the field ...
... приво́дит нас к вы́воду ...	... leads us to deduce ...
... сохраня́ет свой волнообра́зный хара́ктер ...	... retains its wave shape ...
... не выво́дит автоколеба́тельную систе́му ...	... does not lead the oscillating system out ...
... по ра́зному зави́сят ...	... exhibit different dependences ...
... ведёт себя́ подо́бно ...	... behaves in a similar way ...
... бо́лее си́льно зави́сят от подви́жности.	... vary more strongly with the mobility.
... кривы́е иду́т о́чень кру́то ...	... the curves are very steep ...

Future tense: simple and compound

§ 138. In the simple future the verbs in the perfective aspect have the same forms as in the present tense, imperfectives aspect.

First conjugation

я	прочита́-ю	мы	прочита́-ем
ты	прочита́-ешь	вы	прочита́-ете
он она́ } прочита́-ет оно́		они́ прочита́-ют	

быть   to be

я	бу́д-у	мы	бу́д-ем
ты	бу́д-ешь	вы	бу́д-ете
он она́ } бу́д-ет оно́		они́ бу́д-ут	

Second conjugation

я	посмотр-ю́	мы	посмо́тр-им
ты	посмо́тр-ишь	вы	посмо́тр-ите
он она́ } посмо́тр-ит оно́		они́ посмо́тр-ят	

получи́ть   to receive

я	получ-у́	мы	получ-им
ты	получ-ишь	вы	получ-ите
он она́ } получ-ит оно́		они́ получ-ат	

§ 139. In the compound future the verbs in the imperfective aspect are formed from the future tense of the link verb быть and the infinitive of the conjugated verb.

я	бу́ду чита́ть	мы	бу́дем чита́ть
ты	бу́дешь чита́ть	вы	бу́дете чита́ть
он она́ } бу́дет чита́ть оно́		они́ бу́дут чита́ть	

Exercise 62. Underline the endings of the verbs in the future tense and state the person and number.

Для кра́ткости ветвь из паралле́льного соедине́ния x и y, бу́дем называ́ть нагру́зочной ве́твью.	For briefness we shall term the branch of parallel combination of x and y, the load branch.
… бо́лее тща́тельные экспериме́нты подтвердя́т …	… more accurate experiments would confirm …
… да́лее мы уви́дим …	… later we shall see …
Мы бу́дем исходи́ть …	… We shall proceed …
Кро́ме того́ ширину́ образца́ бу́дем счита́ть …	In addition to which we shall consider the width of the specimen …
Вертика́льную рефра́кцию бу́дем определя́ть …	We shall define the vertical refraction …
Бу́дем та́кже счита́ть …	We shall likewise assume …
Мы бу́дем называ́ть …	We shall call …

Past tense (perfective and imperfective aspect)

§ 140. The past tense of the majority of verbs is formed by dropping -ть of the infinitive and adding the suffix -л to the stem. The endings in the past tense change according to the gender: ending -a is used for feminine, singular, -o is used for neuter, singular, -и is used for all plural genders.

Examples:

Imperfective		Perfective	
я	чита́-л, чита́-ла	я	прочита́-л, прочита́-ла
ты	чита́-л, чита́-ла	ты	прочита́-л, прочита́-ла
он	чита́-л	он	прочита́-л
она	чита́-ла	она	прочита́-ла
оно	чита́-ло	оно	прочита́-ло
мы	чита́л-и	мы	прочита́-ли
вы	чита́-ли	вы	прочита́-ли
они	чита́-ли	они	прочита́-ли

§ 141. In verbs whose infinitive ends in -сть or -сти and whose stem ends in -д or -т the past tense is formed with the omission of -д or -т in the stem.

Example: вести́ to lead,   я веду́ вёл, вела́, вело́, вели́

§ 142. If the stem of the verb has in the infinitive or present tense the ending -з or -с the suffix -л is not used in the past tense, masculine, singular.

Examples: везти́ нести́ расти́

я	вёз, везла́		я	рос, росла́
ты	вёз, везла́		ты	рос, росла́
он	вёз		он	рос
она	везла́		она	росла́
оно	везло́		оно	росло́
мы	везли́		мы	росли́
вы	везли́		вы	росли́
они	везли́		они	росли́

Peculiarities in the conjugation of some verbs
(imperfective and perfective aspects)

§ 143. The peculiarities in the conjugation of some verbs in the imperfective aspect are as follows:

Infinitive		Present tense, 1st person singular	Past tense
брать	to take	беру́	брал, брала́, бра́ло, бра́ли
жить	to live	живу́	жил, жила́, жи́ло, жи́ли
идти́	to go	иду́	шёл, шла, шло, шли
пить	to drink	пью	пил, пила́, пи́ло, пи́ли

§ 144. The peculiarities in the conjugation of some verbs in the perfective aspect are as follows:

Infinitive		Future tense, 1st person singular	Past tense
взять	to take	возьму́	взял, взяла́, взя́ло, взя́ли
забыть	to forget	забу́ду	забы́л, забы́ла, забы́ло, забы́ли
пойти́	to go	пойду́	пошёл, пошла́, пошло́, пошли́
поня́ть	to understand	пойму́	по́нял, поняла́, по́няло, по́няли
стать	to stand	ста́ну	стал, ста́ла, ста́ло, ста́ли

Exercise 63. Underline the endings of the verbs in the past tense and state the person, gender, and number.

Э́то привело́ к значи́тельному ро́сту коэффицие́нта усиле́ния.	This resulted in a considerable increase in the gain coefficient.
Обрабо́тка привела́ ...	The treatment brought about ...

Эксперимéнты привелú к уменьшéнию э́того значéния …	The experiments resulted in a reduction of this value …
… прошлó врéмя …	… time has elapsed …
Интегрáл брáли по зáмкнутому кóнтуру.	The integral was taken around a closed contour.
… начинáло становú́ться замéтным.	… started to become appreciable.
… замéтно не изменя́лась.	… did not alter appreciably.
… довóльно тóчно совпáли …	… have agreed fairly accurately …
Как мы укáзывали …	… as we have indicated …
Поэ́тому, мы нáчали измеря́ть …	Hence we began to measure …
Провéрка показáла …	A check has shown …
Однáко, как показáл М. …	However, as has been shown by M. …
… за практú́ческую пóмощь котóрую они оказáли мне …	… for the practical assistance which they have accorded …
Как мы и ожидáли …	As expected …

§ 145. In the conjugation of reflexive verbs the particle -сь or -ся is attached to the verbs with the proper ending.

Examples: умывáться   to wash oneself.

Present tense

я умывá-ю-сь	мы умывá-ем-ся
ты умывá-ешь-ся	вы умывá-ете-сь
он умывá-ет-ся	они умывá-ют-ся
она умывá-ет-ся	
оно умывá-ет-ся	

Past tense

я умывá-л-ся, умывá-ла-сь	мы умывá-ли-сь
ты умывá-л-ся, умывá-ла-сь	вы умывá-ли-сь
он умывá-л-ся	они умывá-ли-сь
она умывá-ла-сь	
оно умывá-ло-сь	

Future tense

я бýд-у умывá-ть-ся	мы бýд-ем умывá-ть-ся
ты бýд-ешь умывá-ть-ся	вы бýд-ете умывá-ть-ся
он бýд-ет умывá-ть-ся	они бýд-ут умывá-ть-ся
она бýд-ет умывá-ть-ся	
оно бýд-ет умывá-ть-ся	

Exercise 64. Underline the endings of the verbs and state the tense, person, and number.

Учёт рекомбинации привёл к уменьшению этого значения.	Allowance for recombination resulted in a reduction of this value.
... хорошо укладываются на прямую линию.	... well fitted with a straight line.
... высушивалась на плитке.	... dried out on the slab.
Дуга горит в бронзовом сопле.	The arc burns in a bronze nozzle.
М. проверил выполнимость условия ...	M. has checked whether the condition holds ...
После определения напряжения эта цепь отключалась.	After determination of the voltage this circuit is disconnected.
Обращает на себя внимание ...	Attention is drawn ...
В дальнейшем будем решать задачу в лучевой трактовке.	Below we shall solve the problem in ray paths.
Импульсы на выходе поступали ...	Pulses from the output were fed ...
Будем считать что поле не зависит ...	The field is assumed to be independent ...
... от того момента, когда он прошёл под элементом ...	... from the moment when it passed beneath the element ...
... наиболее ясно проявляется ...	... is most clearly seen ...
Отрицательный знак появился вследствие разницы в направлении движения электронов и переносимого тока.	The negative sign appeared as a result of the difference in the direction of motion of electrons and transferred current.
... который понадобится и для дальнейшего ...	... which will also be needed for what follows ...
Мы будем пользоваться ...	We will make use ...
Будем искать решение ...	We will seek the solution ...
... представляло интерес поэтому ...	... it was, therefore, of interest ...
... позволяло производить измерения ...	... permitted to make measurements ...
Эта формула переходит в ...	This formula goes over into ...
... носит затухающий характер ...	... is of a damped character ...
В дальнейшем мы будем иметь ...	In what follows we shall have ...
... при этом предполагается возможным ...	... it was assumed that it would be possible ...

Uses of tenses

§ 146. The present tense (imperfective aspect) is used to express:

(1) Action in progress at the present time; as,

Он читáет кни́гу.   He is reading a book.

(2) Permanent action; as,

Водá кипи́т при 100 °C.   Water boils at 100 °C.

(3) The certainty of a future action; as,

Зáвтра он лети́т в Москву́.   Tomorrow he flies to Moscow.

(4) A past action as if performed before our eyes. The present tense is referred to as narrative.

Example:

Сижу́ вчерá в клáссной кóмнате и   I was sitting in the classroom yester-
ви́жу моегó дру́га.   day and I saw my friend.

§ 147. The past tense is used to express:

(1) When using verbs in the perfective aspect the past tense denotes that the action was completed and gave a definite result; as,

Он прочитáл кни́гу.   He has read the book.

(2) When using verbs in the imperfective aspect the past tense denotes that the action was performed without giving a definite result; as,

Он читáл кни́гу.   He read a book.

§ 148. Simple future tense expresses:

(1) The inevitability of the results of action; as,

При столкновéниях больши́х час-   A large amount of energy is evolved
ти́ц вы́делится большáя энéргия.   in the collision of fast particles.

(2) The possibility or impossibility of the realization of an action; as,

Он всегдá найдёт хорóшую службу́. He will always find a good position.

(3) Present and past tenses when the action occurs suddenly; as,

Он сидéл спокóйно, да вдруг как   He sat quietly, when he suddenly be-
закричи́т.   gan to shout.

(4) Repeated or subsequent actions in the past; as,

Он то начнёт экспéримент, то ос-   He would now begin an experiment,
тáвит и начнёт читáть.   now he would stop and start reading.

§ 149. Compound future tense expresses future action; as,

Бу́дем иска́ть безразме́рное реше́ние.

We shall seek a dimensionless solution.

Exercise 65. Underline the endings of the verbs and state the infinitive, tense, person, and number.

Таки́м о́бразом мы показа́ли ...

Thus we have shown ...

Опи́санные о́пыты позволя́ют сде́лать сле́дующие заключе́ния.

The experiments described above allow us to make the following conclusions.

... пройдёт по волново́ду ...

... will propagate along the waveguide ...

Аналоги́чно пока́жем ...

We shall show by analogy ...

Это даёт нам основа́ния предполага́ть ...

This gives us grounds for supposing ...

На анте́нну поступа́ли пряма́я и отражённая от мо́ря во́лны.

Both the direct and reflected waves from the sea arrived at the antenna.

В дальне́йшем мы бу́дем счита́ть ...

In what follows we shall assume ...

Мы учтём э́то явле́ние в на́ших эксперими́нтах ...

We shall account for this phenomenon in our experiments.

... на электро́д попада́ть не бу́дет.

... will not be incident on an electrode.

... бу́дет выявля́ться доста́точно ре́зко.

... will be manifested rather sharply.

Это позволя́ло меня́ть расстоя́ние...

This enabled to alter the distance ...

Как пока́жут расчёты ...

As will be shown by calculations ...

... встре́тит серьёзные возраже́ния ...

... will meet serious objections ...

... дальне́йших измере́ний не обнару́живали ...

... have not displayed further changes ...

Это распределе́ние обеспе́чивает ма́ксимум энтропи́и.

This distribution ensures maximum entropy.

Мы приме́ним ме́тод ...

We shall apply a method ...

Ток бу́дет слага́ться ...

The current will be made up of ...

... сде́лаем экстраполя́цию ...

... we shall extrapolate ...

... мы бу́дем в дальне́йшем называ́ть виртуа́льные разря́дные промежу́тки.

... we shall henceforth call the virtual discharge gaps

... даю́т значи́тельный выпрями́тельный эффе́кт ...

... give a considerable rectifying effect ...

… приведённой оце́нке мы учи́тывали …	… in the above calculation we have accounted …
… ма́ло отклоня́ются …	… depart slightly …
Возника́ет вопро́с почему́ …	The question arises as to why …
… сво́дится к квадрату́рам …	… reduces to quadratures …
… дади́м в друго́м ме́сте …	… we shall give elsewhere …

Exercise 66. Conjugate the following verbs in present, past, and future tenses (imperfective and perfective):

получа́ть – получи́ть	to receive
нагрева́ть – нагре́ть	to heat
стро́ить – постро́ить	to build
крича́ть – кри́кнуть	to shout

Comparison of Russian and English tenses in the indicative mood

Verbs used for illustration: изуча́ть, изучи́ть   to study.

§ 150. The conjugation of the verb изуча́ть (imperfective) in the present tense and examples illustrating its usage are:

я	изуча́ю	мы	изуча́ем
ты	изуча́ешь	вы	изуча́ете
он	изуча́ет	они́	изуча́ют
она́	изуча́ет		
оно́	изуча́ет		

(1) Я изуча́ю ру́сскую грамма́тику ка́ждый день.

(1) I study Russian grammar every day.

(2) Я изуча́ю грамма́тику глаго́лов сейча́с.

(2) I am studying the grammar of verbs.

(3) Я изуча́ю грамма́тику глаго́лов уже́ два часа́.

(3) I have been studying the grammar of verbs for two hours.

§ 151. The conjugation of the verbs изуча́ть, изучи́ть, in the past tense and examples illustrating their usage are:

я	изуча́л, изуча́ла	я	изучи́л, изучи́ла
ты	изуча́л, изуча́ла	ты	изучи́л, изучи́ла
он	изуча́л	он	изучи́л
она́	изуча́ла	она́	изучи́ла
оно́	изуча́ло	оно́	изучи́ло

6*

мы изуча́ли
вы изуча́ли
они изуча́ли

мы изучи́ли
вы изучи́ли
они изучи́ли

(1) Я изуча́л (изучи́л) грамма́тику глаго́лов.

(1) I have studied the grammar of verbs.

(2) Я изуча́л (изучи́л) грамма́тику глаго́лов вчера́.

(2) I studied the grammar of verbs yesterday.

(3) Я изуча́л (изучи́л) грамма́тику глаго́лов, до того́ как учи́тель пришёл.

(3) I had studied the grammar of verbs before the teacher came.

(4) Я изуча́л грамма́тику глаго́лов, когда́ учи́тель пришёл.

(4) I was studying the grammar of verbs when the teacher came.

(5) Я изуча́л грамма́тику глаго́лов уже́ два часа́, когда́ учи́тель пришёл.

(5) I had been studying the grammar of verbs for two hours when the teacher came.

§ 152. The conjugation of verbs изуча́ть, изучи́ть in the future tense and examples illustrating their usage are:

я	бу́ду	изуча́ть	мы	бу́дем	изуча́ть	я	изучу́	мы	изу́чим
ты	бу́дешь	изуча́ть	вы	бу́дете	изуча́ть	ты	изу́чишь	вы	изу́чите
он	бу́дет	изуча́ть	они́	бу́дут	изуча́ть	он	изу́чит	они́	изу́чат
она́	бу́дет	изуча́ть				она́	изу́чит		
оно́	бу́дет	изуча́ть				оно́	изу́чит		

(1) Я бу́ду изуча́ть (изучу́) грамма́тику глаго́лов на сле́дующей неде́ле.

(1) I shall study the grammar of verbs next week.

(2) Я бу́ду изуча́ть грамматйку глаго́лов, когда́ учи́тель придёт.

(2) I shall be studying the grammar of verbs when the teacher comes.

(3) Я уже́ изучу́ грамма́тику глаго́лов, когда́ учи́тель придёт.

(3) I shall have studied the grammar of verbs when the teacher comes.

Comparison of Russian and English expressions whose meaning is in the passive voice

§ 153. Expressions whose meaning is in the passive voice and present tense:

(1) Граммати́ческие пра́вила обыкнове́нно изуча́ются (изуча́ют) в сре́дних шко́лах.

(1) Grammatical rules are usually studied in high schools.

(2) Граммати́ческие пра́вила изуча́ются (изуча́ют) в на́шем кла́ссе.

(2) Grammatical rules are being studied in our class.

(3) Граммати́ческие пра́вила изуча́ются (изу́чивают) уже́ два ме́сяца в на́шем кла́ссе.

(3) Grammatical rules have been studied for two months in our class.

§ 154. Expressions whose meaning is in the passive voice and past tense:

(1) Граммати́ческие пра́вила изуча́лись (изуча́ли) вчера́.

(1) Grammatical rules were studied yesterday.

(2) Граммати́ческие пра́вила изуча́лись (изуча́ли), когда́ учи́тель пришёл.

(2) Grammatical rules were being studied when the teacher came.

(3) Граммати́ческие пра́вила изуча́лись (изуча́ли) до того́, как учи́тель пришёл.

(3) Grammatical rules had been studied before the teacher came.

(4) Граммати́ческие пра́вила изуча́лись (изуча́ли) уже́ два часа́, когда́ учи́тель пришёл.

(4) Grammatical rules had been studied for two hours when the teacher came.

(5) Граммати́ческие пра́вила глаго́лов изучи́ли; изуче́ние прича́стий сле́дует.

(5) Grammatical rules for verbs have been studied; the study of participles follows.

(6) Граммати́ческие пра́вила прича́стий изучи́ли вчера́.

(6) The grammatical rules for participles were studied yesterday.

(7) Граммати́ческие пра́вила прича́стий изучи́ли до того́, как учи́тель пришёл.

(7) The grammatical rules for participles had been studied before the teacher came.

§ 155. Expressions whose meaning is in the passive voice and future tense.

Граммати́ческие пра́вила для глаго́лов бу́дут изуча́ться (бу́дут изуча́ть) на сле́дующей неде́ле.

Grammatical rules for prepositions will be studied next week.

Cases governed by certain verbs

§ 156. The genitive case is governed by verbs which denote:

(1) A wish, expectation, a demand, an achievement; as,

Жела́ть сча́стья.

To wish for happiness.

Тре́бовать объясне́ния.

To demand an explanation.

Достига́ть це́ли.

To attain a goal.

(2) Deprivation, fear, removal; as,

Лиши́ться слу́жбы.	To be deprived of employment.
Боя́ться взры́ва.	To be afraid of an explosion.
Избега́ть недоразуме́ний.	To avoid a misunderstanding.

(3) A part of whole; as, купи́ть хле́ба   to buy some bread.

(4) The object in the negative; as,

Он не получи́л телегра́ммы.	He did not receive a telegram.

Exercise 67. Underline the endings of the nouns and adjectives in the genitive case which is governed by verbs.

... тре́бует учёта взаимодейст-вия ...	... necessitates the determination of the interaction ...
Что́бы дости́чь больши́х глуби́н вулканиза́ции ...	To attain high degrees of vulcanization ...
... не удало́сь дости́гнуть тре́буе-мого постоя́нства ио́нных то́ков.	... we could not keep the ion currents sufficiently constant.
... доби́ться результа́тов ...	... to attain results ...
... тре́бует прове́рки ...	... requires verification ...
... не наруша́ют примени́мости ...	... do not rule out the application ...
... е́сли не учи́тывать непосре́дст-венного влия́ния ...	... if we do not include the direct effect ...
Реше́ние зада́чи о нейтрализа́ции еще не обеспе́чивает построе́ния многокаска́дных переда́тчиков.	The solution of the neutralization problem did not yet ensure the construction of powerful multistage transmitters.
... не должны́ принима́ть отри-ца́тельных значе́ний.	... should not take on negative values ...

§ 157. The dative case is governed by verbs which denote:

(1) An indirect object, i.e., the person or object towards whom (which) the action is directed.

Examples:

Сочу́вствовать ему́.	To sympathize with him.
Говори́ть кому́-либо.	To speak to somebody.

(2) Impersonal predicate, as;

Мне́ ка́жется. It seems to me.	Ему́ ка́жется. It seems to him.

Exercise 68. Underline the endings of the parts of speech in the dative case which is governed by verbs.

Он посла́л письмо́ учи́телю.	He sent a letter to his teacher.
Он принёс кни́гу учи́телю.	He brought a book to his teacher.
Он принёс мне́ кни́гу.	He brought me a book.
Нам не удало́сь.	We did not succeed.
... кото́рые не подчиня́ются ура-вне́нию 5.	... which are not subject to equation 5.
... нам представля́ется ...	... it seems to us ...
... помогло́ реше́нию э́той зада́чи.	... has helped to the solution of this problem.
... позво́лить студе́нтам ...	... to allow to the students ...
... объясни́ть ученику́ ...	... to explain to the pupil ...
... помога́ть ученика́м ...	... help the pupils ...
... удивля́ться э́тому ...	... to be surprised at this ...
... напо́мнить учи́телю ...	... to remind the teacher ...
... ра́доваться ва́шему выздоро-вле́нию ...	... to rejoice at your recovery.
Он подари́л кни́гу учи́телю.	He presented a book to his teacher.

§ 158. The accusative case is governed by verbs which denote:

(1) The direct object with transitive verbs; as,

писа́ть письмо́   to write a letter,   чита́ть кни́гу   to read a book.

(2) A period of time, distance, price; as,

простоя́ть ме́сяц   to stay for a month;

Прое́хать ты́сячу миль.   To drive thousand miles.

(3) A measure, an amount; as,

Ве́сит то́нну.   Weighs a ton.   Э́то ве́сит килогра́мм.   This weighs a kilogram.

Exercise 69. Underline the endings of the parts of speech in the accusative case which is governed by verbs.

... сохраня́ть лине́йность ...	... to retain linearity ...
... обусло́вливать бы́строе уменьше́ние ...	... to produce a rapid decrease ...
... вы́явил когере́нтность сигна́лов ...	... revealed the signal coherence ...
... вы́разить глубо́кую благода́рность ...	... to express profound thanks ...

… отсю́да мо́жно сде́лать заключе́ние …	… from this it is possible to conclude …
… по́мнить друзе́й …	… to remember friends …
… привлека́ть внима́ние …	… to attract attention …
… приближа́ть отъе́зд …	… hasten the departure …

§ 159. The instrumental case is governed by verbs which denote:

(1) The instrument or means used to perform the action; as,

Ре́зать ножо́м	To cut with a knife

(2) The performer of an action (in the passive voice); as,

«Бори́с Годино́в» был напи́сан Пу́шкиным.	"Boris Godunov" was written by Pushkin.

(3) To specify the action; as,

интересова́ться матема́тикой	To be interested in mathematics.

(4) The time of an action; as,

Чита́ть це́лыми дня́ми.	To read for days.

(5) The place of an action; as,

Идти́ ле́сом.	To walk through the forest.

(6) The manner of an action; as,

Он говори́т нау́чным языко́м.	He speaks by using scientific vocabulary.

(7) As a part of the predicate with the link-verbs; as,

Он стал врачо́м.	He became a physician.

Exercise 70. Underline the endings of the parts of speech in the instrumental case which is governed by verbs.

Он занима́ется ру́сским языко́м.	He studies Russian.
Он руководи́т рабо́той.	He directs the work.
Он интересу́ется фи́зикой.	He is interested in physics.
Воспо́льзуемся тепе́рь тем обстоя́тельством …	Let us now take advantage of the circumstance …
Он путеше́ствует мо́рем.	He travels by sea.
… говори́ть гро́мким го́лосом …	… to speak in a loud voice …
… ока́жется сосредото́ченным …	… will prove to be concentrated …
… обогаща́ться тяжёлым изото́пом …	… enriched in the heavy isotope …
… омыва́ется пото́ком …	… is washed by a flow …
… увлека́ются по́лем …	… are drawn by the field …
… обогаща́лись и́ндием.	… were indium enriched …

Exercise 71. State the case of the parts of speech governed by verbs.

... не сказывается заметным образом ...	... does not have a marked effect ...
... вычислить оптическую характеристическую функцию ...	... to calculate the optical characteristic function ...
...играет относительно небольшую роль ...	... plays relatively small part ...
Разобранные выше случаи не охватывают всех возможных видов ...	The above cases do not include all possible forms ...
... прижималась болтами ...	... was bolted ...
... движения подчиняются условию ...	... motions subject to the condition ...
Спектр пламён поддерживается активным азотом.	The spectrum of flames is supported by active nitrogen.
... вызвать х-лучами люминесценцию газов ...	... to induce the luminescence of gases by using x-rays ...
... не содержит взаимоиндукции с идеальной связью ...	... contains no mutual induction with ideal coupling ...
... изогнуть плёнку в форме цилиндра ...	... to curve the film in the form of a cylinder ...
... отвечает формуле (6) ...	... it is in accordance with formula (6) ...
... обусловливается большой деюстировкой в электронном микроскопе.	... is due to large misalignment in the electron microscope.
Волновод нагружается дисками.	The waveguide is loaded with discs.
Изменение фазы обусловливается случайными силами ...	The changes of phase are conditioned by random forces ...
... не претерпевают фазовых превращений ...	... do not undergo phase transformations ...

Classification of verbs

§ 160. The classification of verbs is based on the relationship between the stems of the infinitive and the present tense (in the second group this relationship is also extended to the past tense). If this relationship is retained in derived verbs, the verbs are called productive. The verbs in which this relationship is not retained are called unproductive. The productive verbs can be divided into four groups.

§ 161. Group 1. All verbs without a prefix are in this group in the imperfective aspect. The perfective aspect is formed by adding a prefix. This group has two subgroups.

Subgroup (a). The characteristic features of this subgroup are:

Infinitive	Present tense, 3rd person plural
Terminating in:	
-ать, -ять	-ают, -яют
чита́ть to read	чита́ют
влия́ть to influence	влия́ют

Subgroup (b). The characteristic features of this subgroup are:

Infinitive	Present tense, 3rd person plural
Terminating in:	
-еть	-еют
светле́ть to brighten	светле́ют

Exercise 72. State the characteristic features of the verbs given below:

Э́то позволя́ет вы́сказать пред-положе́ние ...	... This permits to advance a supposition ...
... подавля́ть термоэми́ссию ...	... to suppress thermal emission ...
... выбира́ть объе́кт ...	... to choose an object ...
... подтвержда́ет пра́вильность ...	... verifies the validity ...
... необходи́мо полне́е учи́ты-вать ...	... it is necessary to take more completely into consideration ...
... оно́ практи́чески не влия́ет на кине́тику ...	... practically no longer influences the kinetics ...
... обнару́живали тенде́нцию ...	... had a tendency ...
... разлага́ть потенциа́льную эне́р-гию электро́на ...	... to expand the potential energy of the electron ...
... принима́ть во внима́ние ...	... to bear in mind ...
... откла́дывать величину́ ...	... to mark off the magnitude ...

§ 162. Group 2. The characteristic features of this group are:

Infinitive	Present tense, 3rd person plural	Past tense
Terminating in		Suffix
-нуть	-нут	-ну-
толкну́ть to push	толкну́т	толкну́л

Nearly all the verbs in this group are in the perfective aspect.

Exercise 73. State the characteristic features of the verbs given below:

... сту́кнуть в окно́ ...	... to give a knock at the window ...
... мигну́ть глаза́ми ...	... to blink the eyes ...
... тяну́ть ка́бель ...	... to lay a cable ...
Он обману́л его́ ...	He deceived him ...
Он пры́гнул с кры́ши.	He jumped from the roof.

§ 163. Group 3. The characteristic features of this group are:

Infinitive	Present tense, 3rd person plural
Terminating in	
-овать, -евать	-уют, -юют
де́йствовать to act	де́йствуют
горева́ть to grieve	горю́ют

All verbs without prefixes are in this group in the imperfective aspect.

Exercise 74. State the characteristic features of the verbs given below:

... усоверше́нствовать опти́ческую систе́му ...	... to improve the optical system ...
... что в стекле́ существу́ет чи́сто ио́нная проводи́мость.	... that in glass there exists purely ionic conductivity.
... полу́ченные да́нные свиде́тель- ствуют ...	... the data obtained reveal ...
... согласова́ть выходно́е сопро- тивле́ние ...	... to match the output impedance ...
... легали́ровать фо́сфором ...	... to alloy with phosphorus ...
... что мо́жет свиде́тельствовать ...	... which may testify ...
... хорошо́ согласу́ется ...	... agrees well ...
... анализи́ровать рассе́янные сигна́лы.	... to analyze the scatter-signals.
... воспо́льзовать уравне́ние 4.	... to employ equation 4.
... формирова́ть и́мпульс ...	... to form the pulse ...

§ 164. Group 4. The characteristic features of this group are:

(a) Infinitive	Present tense, 3rd person plural
Terminating in	
—ить	-ат, -ят
реши́ть to decide	реша́т
по́мнить to remember	по́мнят

(b) Alternation of consonants:

	Infinitive		Present tense, 1st person, singular
б – бл	люби́ть	to love	люблю́
в – вл	гото́вить	to prepare	гото́влю
з – ж	грузи́ть	to load	гружу́
м – мл	корми́ть	to feed	кормлю́
ст – щ	чи́стить	to clean	чи́щу
п – пл	купи́ть	to buy	куплю́
зд – зж	е́здить	to ride	е́зжу
с – ш	носи́ть	to carry	ношу́
т – ч, щ	встре́тить	to meet	встре́чу
ф – фл	графи́ть	to make lines	графлю́
д – ж, жд	ходи́ть	to walk	хожу́

Exercise 75. State the characteristic features of the verbs given below:

... спосо́бно наруши́ть ...	... is liable to destroy ...
... по́сле э́того стро́ился гра́фик ...	... then a graph was made.
... схо́дятся на оси́ ордина́т.	... meet at the ordinate axis.
... наноси́лась на ко́нчики электро́дов ...	... applied to the tips of electrodes ...
... кото́рый выхо́дит из высокочастотного разря́да ...	... which escapes from the high frequency discharge ...
... закрепи́ть на желе́зной тру́бке ...	... to attach to an iron tube ...
Пе́рвый мно́житель отно́сится ...	The first factor relates to ...
... не приво́дит, разуме́ется ...	... does not, of course, lead ...
... сле́дует обрати́ть внима́ние ...	... should be noted ...
... о чём мо́жно суди́ть ...	... as may be judged ...
... ме́ньше тормозя́т ...	... retard less ...
... приводи́ть соображе́ние ...	... to put forward a consideration ...

Exercise 76. Conjugate the following verbs in the present tense:

ве́сить　to weigh	гуля́ть　to play	сове́товать　to advise
игра́ть　to play	суши́ть　to dry	крепи́ть　to strengthen
публикова́ть　to publish	владе́ть　to possess	ста́вить　to put

Unproductive verbs

§ 165. The characteristic features of the most important group are:

(a) Infinitive   Present tense

Stem ending in:

a vowel   a consonant

The suffix -a- used in the productive verbs is not retained in this group; as, рвать to tear,   рвут

(b) Alternation of the terminal stem consonant:

	Infinitive		Present, 3rd person plural
с – ш	писа́ть	to write	пи́шут
з – ж	ре́зать	to cut	ре́жут
х – ш	маха́ть	to wave	ма́шут
т – ч, щ	грохота́ть	to crash	грохо́чут
д – ж, жд	глода́ть	to gnaw	гло́жут
к – ч	пла́кать	to cry	пла́чут
г – ж	дви́гать	to move	дви́жут
ск, – щ	иска́ть	to look for	и́щут
м – мл	дрема́ть	to doze	дре́млют
п – пл	ка́пать	to fall in drops	ка́плют
б – бл	колеба́ть	to shake	коле́блют

Exercise 77. State the characteristic features of the verbs given below:

Éсли приписа́ть нагру́зочной ве́тви проводи́мость ...	If the admittance is ascribed to the load branch ...
... дви́жутся по окру́жности ...	... move over a circle ...
Она́ вя́жет пла́тье.	She knits clothing.
... ре́зать хлеб ...	... to cut bread ...
... паха́ть по́ле ...	... to plow the field ...
Ему́ нра́вится шепта́ть ...	He likes to whisper ...
Он ска́чет на ло́шади ...	He gallops on a horse ...

§ 166. Isolated unproductive verbs. A few verbs possess their individual characteristics and do not belong to any general group.

Some of the verbs are:

(1) Бежа́ть   to run

Present tense: бегу́, бежи́шь, бежи́т, бежи́м, бежи́те, бегу́т.

Past tense: бежа́л, бежа́ла, бежа́ло, бежа́ли.

(2) Хотеть   to want

Present tense: хочу́, хо́чешь, хо́чет, хоти́м, хоти́те, хотя́т.

Past tense: хоте́л, хоте́ла, хоте́ло, хоте́ли.

(3) Идти́   to go

Present tense: иду́, идёшь, идёт, идём, идёте, иду́т.

Past tense: шёл, шла, шло, шли.

(4) Быть   to be

Past tense: был, была́, бы́ло, бы́ли.

Future tense: бу́ду, бу́дешь, бу́дет, бу́дем, бу́дете, бу́дут.

(5) Дать   to give

Present tense: даю́, даёшь, даёт, даём, даёте, даю́т.

Past tense: дал, дала́, дало́, да́ли.

Future tense: дам, дашь, даст, дади́м, дади́те, даду́т.

(6) Éхать   to ride

Present tense: éду, éдешь, éдет, éдем, éдете, éдут.

Past tense: éхал, éхала, éхало, éхали.

Exercise 78. State the tense and underline the endings of the verbs given below:

… на образцы́ напряже́ние подава́лось с изве́стного сопротивле́ния … — … the voltage applied to the specimens was taken of a known resistance …

… дово́льно стро́го передаю́т … — … represent quite well …

… на образе́ц подаётся напряже́ние … — … a voltage is applied to the specimen …

… мо́жно бы́ло ду́мать … — … one might think …

… даю́т основа́ние заключи́ть … — … give reason to conclude …

… даёт ме́ньшую то́чность … — … gives a lesser accuracy …

… мо́жно бы́ло пренебре́чь … — … it was permissible to neglect …

… даду́т значе́ния … — … are to give values …

… идёт конфере́нция … — … a conference is proceeding …

… шла конфере́нция … — … a conference was proceeding …

… он хо́чет посети́ть … — … he wants to attend …

Он éхал по́ездом … — He traveled by train …

… бы́ли бы исключены́ … — … could be eliminated …

… они́ хоте́ли бы посети́ть … — … they would like to attend …

… дождь идёт … — … it is raining …

… избега́ть разочарова́ний … — … to avoid disappointments …

Formation of verbs

§ 167. Numerous verbs are derived from other verbs by attaching prefixes which in most cases have a certain meaning.

The prefixes most widely used and examples of verbs are listed below (§ 168–§ 183).

§ 168. The prefixes в-, во- denote movement into something; as,

вгибáть, вогнýть	to bend inwards
вдáвливать, вдавúть	to press in
вдвигáть, вдвúнуть	to move in

§ 169. The prefixes вз-, вс- denote movement upwards; as,

взлезáть, взлезть	to climb up
взлетáть, взлетéть	to fly up
взрывáть, взорвáть	to blow up
вскáкивать, вскочúть	to jump up
вскúдывать, вскúнуть	to throw up
всплывáть, всплыть	to come up to the surface (submarine)
вставáть, встать	to get up

§ 170. The prefix вы- denotes movement out of something; as,

выдвигáть, вы́двинуть	to pull out
вынимáть, вы́нуть	to take out
выпускáть, вы́пустить	to let out
вытя́гивать, вы́тянуть	to draw out
выходúть, вы́йти	to go out
вычёркивать, вы́черкнуть	to cross out

§ 171. The prefixes до-, за-, denote completion of the action; as,

дострáивать, дострóить	to finish building
дочúтывать, дочитáть	to finish reading
допúсывать, дописáть	to finish writing
доезжáть, доéхать	to reach the place
дослýшивать, дослýшать	to listen to the end
запирáть, заперéть	to lock
закрывáть, закры́ть	to close
закрепля́ть, закрепúть	to fasten

§ 172. The prefix из- denotes action from within; as,

извлека́ть, извле́чь	to extract
изгоня́ть, изгна́ть	to expel
изыма́ть, изъя́ть	to withdraw

§ 173. The prefix на- denotes action on the surface; as,

наки́дывать, наки́нуть	to throw on
накле́ивать, накле́ить	to paste on
накрыва́ть, накры́ть	to cover

§ 174. The prefix над- denotes an increase in dimensions; as,

надстра́ивать, надстро́ить	to build a superstructure
надвя́зывать, надвяза́ть	to add a length
надшива́ть, надши́ть	to make longer

§ 175. The suffixes о-, об, denote action over the whole surface; as,

обвива́ть, обви́ть	to wind (round)
обвя́зывать, обвяза́ть	to tie (round)
окружа́ть, окружи́ть	to surround
окру́чивать, округи́ть	to wind around
осма́тривать, осмотре́ть	to survey

§ 176. The suffixes от-, ото- denote movement aside from something; as,

отбра́сывать, отбро́сить	to throw off
отделя́ть, отдели́ть	to separate
отправля́ть, отпра́вить	to send
отража́ть, отрази́ть	to reflect
отрыва́ть, оторва́ть	to tear off
отстава́ть, отста́ть	to fall behind
отстраня́ть, отстрани́ть	to push aside

§ 177. The suffix пере- denotes:

(1) Movement across something; as,

перебега́ть, перебежа́ть	to run across
перебра́сывать, переброси́ть	to throw over
переключа́ть, переключи́ть	to switch
переплыва́ть, переплы́ть	to swim across
переходи́ть, перейти́	to get across
переша́гивать, перешагну́ть	to step over

(2) Repetition of action; as,

переписывать, переписа́ть	to rewrite
переу́чивать, переучи́ть	to teach again

§ 178. The prefix под- denotes:

(1) Movement upwards from below; as,

подкла́дывать, подложи́ть	to lay (under)
подкле́ивать, подкле́ить	to glue (under)
подлеза́ть, подле́зть	to creep (under)
подма́зывать, подма́зать	to grease
подчёркивать, подчеркну́ть	to underline

(2) Approaching something; as,

подходи́ть, подойти́	to approach
подъезжа́ть, подъе́хать	to drive up (to)

§ 179. The prefix при- denotes:

(1) Completion of the action; as,

приезжа́ть, прие́хать	to arrive
приостана́вливать, приостанови́ть	to stop
приходи́ть, прийти́	to come

(2) Addition of something; as,

прива́ривать, привари́ть	to weld on
придава́ть, прида́ть	to add
пристра́ивать, пристро́ить	to attach

§ 180. The prefix про- denotes:

(1) Completeness of action; as,

продава́ть, прода́ть	to sell
прослу́шивать, прослу́шать	to hear
просма́тривать, просмотре́ть	to look over

(2) Direction of action; as,

пробега́ть, пробежа́ть	to run by
пробива́ть, проби́ть	to punch (a hole)
продува́ть, проду́ть	to blow through
проезжа́ть, прое́хать	to pass (by, through)

§ 181. The prefixes раз-, рас- denote

(1) Action in different directions; as,

разбра́сывать, разброса́ть	to throw about
разъезжа́ться, разъе́хаться	to depart
расходи́ться, разойти́сь	to go away, to disperse

(2) Division into several parts; as,

разбива́ть, разби́ть	to break
разбира́ть, разобра́ть	to dismantle
разва́ливать, развали́ть	to pull down
раздробля́ть, раздроби́ть	to break to pieces

§ 182. The prefixes с-, со- denote:

(1) Movement from above downwards; as,

сбе́гать, сбежа́ть	to run down
сбива́ть, сби́ть	to knock down
сбра́сывать, сбро́сить	to throw down
сва́ливать, свали́ть	to tumble down
све́шивать, све́сить	to let down
сходи́ть, сойти́	to come down

(2) Movement from different directions towards one point; as,

сближа́ть, сбли́зить	to bring together
свя́зывать, связа́ть	to tie together
сме́шивать, смеша́ть	to mix up

§ 183. The prefix у- denotes movement away; as,

уезжа́ть, уе́хать	to depart
улета́ть, улете́ть	to fly (away)
уноси́ть, унести́	to take away
уходи́ть, уйти́	to go away

Exercise 79. From the verbs listed above (§ 168–§ 183) form as many verbs without prefixes as possible and translate them into English. Consult the cumulative vocabulary.

Example: выдвига́ть – дви́гать

§ 184. Many verbs are derived from nouns by adding suffixes.

Examples:

Noun	Suffix	Verb
бесе́да conversation	-ова-	бесе́довать
де́йствие action		де́йствовать
уча́стие participation	-вова-	уча́ствовать
информа́ция	-ирова-	информи́ровать

Exercise 80. Form verbs from the nouns given below by adding suffix -ирова Ликвида́ция, вулканиза́ция, опера́ция, калькуля́ция, канали- за́ция, изоля́ция, имита́ция, комбина́ция, компенса́ция, концентра́ция, корреля́ция, кристаллиза́ция, регистра́ция.

§ 185. Many nouns are formed from verbal stems by adding suffixes

Verb	Suffix	Noun
проводи́ть to conduct	-ник	проводни́к conductor
вальцова́ть to roll	-щик	вальцо́вщик roller
иссле́довать to investigate	-тель	иссле́дователь investigator
холоди́ть to cool	-льник	холоди́льник refrigerator
отре́зать to cut off	-ок	отре́зок segment
кра́сить to paint, to dye	-льн-я	краси́льня dye-house
закры́ть to close	-тие	закры́тие closing
разрабо́тать to work out	-к-а	разрабо́тка working out
служи́ть to serve	-б-а	слу́жба service
докла́дывать to report	-чик	докла́дчик speaker

Exercise 81. Form nouns ending in -тель from the following verbs:

воспита́ть   to bring up,   выключа́ть   to switch off,
изме́рить   to measure   дели́ть   to divide   предохрани́ть   to protect
наблюда́ть   to observe   взрыва́ть   to blow up   отража́ть   to reflect
уси́лить   to amplify   поджига́ть   to ignite   испыта́ть   to test
иска́ть   to search   излуча́ть   to radiate   враща́ть   to rotate

Exercise 82. Form nouns from the verbs and suffixes given below:

Verb	Suffix	Verb	Suffix
защити́ть to defend	-ник	отрыва́ть to tear off	-ок
сове́товать to advise	-чик	чита́ть to read	-льн-я
подпи́сываться to subscribe	-чик	разви́ть to develop	-тие
полирова́ть to polish	-щик	чи́стить to clean	-к-а
модели́ровать to model	-щик	дружи́ть to be friends	-б-а
буди́ть to wake	-льник		

Stress in verbs

§ 186. In verbs with the infinitive ending in -ать, -ять, or -еть the stress is fixed, i.e. it remains the same as in the infinitive; as,

игра́ть   to play – игра́ют,   ду́мать   to think – ду́мают,
выпрямля́ть   to rectify – выпрямля́ют,   удивля́ть   to surprise –
удивля́ют,   красне́ть   to redden – красне́ют.

7*

§ 187. In verbs having the suffix -ыва- or -ива- the stress falls on the vowel preceding the suffix; as,

пропи́тывать to impregnate, пропи́тывают, устра́ивать
to arrange – устра́ивают.

§ 188. In verbs ending in -овывать the stress falls on -ов- as,
обосно́вывать to substantiate – обосно́вывают.

§ 189. Verbs ending in -овать usually have a fixed stress on -ва- as,
публикова́ть to publish.

§ 190. In a number of verbs the stress falls on the root; as,
бесе́довать to talk (to, with) тре́бовать to demand
обре́зать to cut off слу́шать to listen
ста́вить to put

Exercise 83. Translate into English and analyze the verbs to show: infinitive, aspect, tense, person, and conjugation.

А́втор проанализи́ровал свы́ше 100 дипо́льных перехо́дов. А́втор определи́л сре́дние времена́ жи́зни возбуждённых состоя́ний. Была́ вы́числена схе́ма у́ровней. Результа́ты представля́ют собо́й приблизи́тельные выраже́ния. Фото́ны регистри́ровались при по́мощи сцинтиляцио́нного спектро́метра. Измере́ния бу́дут проводи́ться одновреме́нно. Интенси́вность возросла́ в три ра́за. Результа́ты измере́ний пока́зывают «2». А́втор докла́да прихо́дит к сле́дующему вы́воду. Пе́рвая схе́ма подде́рживает постоя́нство давле́ния. Приво́дится и опи́сывается схе́ма э́того устро́йства и даю́тся не́которые схе́мы его́ отде́льных часте́й. Это позволя́ет производи́ть реше́ния э́тих зада́ч. О́ба ме́тода да́ли совпада́ющее значе́ние теплоты́ сублима́ции. А́втор обраща́ет внима́ние на ряд эксперимента́льных рабо́т. Это позволя́ет расши́рить о́бласть измеря́емых температу́р. А́вторы де́лают попы́тку рассчита́ть эне́ргию перехо́да. Пе́рвый фа́ктор ока́зывается ма́ло суще́ственным, е́сли измене́ние потенциа́ла происхо́дит доста́точно ме́дленно. Для расчёта объёма полиэ́др разбива́ют на тетра́эдры. Это обстоя́тельство объясня́ется дисперсио́нным тверде́нием. На осцилло́граме одновреме́нно запи́сывается измене́ние намагни́чивающего то́ка. Измере́ния показа́ли, что максима́льное значе́ние моме́нта в монокриста́ллах, не обрабо́танных в магни́тном по́ле, убыва́ет с возраста́нием по́ля. Обсужда́ются возмо́жные причи́ны э́того несогла́сия и зако́нность при́нятых приближе́ний. Измеря́я расстоя́ния ме́жду крайними линиями сверхтонкой структуры для различных электронных переходов, удалось установить, что магнитные моменты этих изотопов имеют одинаковый знак. Полученные результаты качественно согласуются с теорией Дебая. Поэтому М ионов понизят подвижность в М раз сильнее, чем каждый ион в отдельности. Величина отклонения даётся обратной величиной скорости. Можно было бы ещё рассмотреть рассеяние, вызываемое атомами примеси. Длина свободного пробега носителей тока может быть определена более прямым путём. Показателю к = 3 могла бы соответствовать длина пробега, растущая как четвёртая степень скорости.

Vocabulary for Exercise 83

величина quantity
внимание attention
возбуждать to excite
возможный possible
возрастать to grow
время time
вывод conclusion
вызывать to give rise
выражение expression
вычислить to calculate
давление pressure
длина length
доклад report
достаточно sufficiently
жизнь life
задача problem
законность validity
записывать to write down
знак sign
значение significance, value
изменение change
измерение measurement
измерять to measure
иметь to have
каждый each
качественный qualitative
крайний extreme

медленно slowly
некоторый some
носитель carrier
область region
обработать to treat
обратный reverse
обращать to turn
обстоятельство circumstance
обсуждать to discuss
объём volume
одинаковый identical
одновременно simultaneously
оказываться prove (to be)
описывать to describe
определять to determine
отклонение deviation
отдельности, (в) each taken
    separately
отдельный separate
переход transition
подвижность mobility
поддерживать to support
позволять to allow
показатель index
показывать to show
получить to receive
помощь help

понизить   to lower
попытка   attempt
постоянство   constancy
представить   to present
приближение   approximation
приблизительно   approximately
приводить   to lead
примесь   admixture
принять   to accept
приходить   to come
причина   cause
производить   to carry out
происходить   to occur
прямой   straight
путь   path
работа   work
разбивать   to break
различный   different
рассеяние   dispersion
рассматривать   to consider
рассчитать   to calculate
расстояние   distance
расти   to grow
расчёт   calculation
расширить   to widen
решение   solution

ряд   series
сверхтонкий   superfine
свободный   free
свыше   from above
сильный   strong
скорость   velocity
совпадать   to coincide
согласие   agreement
согласоваться   to agree (with)
соответствовать   to correspond
состояние   state
средний   average
степень   degree
существенный   essential
схема   diagram
твердение   hardening
ток   current
тонкий   thin, fine
убывать   to diminish
удаваться   to succeed
уровень   level
установить   to place
устройство   arrangement
часть   part
четвёртый   fourth

Chapter 8

Participles

§ 191. The participle is a verbal form which possesses the features of both the verb and the adjective.

(1) Features of verbs:

(a) Voice – active, reflexive, and passive.

(b) Tense – present and past.

(c) Aspect – imperfective and perfective.

(2) Features of adjectives:

(a) Participles answer the questions: какой, какая, какое, какие?

(b) Participles agree with the nouns they modify in gender, number, and case.

Formation of participles

§ 192. Formation of the present participle active.

(1) Use the imperfective aspect only (transitive or intransitive);

(2) Take the stem of the verb in the present tense (it is preferable to take the third person, plural which has the same vowel in the ending as the participial suffix);

(3) Attach the participial suffix to the stem:

First conjugation | Second conjugation
-ущ-, -ющ- | -ащ-, -ящ-

(4) Attach the adjectival endings.

Examples:

читáть   to read,   читá-ют — читá-ющ- —читá-ющ-ий, читá-ющ-ая, читá-ющ-ее, читá-ющ-ие

завúсеть   to depend,   завúс-ят —завúс-ящ- — завúс-ящ-ий, завúс-ящ-ая, завúс-ящ-ее, завúс-ящ-ие.

§ **193.** When the present participle active loses its verbal characteristics (tense, aspect) and possesses only the qualitative characteristics (gender, number, declension) it becomes an adjective; as,

руководя́щая рабо́та   leading work,   в сле́дующий раз   next time.

Exercise 84. Form the present participle active from the following verbs:

извлека́ть   to extract
окружа́ть   to surround
уноси́ть   to carry away
уходи́ть   to go away
подходи́ть   to come up

приходи́ть   to arrive
отделя́ть   to separate
отража́ть   to reflect
переключа́ть   to switch
раздробля́ть   to smash to pieces.

Exercise 85. Analyze the formation of the participles and the adjectives with participial suffixes given below:

Нака́пливающая бина́рная систе́ма с реша́ющей обра́тной свя́зью.

Cumulative binary decision – feedback system.

Па́дающая вольта́мперная характери́стика водоро́да при ти́хом электри́ческом заря́де.

The falling current-potential characteristic in hydrogen under silent electric discharge.

… в интересу́ющем нас явле́ния.

… in the phenomenon in which we are interested.

Молекуля́рный генера́тор с одни́м пучко́м, прони́зывающим два резона́тора.

Maser oscillator with one beam through two cavities.

Малошумя́щие ВЧ (высо́кой частоты́) – усили́тели.

Low-noise high frequency amplifiers.

Спо́соб де́йствия флуоресци́рующих беля́щих аге́нтов.

Mode of action of fluorescent whitening agents.

Амплиту́да результи́рующей огиба́ющей и́мпульсного сигна́ла.

The amplitude of the resulting envelope of the pulse signal.

Иссле́дование разреша́ющей спосо́бности электро́нного микроско́па.

A study of the resolving power of the electron microscope.

Рентге́новский флуоресце́нтный и опти́ческий эмиссио́нный ме́тоды как взаи́мно дополня́ющие друг дру́га в спектрохими́ческом ана́лизе.

The complementary nature of x-ray fluorescence methods and optical emission methods in spectrochemical analysis.

Шунти́рующий реакти́вный эле-

The shunt reactive element on the

мéнт на ли́нии переда́чи с поверх-   surface wave transmission line.
ностной волно́й.

Импульсы в проводя́щих среда́х.   Pulses in conducting media.

... соотве́тствующие разли́чным   ... corresponding to various degrees
степеня́м превраще́ния ...   of conversion.

... вылета́ющих из разря́да ...   ... which escape from the discharge.

§ 194. Formation of the past participle active:

(1) Use verbs in the imperfective or perfective aspect.

(2) Take the stem of the verb in the past tense, 3rd person singular.

(3) (a) Add the participial suffix -вш- if the stem ends in a vowel; (b) add the participial suffix -ш- if the stem ends in a consonant.

(4) Add the adjectival endings.

Examples:

чита́ть   to read   – чита́-л – чита́-вш- – чита́-вш-ий, чита́-вш-ая,
чита́-вш-ее, чита́-вш-ие;

нести   to carry   нёс – нёс-ш- – нёс-ш-ий, нёс-ш-ая, нёс-ш-ее,
нёс-ш-ие.

§ 195. Participles of intransitive verbs with suffixes -ш- and -вш- in perfective aspect lose the verbal characteristics of time and aspect and become adjectives; as,

проше́дший год   past year.

Exercise 86. Form the past participle active from the following verbs:

смотре́ть   to look   прие́хать   to arrive
начина́ть   to start   встать   to get up
наблюда́ть   to observe   купи́ть   to buy
показа́ть   to show   возбуди́ть   to excite
достига́ть   to attain   изме́рить   to measure
принести́   to bring

Exercise 87. Analyze the formation of the participles given below:

... сохрани́вшие то́лько комби-   ... that have conserved combined
ни́рованную чётность.   parity only.

... распространя́вшие ультра-   ... (who were) propagating ultra-
звуковы́е во́лны ...   sonic waves ...

... вы́полнившая экспериме́нты ... ... who has carried out the experi-
                                ments ...

... употребля́вшие метиле́новую   ... (who were) using methylene
си́ньку ...   blue ...

... оцени́вший шум ...

... who has evaluated noise ...

... определи́вший ра́зность масс нейтро́на и прото́на с по́мощью дисперсио́нной тео́рии. ...

... who has determined the neutron-proton mass difference by the dispersion theory ...

... изме́ривший га́мма-излуче́ния высо́кой эне́ргии.

... who has measured high energy gamma rays ...

... изготовля́вшие клистро́нные резона́торы ...

... (who were) making klystron cavities with frequency setting ...

... уноси́вшее их прочь ...

... that has carried them off ...

... исходи́вшие из представле́ний ...

... who have started with the concepts ...

... передава́вшие радиолокацио́нные да́нные на расстоя́ние ...

... (who were) transmitting radar data on a distance ...

§ 196. Formation of reflexive participles. Reflexive participles are formed in the same manner as active participles. In the declension of reflexive participles the particle -ся- is retained.

Examples:

стро́ить   to build   – стро́ить-ся – стро́-ят-ся – стро́-ящ-ий-ся, стро́-ящ-ая-ся, стро́-ящ-ее-ся, стро́-ящ-ие-ся; стро́и-л-ся – стро́и-вш-ий-ся, стро́и-вш-ая-ся, стро́и-вш-ее-ся, стро́и-вш-ие-ся.

Exercise 88. Analyze the formation of the participles given below:

... наблюда́вшаяся ра́нее ...

... previously observed ...

... испуска́вшееся пучко́м ...

... emitted by the beam ...

... установи́вшееся значе́ние ...

... the stationary value ...

... закрепля́вшийся слегка́ накло́нно ...

... which was mounted at a slight angle ...

... перемеща́ющиеся ионосфе́рные возмуще́ния ...

... traveling ionospheric disturbances ...

... враща́ющийся диск с вы́резами ...

... rotating chopper disc ...

Релятиви́стская гидродина́мика враща́ющейся жи́дкости.

Relativistic hydrodynamics of rotating fluid.

... врыва́ющийся сжа́тый во́здух ...

... compressed air which breaks through ...

... с уменьша́ющейся ско́ростью ...

... at a decreasing rate ...

... сообща́ющиеся ме́жду собо́й ...

... interconnecting ...

... хорошо́ растворя́ющейся ...	... easily soluble ...
... не подверга́вшееся рассе́янию ...	... which has not undergone scatter ...
... при максима́льном примен-я́вшемся напряже́нии ...	... with the maximal applied voltage ...
... в слу́чае нали́чия на со́лнце развива́ющихся пя́тен ...	... in case developing spots are present on the sun ...
... установи́вшегося коне́чного значе́ния ...	... of the finite steady state value ...
Не́которые измере́ния, каса́-ющиеся частоты́ слия́ния цвето́в.	Some measurements about the fusion frequency of colors.

§ 197. Formation of the present participle passive.

(1) Use transitive verbs in the imperfective aspect.

(2) Take the stem of the verb in the present tense. It is preferable to use the first person plural since the endings of this form and the participial suffix are the same.

(3) Attach the participial suffixes:

First conjufation	Second conjugation
-ем-	-им-

(4) Attach the adjectival endings.

Examples:

вычисля́ть   to calculate   – вычисля́-ем – вычисля́-ем-ый, вычисля́-ем-ая, вычисля́-ем-ое, вычисля́-ем-ые;

проси́ть   to ask   – прос-и́м – прос-и́м-ый, прос-и́м-ая, прос-и́м-ое, прос-и́м-ые.

§ 198. In addition to the form with the adjectival ending (long form) described above, the present participle passive has also a form without the adjectivial ending (short form). Ending -a is added for feminine, ending -o for neuter, and ending -ы for plural.

The short form of the participle has no declensions.

Examples:

вычисля́-ем, вычисля́-ем-а, вычисля́-ем-о, вычисля́-ем-ы;
прос-и́м, проси́-м-а, проси́-м-о, проси́-м-ы.

§ 199. Nouns (feminine) ending in -ость can be formed from the stem of the present participle passive.

Examples:

ви́деть   to see   – ви́дим-ый – ви́дим-ость   visibility;
дели́ть   to divide   дели́м-ый – дели́м-ость   divisibility.

Exercise 89. Form the present participle passive from the following verbs:

применя́ть to apply   уважа́ть   to respect   выпуска́ть to let out
нагрева́ть   to heat   ожида́ть   to wait   чита́ть   to read
слы́шать   to hear   наруша́ть   to disturb   дава́ть   to give

Exercise 90. Analyze the formation of the present participle passive given below:

… рассма́триваемая систе́ма …	… the considered system …
… погре́шность допуска́емая …	… the error which is allowable …
Для проведе́ния опи́сываемых экспериме́нтов …	To carry out the experiments described …
О спе́ктрах мо́щности и мини-ма́льном обнару́живаемом сигна́ле в измери́тельных систе́мах.	On power spectra and the minimum detectable signal in measurement systems.
Аберра́ции допусти́мые в опти́-ческих систе́мах.	The aberrations permissible in optical systems.
… амплиту́да кото́рых сравни́ма и́ли да́же ме́ньше у́ровня флук-туацио́нных поме́х.	… with amplitudes comparable with or even smaller than the level of fluctuation noise.
… взаи́мно зави́симыми …	… mutually dependent …
Опти́ческие элеме́нты, дефор-ми́руемые обра́тной свя́зью.	Deformable optical elements with feedback.
… дово́льно хорошо́ проница́е-мым для паро́в адсорби́руемого вещества́.	… sufficiently permeable for the vapors of the adsorbate.
Магнитогидродинами́ческие во́л-ны в несжима́емой и сжима́емой жи́дкости.	Magneto-hydrodynamic waves in incompressible and compressible fluids.
Настра́иваемый инфракра́сный интерференцио́нный фильтр.	A tunable infra red interference filter.
Не́которые дета́ли испо́льзуемые в миллимикросеку́ндной те́хнике.	Some components used in the milli-microsecond technology.
Расчёт анте́нны для управля́емых снаря́дов.	Missile antenna design.
… иссле́дуемого явле́ния …	… of the phenomenon being in-vestigated …

Exercise 91. State the verbs used to form the nouns ending in -ость (nominative case) and translate them into English.

... у́гол расходи́мости ...	... angle of divergence ...
Изуче́ние атмосфе́рной турбуле́нтности на радиотра́ссах, расположенных в преде́лах прямо́й ви́димости.	... Radio studies of atmospheric turbulence on line-of-sight paths.
... в си́лу усло́вия несжима́емости ...	... by virtue of the condition of incompressibility ...
... при́нцип обрати́мости ...	... principle of reversibility ...
... сходи́мость к волново́й матри́це ...	... convergence to the wave-matrix ...

§ 200. Formation of the past participle passive.

(1) Use transitive verbs in the perfective aspect.

(2) Take the stem of the verb in the infinitive.

(3) Add the participial suffixes -нн-, -енн-, -ённ- or -т-.

    (a) The suffix -нн- is used when the stem of the verb in the infinitive ends in -а, -я, -е.

    (b) The suffix -енн- (-ённ-) is used when the stem of the verb in the infinitive ends in -и- or a consonant.

    (c) The suffix -т- is used when the verb in the infinitive ends in -нуть, -оть, -ереть.

(4) Add the adjectival ending.

Examples:

прочита́-ть – прочи́та-нн-ый, прочи́та-нн-ая, прочи́та-нн-ое, прочи́та-нн-ые;

постро́ить to build   постро́и-ть – постро́-енн-ый, постро́-енн-ая, постро́-енн-ое, постро́-енн-ые;

принести́ to bring   принес-ти́ – принес-ённ-ый, принес-ённ-ая, принес-ённ-ое, принес-ённые;

дви́нуть to move   дви́ну-ть – дви́ну-т-ый, дви́ну-т-ая, дви́ну-т-ое, дви́ну-т-ые.

коло́ть to break   коло́ть – ко́ло-т-ый, ко́ло-т-ая, ко́ло-т-ое, ко́ло-т-ые.

§ 201. The short past participle passive is formed by dropping the adjectival ending and adding -a for feminine, -o for neuter, and -ы for plural. When the participial suffix is -енн- or -нн- only one -н is used for the short form.

Examples:

изучи́ть to study   изу́ч-ен, изу́ч-ен-а, изу́ч-ен-о, изу́ч-ен-ы.

§ 202. Alternation of consonants used for certain verbs applies also to certain participles with the suffix -енн-.

Examples:

з – ж	отрази́ть	to reflect	отражённый
с – ш	спроси́ть	to ask	спро́шенный
д – ж	посади́ть	to sit	поса́женный
д – жд	роди́ть	to give birth	рождённый
т – ч	схвати́ть	to size	схва́ченный
т – щ	освети́ть	to illuminate	освещённый
ч – ж	сбере́чь	to save	сбережённый
б – бл	сруби́ть	to fell	сру́бленный
п – пл	купи́ть	to buy	ку́пленный
в – вл	вы́ловить	to catch	вы́ловленный
ф – фл	разграфи́ть	to rule (in lines)	разграфлённый

§ 203. Nouns (feminine) ending in -ость may be formed from the stem of past participle passive.

Examples:

воспита́ть to bring up   воспи́та-нн-ый – воспи́та-нн-ость breeding
приспосо́бить   to adopt   приспосо́бл-енн-ый,
приспосо́бл-енн-ость fitness.

Exercise 92. Form the past participle passive from the following verbs:

дости́гнуть to attain   зако́нчить to finish   примени́ть to apply
показа́ть to show   разреши́ть to allow   указа́ть to indicate
вы́числить to calculate   запо́лнить to fill   получи́ть to receive

Exercise 93. Analyze the past participle passive given below:

… сравне́ние измере́нных и вы́-   … comparison of measured and
численных значе́ний …   computed values …
… результа́ты сведены́ в   … the results are summarized in
табли́це 2 …   table 2 …

Булгако́вым соста́влены по́лные табли́цы.	Bulgakov has assembled complete tables.
… со́здан ряд тео́рий …	… a number of theories have been founded …
… при ана́лизе полу́ченного на́ми реше́ния …	… in analyzing the solution we have obtained …
…я́вно вы́раженный ма́ксимум …	… clearly observable maximum …
Исходя́ из при́нятого распределе́ния скоросте́й электроно́в …	Starting from an assumed distribution of electron radial velocities …
Изуче́ние угловы́х корреля́ций при распа́де заряжённых гиперо́нов.	A study of angular correlations in the decay of charged hyperons.
В отли́чие от устро́йств с сосредо́ченными пара́метрами …	In contrast to devices with lumped parameters …
… образо́ванную двумя́ четырёхполюсниками …	… formed by two four-terminal networks …
Вопреки́ распространённому мне́нию …	In contradiction to the accepted ideas …
… иссле́дованы недоста́точно …	… have been inedequately studied …

§ 204. Conjugation of verbs in the present tense using passive participles in the imperfective aspect; as, уважа́ть   to respect:

я уважа́ем, уважа́ема	мы уважа́емы
ты уважа́ем, уважа́ема	вы уважа́емы
он уважа́ем	они уважа́емы
она уважа́ема	
оно уважа́емо	

205. Conjugation of verbs in the past tense using passive participles in the imperfective aspect:

я был уважа́ем	мы бы́ли уважа́емы
я была́ уважа́ема	вы бы́ли уважа́емы
ты был уважа́ем	они бы́ли уважа́емы
ты была́ уважа́ема	
он был уважа́ем	
она была́ уважа́ема	
оно было́ уважа́емо	

§ 206. Conjugation of verbs in the future tense using passive participles in the imperfective aspect:

я	бу́ду уважа́ем, уважа́ема	мы	бу́дем уважа́емы
ты	бу́дешь уважа́ем, уважа́ема	вы	бу́дете уважа́емы
он	бу́дет уважа́ем	они	бу́дут уважа́емы
она́	бу́дет уважа́ема		
оно́	бу́дет уважа́емо		

§ 207. Conjugation of verbs in the past tense using passive participles in the perfective aspect: назна́чить to appoint:

я	был назна́чен	мы	бы́ли назна́чены
я	была́ назна́чена	вы	бы́ли назна́чены
ты	был назна́чен	они	бы́ли назна́чены
ты	была́ назна́чена		
он	был назна́чен		
она	была́ назна́чена		
оно	бы́ло назна́чено		

§ 208. Conjugation of verbs in the past tense (pertaining to a perfect form) using passive participles in the perfective aspect:

я	назна́чен, назна́чена	мы	назна́чены
ты	назна́чен, назна́чена	вы	назна́чены
он	назна́чен	они́	назна́чены
она	назна́чена		
оно	назна́чено		

§ 209. Conjugation of verbs in the future tense using passive participles in the perfective aspect:

я	бу́ду назна́чен, назна́чена	мы	бу́дем назна́чены
ты	бу́дешь назна́чен, назна́чена	вы	бу́дете назна́чены
он	бу́дет назна́чен	они́	бу́дут назна́чены
она́	бу́дет назна́чена		
оно́	бу́дет назна́чено		

§ 210. Comparison of the usage of Russian and English tenses using participles in the present tense:

(1) Граммати́ческие пра́вила для глаго́лов изу́чены.

(1) The grammatical rules for verbs are studied.

(2) Граммати́ческие пра́вила для глаго́лов то́лько что изу́чены.

(2) The grammatical rules for verbs have just been studied.

Note: The form изу́чены may also refer to the past tense.

(3) Граммати́ческие пра́вила для   (3) The grammatical rules for
глаго́лов изу́чены (бы́ли изу́чены)   verbs were learned yesterday.
вчера́.

§ **211.** Comparison of the usage of Russian and English tenses using participles in the past tense:

(1) Так как граммати́ческие пра́-   (1) As the grammatical rules for
вила для глаго́лов бы́ли изу́чены   verbs were learned the teacher ex-
учи́тель объясни́л нам грамма́тику   plained the grammar of participles.
прича́стий.

(2) Граммати́ческие пра́вила для   (2) The grammatical rules for
глаго́лов бы́ли изу́чены вчера́.   verbs were learned yesterday.

(3) Граммати́ческие пра́вила для   (3) The grammatical rules for
глаго́лов бы́ли изу́чены до того́,   verbs had been learned before the
как учи́тель пришёл.   teacher came.

§ **212.** Comparison of the usage of Russian and English tenses using participles in the future tense:

(1) Граммати́ческие пра́вила для   (1) The grammatical rules for
прича́стий бу́дут изу́чены (изу́чат)   participles will be learned next week.
на сле́дующей неде́ле.

(2) Граммати́ческие пра́вила для   (2) The grammatical rules for
прича́стий бу́дут изу́чены к   participles will have been learned
7 часа́м.   by 7 o'clock.

Stress in participles

§ **213.** Stress in the present participle active.

(1) First conjugation. The stress is the same as in the third person plural; as, знать to know – зна́ют – зна́ющий.

(2) Second conjugation. In most participles the stress is on the syllable preceding the suffix -ащ- or -ящ-
служи́ть to serve – служа́щий.

§ 214. Stress in the past participle active.

(1) Suffixes -вш-, -ш-. The stress is the same as in the infinitive; as, прочита́ть – прочита́вший.

(2) When the stress in the infinitive is on -ти the stress in the participle is on the syllable preceding the participial suffix; as, нести́   to carry – нёсший.

§ 215. Stress in the present participle passive.

(1) When ending in -мый the stress is the same as in the present participle active ending in -щий as; чита́ющий – чита́емый.

(2) When the stress in the infinitive is on -овать the stress in the participle is on -уемый; as, реализова́ть – реализу́емый.

§ 216. Stress in the past participle passive.

(1) When the stress in the infinitive is on -ать or -ять the stress in the participle is on the preceding syllable; as, прочита́ть – прочи́танный.

(2) When the stress in the infinitive is on the root of the verb the stress in the participle remains fixed on the root; as, израсхо́довать   to spend – израсхо́дованный.

Exercise 94. Analyze the formation of the participles given below:

Очеви́дно, что мо́гут быть постро́ены та́кже усили́тели …	It is obvious, that there can also be designed amplifiers …
Враща́ющийся индукти́вный зонд в волново́дах.	Rotatable inductive probe in waveguides.
Самофокуси́рующиеся электро́нные пучки́.	Self focusing electron beams.
Уравне́ния электромагни́тного по́ля для дви́жущейся среды́ с проводи́мостью Хо́лла.	Electromagnetic field equations for a moving medium with Hall conductivity.
… каза́вшаяся интенси́вность …	… apparent intensity …
… генери́рованным заряжёнными части́цами …	… generated by charged particles …
… па́дающая на неоднор́дный слой обыкнове́нная волна́ …	… the ordinary wave falling upon an inhomogeneous layer …
Перестра́иваемый фильтр, испо́льзуемый при измере́нии шу́мов ме́стного гетероди́на.	A tunable filter for use in the measurement of noise from local oscillators.

Усоверше́нствованная фокусиру́-
ющая и отклоня́ющая систе́ма ви-
дико́на.

An improved vidicon focusing-de-
flecting system.

Произво́льные нестациона́рные
сигна́лы мо́гут быть предста́влены
ря́дом с некоррели́рованными сос-
тавля́ющими.

The arbitrary non-stationary signals
can be represented as a series with
uncorrelated components.

Излуча́ющая части́ца с ма́ссой в
расширя́ющейся вселённой.

A radiating mass particle in an expanding universe.

Расчёт трехрезона́торных рассе́и-
вающих полосовы́х фи́льтров с
минима́льными вноси́мыми поте́р-
ями.

Design of three-resonator dissipative
band-pass filters having minimum
insertion loss.

Самораспространя́ющийся преры́-
вистый разря́д.

Self propagating intermittent discharge.

… возни́кшим ещё в конта́кте и
неуспе́вшихся стечь …

… that arose on the contact and
have not had time to flow away …

Спо́соб де́йствия флуоресци́ру-
ющих беля́щих аге́нтов.

Mode of action of fluorescent
whitening agents.

… проше́дшему пучку́ …

… transmitted beam …

… впу́щенного в ка́меру …

… admitted into the chamber …

… соизмери́мый с амплиту́дой …

… which is commensurable with the
amplitude …

… причи́ной наблюда́вшегося яв-
ле́ния …

… the cause of the observed phenomenon …

… определя́емую на о́пыте интен-
си́вность …

… the experimentally determined
intensity …

Сво́йства формальдеги́да в его́
низколежа́щих возбуждённых сос-
тоя́ниях.

The properties of formaldehyde in
the low-lying excited states.

… ио́нов выта́лкиваемых …

… ions which are knocked out …

Для э́того в ря́де о́пытов была́ из-
ме́рена зави́симость эффе́кта от
давле́ния га́за в ка́мере столкно-
ве́ний.

For this purpose the dependence of
the effect upon the pressure in the
gas cell was measured in a series of
experiments.

Тео́рия коллекти́вных колеба́ний
ядра́, осно́ванная на зави́сящем от
вре́мени уравне́ния 8.

The theory of nuclear collective oscillations which is based on the time-
dependent equation 8.

8*

В настоя́щей рабо́те была́ вы́чис-лена постоя́нная Хо́лла.

In the present work the Hall coef-ficient has been calculated.

Ана́лиз прове́ден на осно́ве ме́тода ме́дленно меня́ющихся амплиту́д.

The analysis is conducted on the basis of the method of slowly chang-ing amplitudes.

... образу́ющихся в конта́кте ...

... formed at the contact ...

... в иссле́дованном интерва́ле ...

... in the investigated range ...

Э́то свя́зано, наприме́р с открыва́-ющейся возмо́жностью приёма радиосигна́лов.

This is connected, for instance, with the developing possibility of recep-tion of radio signals.

... установи́вшимся режи́мом ...

... by the steady state ...

Характери́стика свобо́дных элек-тро́нов в графи́те получа́ющиеся из изуче́ния магни́тных и други́х свойств.

Characteristics of free electrons in graphite from a study of magnetic and other properties.

Э́та рабо́та была́ отме́чена при-сужде́нием ему́ пре́мии.

This work was marked by the grant-ing to him a reward.

... зада́ча была́ решена́ ...

... the problem has been solved ...

Exercise 95. Translate into English and analyze the participles to show: verb characteristics (infinitive, aspect, suffix, voice, and tense) and adjective characteristics (gender, number, case, and ending).

Интегри́руя пра́вую часть ра́венства (I) по всем возмо́жным значе́ниям переме́нных полу́чим интересу́ющее нас выраже́ние. Э́тот эффе́кт вполне́ аналоги́чен перека́чке эне́ргии, наблюда́ющейся в сис-те́ме М свя́занных ма́ятников находя́щихся в состоя́нии стациона́рного колеба́ния. Тео́рия осно́вывающаяся на уравне́ниях Максве́лла. Ме́тод определе́ния вариа́ции в прису́тствии системати́ческой погре́шности изменя́ющейся по лине́йному зако́ну. Обсужда́ются результа́ты ис-сле́дований тече́ний электропроводя́щих га́зов. Путём введе́ния дополни́тельных упроща́ющих предположе́ний вы́ведены пра́вильные уравне́ния движе́ния. Воспо́льзовавшись обобщённым ра́венством (2) мы мо́жем предста́вить (3) сходя́щимся ря́дом. Обзо́р, посвящённый описа́нию рассе́яния нукло́нов а́томными ядра́ми в о́бласти эне́ргий, соотве́тствующих перекрыва́ющимся у́ровням составно́го ядра́. На слой нано́сится у́гольная пыль, про́чно закрепля́ющаяся на зёрнах серебра́ и закрепля́ющая их на ме́сте. Лаборато́рия люминесце́нции стано́вится руководя́щим и объединя́ющим це́нтром исследова́тельской рабо́ты в да́нной о́бласти фи́зики. Име́ющиеся в литерату́ре да́нные по исследованию диффу́зии в о́кислах мета́ллов представле́ны двумя́ разде́лами. В пе́рвом разде́ле со́бран материа́л, относя́щийся к исследованию диффу́зии в о́кислах просто́го соста́ва. Газоразря́дные прибо́ры с хими́ческими соедине́ниями, поглоща́ющими и выделя́ющими водоро́д.

Vocabulary for Exercise 95

введе́ние introduction
водоро́д hydrogen
возмо́жный possible
воспо́льзоваться to make use
вполне́ completely
вы́вести to derive
выделя́ть to evolve
выраже́ние expression
газорязря́дный gas discharge
да́нные data
да́нный given
движе́ние motion
дополни́тельный additional
зако́н law
закрепля́ть to fix
зерно́ grain
значе́ние value
изменя́ть to vary
име́ть to have
иссле́дование investigation
иссле́довательский research
  (attr.)
колеба́ние vibration
ма́ятник pendelum
ме́сто place
наблюда́ть to observe
наноси́ть to deposit
обзо́р review
о́бласть region
обобщи́ть to generalize
обсужда́ть to discuss

объедини́ть to unify
о́кисел oxide
описа́ние description
определе́ние determination
основа́ть to base
относи́ться to refer
перека́чка transfer
перекрыва́ть to overlap
переме́нный variable
поглоща́ть to absorb
погре́шность error
получи́ть to obtain
посвяща́ть to devote
пра́вильный correct
пра́вый right
предположе́ние assumption
предста́вить to present
прибо́р apparatus
прису́тствие presence
проводи́ть to conduct
просто́й simple
про́чно firmly
пыль dust
путь way
рабо́та work
ра́венство equality
разде́л division
рассе́яние scattering
руководи́ть to conduct
ряд series
связа́ть to connect

серебро́ silver
слой layer
собира́ть to collect
соедине́ние compound
соотве́тствовать to correspond
соста́в composition
составно́й compound
состоя́ние state

станови́ться to become
сходя́щийся converging
тече́ние flow
у́голь coal
упроща́ть to simplify
уравне́ние equation
часть part, side
ядро́ nucleus

Exercise 96. Translate into English and analyze as in Exercise 95.

Измене́ния частоты́ столкнове́ний проводи́лось обы́чно в распа-
да́ющей пла́зме, находя́щейся в равнове́сии с окружа́ющим га́зом.
Применя́вшаяся аппарату́ра опи́сана в (4). Электромагни́тная волна́,
возмуща́ющая криста́лл, вво́дится как класси́ческое возмуща́ющее
по́ле. Состоя́ние криста́лла, возмущённого све́том, опи́сывается вол-
ново́й фу́нкцией Y. Уча́сток ва́куума с больши́м число́м взаимоде́йст-
вующими взаи́мно превраща́ющихся части́ц. Хара́ктер звезды́ опредéл-
я́ется нача́льной эне́ргией па́дающей части́цы и ро́дом соударя́ющихся
части́ц. Среди́ сегнето-электри́ческих веще́ств, представля́ющих собо́ю
со́ли, содержа́щие катио́н Pb^{2+} мно́гие явля́ются вещества́ми, пла́в-
ящимися инконгруэ́нтно. Соотве́тствующие да́нные приведены́ на
рис. 4. Изуче́ние возбужде́ний подчиня́ющихся стати́стике Бо́зе. При-
ме́р возбужде́ний, появля́ющихся в систе́ме части́ц, подчиня́ющихся
стати́стике Фе́рми. Поляриза́ция пара́метров опи́сывающих перехо́д.
Кривы́е, характеризу́ющие зави́симости спонта́нной поляриза́ции.
Полу́чена систе́ма дифференциа́льных уравне́ний, определя́ющая вол-
новы́е фу́нкции. Взаимоде́йствие обеспе́чивающее мгнове́нную пере-
да́чу всей эне́ргии. Гальваномагни́тный эффе́кт в проводя́щих упор-
я́дочивающихся спла́вах. Иссле́довано углово́е распределе́ние вторич́-
ных части́ц, образу́ющихся при столкнове́нии нукло́нов ядра́ми фото-
эму́льсий. Фу́нкция Лагра́нжа для двух взаимоде́йствующих враща́-
ющихся тел. Это всле́дствие всё расширя́ющегося примене́ния в те́х-
нике кратковре́менных и бы́стро изменя́ющихся сигна́лов.

Vocabulary for Exercise 96

большо́й large
бы́стро rapidly
вводи́ть to introduce
взаи́мно mutually

взаимоде́йствовать to interact
возбужде́ние excitation
возмуще́ние perturbation
волна́ wave

враща́ть to rotate
всё all
всле́дствие in consequence
вторичный secondary
да́нные data
зави́симость dependence
звезда́ star
измене́ние variation
изменя́ть to vary
изуче́ние study
иссле́довать to investigate
кратковре́менный short duration
крива́я curve
мгнове́нный instantaneous
мно́го much
находи́ть to find
нача́льный initial
обеспе́чить to ensure
образова́ть to form
обы́чно ordinarily
окружа́ть to surround
описа́ть to describe
определи́ть to determine
па́дать to fall
переда́ча transfer
перехо́д transition
пла́вить to melt
подчиня́ться to submit
по́ле field
получи́ть to get

появля́ться to appear
превраща́ть to transform
представля́ть to present
привести́ to lead
применя́ть to apply
проводи́ть to conduct, to lead
равнове́сие equilibrium
распада́ть to disintegrate
распределе́ние distribution
расширя́ть to expand
рис. = рису́нок drawing
род kind
свет light
содержа́ть to contain
соль salt
соотве́тствовать to correspond
состоя́ние state
соударя́ть to collide
сплав alloy
среди́ among
столкнове́ние collision
те́ло body
у́гол angle
упоря́дочить to regulate
уравне́ние equation
уча́сток section
части́ца particle
частота́ frequency
число́ number
явля́ться to appear
ядро́ nucleus

Exercise 97. Translate into English and analyze as in Exercise 95.

Дана́ классифика́ция полу́ченных реше́ний и иссле́дованы уравне́ния движе́ния. Рассмо́трим я́дра, име́ющие два взаимоде́йствующих нукло́на ды́рки вне запо́лненных оболо́чек. Опи́сана констру́кция спектро́метра предназна́ченного для измере́ния спе́ктров и́мпульсов части́ц косми́ческого излуче́ния. Вся́кий цикли́ческий ускори́тель соде́ржит

два основны́х элеме́нта: 1. Магни́тнов по́ле, обеспе́чивающее цикли́-
ческий хара́ктер движе́ния заряжённых части́ц. 2. Ускоря́ющее устро́-
йство в кото́ром возбужда́ется переме́нное электри́ческое по́ле, пред-
назна́ченное для того́ чтóбы сообща́ть заражённым части́цам эне́ргию.
Полу́ченные результа́ты явля́ются обобще́нием тео́рий, предло́жен-
ных ра́нее. Устано́влено существова́ние возбуждённых состоя́ний Te[124].
Предло́жен но́вый при́нцип для разделе́ния заряжённых части́ц, в ча́ст-
ности изото́пов. Ме́тод получе́ния вы́строенных дейтро́нов. Опи́санная
мето́дика не ограни́чивается иссле́дованием систе́м приве́денного ти́па.
Опи́сывается испо́льзованный магни́тный спектро́метр облада́ющий
высо́кой разреша́ющей спосо́бностью. Из распла́ва бы́ли вы́ращены
криста́ллы. Постро́ена схе́ма возбужде́ний у́ровней. Вы́числены ра-
диацио́нные попра́вки. Результа́ты полу́чены для ра́зных расстоя́ний.
Приве́дено не́сколько просте́йших приме́ров и пока́зан возмо́жный
спо́соб перено́са тех же иде́й в ква́нтовую тео́рию. Сконструи́рован
ио́нный исто́чник для разделе́ния изото́пов элеме́нтов пла́тиновой
гру́ппы. Сде́ланные упроща́ющие предположе́ния явля́ются обы́ч-
ными в электро́нике. Вы́ведены и иссле́дованы нелине́йные уравне́ния
многолучево́й ла́мпы и вытека́ющие из них зако́ны сохране́ния.

Vocabulary for Exercise 97

взаимоде́йствие   interaction
вне   outside
возбужда́ть   to excite
вся́кий   every
выводи́ть   to derive
выра́щивать   to grow
высо́кий   high
вы́строить   to allign
вытека́ть   to follow, to flow out
вы́числить   to calculate
дать   to give
движе́ние   motion
для   for
ды́рка   hole
зако́н   law
заполня́ть   to fill
заряжа́ть   to charge

излуче́ние   radiation
измере́ние   measurement
име́ть   to have
испо́льзовать   to use
иссле́довать   to investigate
исто́чник   source
кото́рый   which
ла́мпа   tube
многолучево́й   multi-beam
не́сколько   several
обеспе́чить   to provide
облада́ть   to possess
обобще́ние   generalization
оболо́чка   cover, shell
обы́чный   usual
ограни́чивать   to restrict
описа́ть   to describe

основно́й basic
переме́нный alternating
перено́с transfer
подстро́ить to tune up
показа́ть to show
по́ле field
получи́ть to receive, to produce
попра́вка correction
предложи́ть to offer
предназнача́ть to intend
предположе́ние assumption
приведенный considered
приме́р example
просто́й simple
разделе́ние division
ра́зный different
разреша́ть to permit
ра́нее earlier
рассмотре́ть to examine
распла́в melt
расстоя́ние distance

реше́ние solution
сде́лать to make
содержа́ть to contain
сообщи́ть to report
состоя́ние state
сохране́ние conservation
спосо́бность ability
существова́ние existence

упроща́ть to simplify
уравне́ние equation
у́ровень level
ускори́тель accelerator
ускоря́ть to accelerate
установи́ть to install
устро́йство device

части́ца particle
(в) ча́стности in particular
что́бы in order that

явля́ться to appear
ядро́ nucleus

Exercise 98. Translate into English and analyze as in Exercise 95.

Расчёт по опи́сываемому ме́тоду доказа́л возмо́жность определе́ния вариа́ции показа́ний измери́тельного прибо́ра. Бесселе́вы фу́нкции применя́емые при вычисле́нии коэффицие́нта A бу́дут име́ть полуце́лый и́ндекс. Выраже́ния получа́емые для затуха́ния волн в волново́дах учи́тывают фо́рму проводо́в. Получа́емые результа́ты позволя́ют объясни́ть механи́зм электро́нного детекти́рования. Сравне́ние получа́емого углово́го распределе́ния с углов́ым распределе́нием при примене́нии ме́тода Д. да́ло возмо́жность определи́ть знак магни́тного ядра́ As[76]. Вопро́су возникнове́ния в полупроводника́х коллекти́вных («пла́зменных») эффе́ктов ти́па наблюда́емых в га́зовом разря́де был посвящён докла́д В. Поглоще́ние све́та в криста́лле сопровожда́ется нагрева́нием криста́лла поглоща́емым све́том. Из определе́ния (2) мы ви́дим, что применя́емые в стати́стике фу́нкции Гри́на отлича́ются от полевы́х фу́нкций Гри́на лишь спо́собом усредне́ния. Уравне́ние (7) мо́жно реши́ть обы́чным ме́тодом, применя́емым в тео́рии ферромагнети́зма и осно́ванным на трансляцио́нной симметри́и решётки. Уравне́ние (8) дает интерполяцио́нную фо́рмулу для намагни́ченности σ в широ́кой о́бласти температу́р для рассма́триваемого слу́чая положи́тельного обме́нного интегра́ла. Перено́с эне́ргии, осуществля́емый квазичасти́цами всех ти́пов, расчи́тывается с по́мощью кинети́ческих уравне́ний. Для систе́м, изуча́емых в статисти́ческой меха́нике, характе́рно, что у́ровни эне́ргии располо́жены весьма́ пло́тно, так что расстоя́ние ме́жду ни́ми стреми́тся к нулю́ при $V \to \infty$. Сигна́л, получа́емый при второ́м прохожде́нии, бу́дет ра́вен по величине́ и обра́тен по зна́ку сигна́лу пе́рвого прохожде́ния.

Vocabulary for Exercise 98

величина́ magnitude
весь all
весьма́ highly
ви́деть to see
возмо́жность possibility
возникнове́ние origin
волна́ wave
волново́д waveguide
вопро́с question
второ́й second
выраже́ние expression
вы́числять to calculate, to evaluate
дать to give
доказа́ть to demonstrate
докла́д report
затуха́ние attenuation
знак sign
измери́тельный measuring
изуча́ть to study
име́ть to have
наблюда́ть to observe
нагрева́ние heating
намагни́чивать to magnetize
о́бласть region
обме́нный exchange
обра́тен reversed

объясня́ть to explain
опи́сывать to describe
определе́ние determination
определи́ть to determine
основа́ть to base
осуществля́ть to realize
пе́рвый first
перено́с transfer
пло́тно tightly
поглоща́ть to absorb
поглоще́ние absorption
позволя́ть to permit
показа́ние reading
по́ле field
положи́тельный positive
полупроводни́к semiconductor
полуце́лый half-integers
получи́ть to obtain
по́мощь help
посвяти́ть to devote
прибо́р device
примене́ние application
применя́ть to apply
про́вод wire
прохожде́ние passage
ра́вен equal

разря́д discharge

располага́ть to arrange

распределе́ние distribution

рассма́тривать to consider

расстоя́ние distance

расчёт calculation

решётка lattice

свет light

сопровожда́ть to accompany

сравне́ние comparison

стреми́ться to aim

углово́й angular

уравне́ние equation

усредне́ние averaging

учи́тывать to take into account

широ́кий wide

Chapter 9

Verbal adverbs

§ 217. Verbal adverbs posses the features of both the verb and the adverb. Verbal adverbs modify the predicate and may be perfective or imperfective.

§ 218. Imperfective verbal adverbs are formed from the stem of imperfective verbs in the present tense, third person plural and adding suffix -a after ж, ч, ш, щ, and suffix -я after all other consonants and after all vowels.

Examples: стучáть   to knock,   стуч-áт – стуч-á;
сидéть   to sit,   сид-ят – сúд-я.

§ 219. Imperfective verbal adverbs cannot be formed from the verbs: писáть   to write,   ждать   to wait,   хотéть   to want, звать   to call.

§ 220. In the formation of verbal adverbs from reflexive verbs the particle -сь is added.

Examples: занимáться   to be occupied   занимá-ют-ся – занимá-я-сь.

§ 221. Imperfective verbal adverbs are used:

(1) When action is simultaneous with the action of the verbal predicate.
Examples:

Студéнты сидят в клáссе изучáя   The students are sitting in the class-
рýсскую граммáтику.   room studying Russian grammar.
Студéнты сидéли в клáссе изучáя   The students were sitting in the class-
рýсскую граммáтику.   room studying Russian grammar.

(2) As an adverbial modifier of manner.
Example:

Он улýчшил своú отмéтки, приго-   He has improved his grades by pre-
товляя урóки кáждый день.   paring his lessons every day.

Exercise 99. Form imperfective verbal adverbs from the following verbs:
определять   to define,   преобразовáть   to transform,
вводúть   to introduce,   дéйствовать   to act,
обладáть   to possess,   понимáть   to understand.

сле́довать to follow,   тре́бовать to demand,
применя́ть to apply,   выполня́ть to fulfill,
отмеча́ть to mark.

Exercise 100. Analyze the formation of the verbal adverbs given below:

... уменьша́ясь в проце́нтном от-   ... while decreasing percentage-
ноше́нии ...   wise ...

... разлага́я выраже́ние (4) в ряд   ... expanding expression (4) in
по степеня́м ...   power series ...

... оставáясь отрицáтельным ...   ... remaining negative ...

... пытáясь определи́ть ...   ... attempting to determine ...

... постепéнно снижáя темперá-   ... by gradually decreasing the tem-
ту́ру ...   perature ...

... считáя что заря́д равномéрно   ... assuming the charge evenly dis-
распределён ...   tributed ...

... вызывáя таки́е изменéния ...   ... bringing about such changes ...

... испóльзуя услóвие стационáр-   ... using the stationarity condition ...
ности ...

Обращáясь к дáнным в таблúце   ... turning to the data in table 6 ...
6 ...

... пóльзуясь соотношéнием ...   ... using the relationship ...

... оснóвываясь на э́том предполо-   ... on the basis of this assumption ...
жéнии ...

§ 222. Perfective verbal adverbs are in most cases formed from the stem of perfective verbs in the past tense, masculine, singular by dropping the suffix -л and adding the suffix -в or -вши.

In the case of verbs which do not have the suffix -л suffix -я is added to the stem.

Examples:

прочитáть – прочитá-л – прочитá-в, прочитá-вши;
откры́ть to open, откры́-л – откры́-в, откры́-вши;
принести́ to bring, принёс – принес-я.

§ 223. In the formation of perfective verbal adverbs from reflexive verbs the particle -сь is added to suffix -вши or -ши.

Examples: откры́ть – откры́-вши-сь; запере́ть to lock –
запéр-ши-сь.

§ 224. Perfective verbal adverbs ending in -а, -я are similar to those ending in -в, -вши, -ши in that they denote an auxiliary action which precedes the action expressed by the verbal predicate.

§ 225. Perfective verbal adverbs are used:

(1) As adverbial modifiers of cause.

Example:
Оста́вить   to leave – оста́вив.

Оста́вив слова́рь до́ма ему́ бы́ло тру́дно переводи́ть упражне́ния.	Having left the dictionary at home he had difficulty in translating the exercises.

(2) As adverbial modifier of time.

Example: Переплы́ть   To swim across – переплы́в.

Переплы́в Англи́йский Кана́л в тре́тий раз он установи́л но́вый реко́рд.	Swimming across the English Channel a third time he set a new record.

(3) To emphasize that the action expressed by the verbal adverb precedes the action of the verb.

Examples: Реши́ть   to solve – реши́в.

Реши́в все зада́чи, он оста́вил кла́ссную ко́мнату.	After solving all the problems he left the classroom. Having solved all the problems, he left the classroom.
Он оста́вил кла́ссную ко́мнату, реши́в все зада́чи.	He left the classroom after solving all the problems. He left the classroom having solved all the problems.

(4) To accompany an adverbial modifier.

Example:

Он посла́л телегра́мму, указа́в его́ но́вый а́дресс.	He sent a telegram stating his new address.

(5) As an adverbial modifier of manner.

Example:

Учи́тель ему́ о́чень помо́г, дав ему́ хоро́шую рекоммменда́цию.	The teacher has helped greatly by giving him a good recommendation.

Exercise 101. Form perfective verbal adverbs from the following verbs:

отклони́ть to deflect,	оцени́ть to evaluate,
вы́делить to evolve,	вы́числить to calculate,
указа́ть to indicate	заключи́ть to conclude,
заме́тить to note,	сде́лать to make,
встре́тить to meet.	

Exercise 102. Analyze the formation of verbal adverbs given below:

… вы́полнив усло́вие …	… having fulfilled condition …
… обрабо́тав в ва́кууме …	… after treating under vacuum …
… обнару́жив паралле́льный ход …	… having discovered a parallel course …
… ограни́чившись слу́чаем …	… limiting to the case …
Разложи́в в ряд Фурье́ …	… After expanding in a Fourier series …
Воспо́льзовавшись выраже́нием из рабо́ты (7) …	… by using the expression from work (7) …
Установи́в э́ту зави́симость …	Having established this dependence …
Рассмотре́в це́лый ряд усложне́ний…	Having considered a whole set of complications …
Изме́рив отноше́ние то́ков, он соста́вил выраже́ние (9).	Having measured the current ratio he set up the expression (9).
Просумми́ровав э́ти да́нные …	… having summated these data …

Stress in verbal adverbs

§ 226. The stress in verbal adverbs ending in -а or -я is the same as in the verb, third person plural; as,

стуча́ть   to knock,   стуча́т – стуча́;
сиде́ть   to sit,   сидя́т – сидя́.

§ 227. When derived from verbs with a mobile stress the verbal adverbs have the stress on the suffix -я;
смотре́ть   to look,   – смо́трят – смотря́.

§ 228. In verbal adverbs ending in -вши or -ши the stress is the same as in the past tense of the verb; as,
сиде́ть – сиде́л – сиде́вши.

Exercise 103. Analyze the formation of the verbal adverbs given below:

… занима́ясь иссле́дованием э́того явле́ния …	… being engaged in an investigation of this phenomenon …
… исключи́в x и y …	… after eliminating x and y …
Пусть, реша́я зада́чу в нулево́м приближе́нии …	Let us suppose that on solving the problem in the zeroth approximation …

Представля́я здесь *e* при по́мощи разложе́ния Фурье́ и почле́нно интегри́руя ...

Representing here *e* with the help of a Fourier development and term-by-term integration ...

... затра́тив эне́ргию ...

... having expended the energy ...

Усредня́я по невозмущённому состоя́нию ...

... Averaging over the unperturbed state ...

... достига́я в автоколеба́тельном режи́ме полови́ны полосы пропуска́ния резона́тора ...

... attaining in the oscillatory region half the passband of resonator ...

... ста́вши после́днее вре́мя ...

... having become recently ...

Комбини́руя уравне́ния (5) и (6) и учи́тывая (4) ...

Combining equations (5) and (6) and considering (4) ...

... появля́ясь и исчеза́я ...

... appearing and disappearing ...

Опрдели́в ненасы́щенность при по́мощи спектроме́трии в бли́зкой инфракра́сной о́бласти.

Having determined unsaturation by near-infrared spectrometry ...

... ограни́чиваясь слу́чаем ...

... restricting ourselves to the case ...

... не прибега́я к преобразо-ва́нию ...

... without recourse to transformation ...

Принима́я в соотве́тствии с (4) пло́тность заря́да ...

Adopting in accordance with (4) a charge density ...

... снабди́в вы́ступами ...

... having equipped with projections ...

Испо́льзуя полу́ченное отношéние ...

Employing the relationship obtained ...

... поступа́я и да́льше таки́м о́бразом ...

... going on in the same way ...

... зна́я *x* мо́жно соста́вить выраже́ние ...

... knowing *x* it is possible to set up the expression ...

... отлича́ясь от него́ то́лько тем, что в э́том слу́чае ...

... differing from it only in that in this case ...

Показа́в теорети́чески ...

Having demonstrated theoretically ...

... исходя́ из э́того ...

... starting from this ...

Вычисля́я интегра́лы при по́мощи фо́рмулы (6) ...

... calculating the integrals with the aid of the formula (6) ...

... вытя́гивая их из разря́да ...

... removing them from the discharge ...

Exercise 104. Translate into English and analyze the verbal adverbs to show: verb characteristics: infinitive, aspect, and suffix:

Подставля́я (2) в фо́рмулу (1) и вы́числив гла́вные чле́ны в разло-же́нии интегра́ла, полу́чим (4). Находя́ о́бласть (А) чи́сленным ме́то-дом и производя́ интегри́рование, полу́чим (5). По́льзуясь (3) и усре-дня́я (4) по (М), полу́чим (6). Определя́я отноше́ние (2) как иско́мую вероя́тность поме́хи, полу́чим (3). Учи́тывая, что фу́нкция (Ф) удо-влетворя́ет волново́му уравне́нию, запи́сывая (2) в сфери́ческих коорди-на́тах и пренебрега́я ма́лыми величи́нами, полу́чим выраже́ние (3). Помно́жив (2) на (К) и проинтегри́ровав по всему́ простра́нству полу-чим (4). Разлага́я (4) в ряд Тэ́йлора, полу́чим (5). Подста́вив в (8) зна-че́ние (е) и проде́лав соотве́тствующие преобразова́ния, име́ем (7). Измеря́я (5) и вычисля́я нетру́дно найти́ (а). Испо́льзуя полу́ченные вы́ше результа́ты мо́жно вы́вести (3). Прира́внивая (2) к нулю́ полу-чим (5). Предполага́я определённый вид зави́симости полу́чим (6). Аппроксими́руя вы́сшие фу́нкции равнове́сия полу́чим (9). Осно́вы-ваясь на результа́те Д. предлага́ется но́вый спо́соб. Учи́тывая отно-ше́ние мо́щности сигна́ла к мо́щности поме́хи на вхо́де дете́ктора, полу́чим (5).

Vocabulary for Exercise 104

величина́ value
вероя́тность probability
весь all
вид kind
волна́ wave
вход input
вы́вести to derive
выраже́ние expression
вы́сший higher
вы́числить to calculate
вы́ше above
гла́вный main
зави́симость dependence
запи́сывать to record
значе́ние value
изме́рить to measure
име́ть to have
испо́льзовать to use

иско́мый desires
ма́лый small
мо́жно it is possible
мо́щность power
находи́ть to find
но́вый new
о́бласть region
спределённый definite
определи́ть to define
осно́вываться to base
отноше́ние ratio
подста́вить to substitute
получи́ть to get
по́льзоваться to use
поме́ха noise
помно́жить to multiply
предложи́ть to propose
предполага́ть to assume

пренебре́чь to neglect
преобразова́ние transformation
прира́внивать to equate
проде́лать to perform
производи́ть to produce
простра́нство space
равнове́сие equilibrium
разлага́ть to expand
разложе́ние expansion

ряд series
соотве́тствующий corresponding
спо́соб method
тру́дно difficult
удовлетворя́ть to satisfy
усредня́ть to average
учи́тывать to consider
чи́сленный numerical
член term

Exercise 105. Translate into English and analyze as in Exercise 104.

Полага́я для простоты́ амплиту́ду па́дающей необыкнове́нной волны́ ра́вной едини́це, полу́чим (5). Вводя́ (5) и учи́тывая (7) полу́чим (9). Ограни́чиваясь полу́ченным приближе́нием, име́ем (2). Дифференци́руя (5) по (e) и преобразу́я с учётом соотноше́ния (5), полу́чим (7). Пренебрега́я де́йствием простра́нственного заря́да, перепи́шем уравне́ние (9). Воспо́льзовавшись изве́стным асимптоти́ческим выраже́нием для фу́нкции Бе́сселя полу́чим выраже́ние (3). Переходя́ к затуха́нию на едини́цу длины́, име́ем (6). Воспо́льзовавшись разложе́нием (2) и интегри́руя почле́нно, полу́чим (8). Подста́вив значе́ние к в уравне́ние нахо́дим (5). Сра́внивая уравне́ния (5) и (7) с фо́рмулой (9), име́ем (8). Реша́я систе́му уравне́ний (5, 6), нахо́дим по́ле (E). Подставля́я уравне́ния (2) и (7) в уравне́ние (1) и интегри́руя по (к), получа́ем (9). Интегри́руя и по́льзуясь уравне́нием (15), получа́ем (17). Подчиня́я усло́вию (17) поля́ симметри́чной продо́льной электри́ческой волны́ (18) полу́чим уравне́ние (19). Испо́льзуя обобще́ние пра́вила К., мо́жно значи́тельно упрости́ть выраже́ние (5). Фикси́руя значе́ние (e) и определя́я расстоя́ние (B) полу́чим соотноше́ние (7). Задава́ясь разли́чными значе́ниями мо́жно эксперимента́льно прове́рить соотноше́ния (17) и (18). Воспо́льзовавшись зави́симостью, устана́вливающей значе́ние (A), мо́жно исключи́ть э́ту величину́ из фо́рмулы (15).

Vocabulary for Exercise 105

вводи́ть to insert
величина́ value
волна́ wave
воспо́льзоваться to make use
выраже́ние expression
де́йствие action

длина́ length
для for
едини́ца unity
зави́симость dependence
задава́ться to prescribe
заря́д charge

затуха́ние attenuation
значе́ние value
значи́тельно considerably
изве́стный known
име́ть to have
исключи́ть to exclude
мо́жно one can
находи́ть to find
необыкнове́нный extraordinary
обобще́ние generalization
ограни́чиваться to limit oneself
определи́ть to determine
па́дающий incident
переписа́ть to rewrite
переходи́ть to pass
по «е» with respect to "e"
подста́вить to substitute
подчиня́ть to apply
полага́ть to assume
по́ле field
получи́ть to get

по́льзоваться to make use
почле́нно term-by-term
пра́вило rule
пренебрега́ть to neglect
преобразова́ть to transform
приближе́ние approximation
прове́рить to verify
продо́льный longitudinal
простота́ simplicity
простра́нственный spatial
ра́вный equal
разли́чный different
разложе́ние expansion
расстоя́ние distance
реша́ть to solve
соотноше́ние relation
сра́внивать to compare
упрости́ть to simplify
уравне́ние equation
устана́вливать to establish
учёт calculation
учи́тывать to consider

Chapter 10

Adverbs

§ 229. The adverb is a part of speech used to modify the meaning of a verb, an adjective, or another verb. Some adverbs are also used to modify a noun. They may be divided into groups (§ 230–§ 236) according to the meaning.

§ 230. Adverbs of place answer the questions: где? where?, куда́? which way? отку́да where from?

Examples:

вблизи́ close by	куда́-то somewhere
вдали́, вдаль far	нале́во to the left
везде́ everywhere	напра́во to the right
вниз down, downwards	нигде́ nowhere
вокру́г round	никуда́ nowhere
вперёд forward	о́коло near
всю́ду everywhere	отку́да where from
далеко́ far	отсю́да from here
домо́й home	отту́да from there
здесь here	позади́ behind
издалека́ from far away	там there
куда́ where, which way	туда́ that way
куда́-нибу́дь somewhere	тут here

Exercise 106. Underline the adverbs of place given below.

… почти́ везде́ совпада́ют …	… coincide almost everywhere …
… бо́лее сло́жный чем применён-ный здесь …	… more complicated than that applied here …
… постепе́нно понижа́ется сле́ва напра́во …	… slants gradually from left to right …
… постепе́нно понижа́ется спра́ва нале́во …	… slants gradually from right to left …
… полу́ченных там фо́рмул …	… the formulas there obtained …
… вблизи́ твёрдой сте́нки …	… close to the solid wall …

§ 231. Adverbs of time answer the question когда?   when?

Examples:

вéчером in the evening	когдá when
вóвремя in time	никогдá never
впослéдствии afterwards	нынe now
всегдá always	пóсле after
вчерá yesterday	прéжде before
давнó long ago	рáнее earlier
днём in the daytime	рáньше earlier
донынe hitherto	сегóдня today
ежеднéвно daily	сейчáс now
ежеминýтно every minute	сначáла firstly
зáвтра tomorrow	тепéрь now
задóлго long before	тотчáс immediately
издавна long since	ýтром in the morning
иногдá sometimes	

Exercise 107. Underline the adverbs of time given below.

… чéрез нéкоторое врéмя пóсле включéния истóчника напряжéния …

… some time after the voltage source is connected …

… слéдует замéтить, что мы не предполагáем тепéрь …

… it should be noted that we do not now assume …

… иногдá мы слышим сигнáлы от искýсственных спýтников …

… sometimes we hear signals from satellites …

… оставáясь всегдá …

… remaining always …

Рассмóтрим тепéрь …

… Let us consider now …

… получили нынe широкое распространéние …

… have now found wide application …

… рáнее было рассмóтрено …

… we have earlier considered …

… поэтому мы приведём здесь …

… we shall therefore cite here …

Прéжде чем произвести почлéнное интегрирование …

Before carrying out term-by-term integration …

§ 232. Adverbs of cause answer the question почему?   why?

Examples:

потомý   that is why,   сгорячá   in the heat of the moment,
поневóле   against one's will;

… потомý и мóжно сдéлать это заключéние …

… that is why it is possible to draw this conclusion …

§ 233. Adverbs of purpose answer the question зачем?   what for?

Examples:

наро́чно on purpose,   назло́ in spite.

Он э́то сде́лал наро́чно.   He has done it on purpose.

§ 234. Adverbs of manner answer the question как?   how?
каки́м о́бразом?   how?

Examples:

хорошо́ well,   бы́стро rapidly.

... хорошо́ совпада́ют друг с   ... agree well with one another.
дру́гом ...

§ 235. Adverbs of measure answer the question ско́лько раз?
how many times?

Examples:

два́жды twice,   три́жды three times,   вдво́е double,
втро́е triple.

Электро́нные спе́ктры альтерни́ру-   Electronic spectra of alternant
ющих два́жды иониз́ированных   hydrocarbons di-negative ions.
углеводоро́дов.

§ 236. Adverbs of degree answer the question в какой сте́пени?   to what
extent?

Examples: о́чень very,   весьма́ highly,   вполне́ quite,
сли́шком too,   совсе́м entirely.

Exercise 108. Underline the adverbs of degree given below.

Электрометри́ческие измере́ния   Electrometric measurements of very
о́чень ма́лых плотносте́й и́онов в   low ion densities in gases.
га́зах.

... вполне́ очеви́дно ...   ... it is quite obvious ...

... при не сли́шком больши́х зна-   ... for not very large values.
че́ниях ...

... весьма́ напомина́ли ...   ... are strongly reminiscent ...

Это о́чень ва́жно с практи́ческой   This is very important from a
то́чки зре́ния.   practical point of view.

... не совсе́м пра́вильны ...   ... are not altogether correct ...

... вполне́ определённо ...   ... quite definitely ...

... весьма́ вероя́тно ...   ... it is highly probable ...

Formation of adverbs

§ 237. Most of the adverbs are derived from qualitative adjectives by adding the suffix -о.

Examples:

красивый beautiful – красиво,
энергичный – энергично,
прямой straight – прямо,
... достаточно хорошо согласуется ...
... даёт чисто экспоненциальное свечение ...

хороший good – хорошо,
громкий loud – громко,
чистый pure – чисто.
... agrees rather well ...
... produces a purely exponential luminescence ...

§ 238. Adverbs may be formed from relative adjectives by adding the preposition по.

Examples: месячный monthly – помесячно,
дружеский friendly – по-дружески, русский – по русски,
английский – по английски, немецкий German – по немецки.
Он говорит по-русски. He speaks Russian.
Я говорю по-английски. I speak English.
Она говорит по-немецки. She speaks German.

§ 239. Adverbs may be formed from adjectives in the accusative case by adding prepositions на, за.

Examples:

правый right – направо,
сухой dry – насухо,
... постепенно повышается справа налево ...
... постепенно повышается слева направо ...

левый left – налево,
крепкий strong – накрепко.
... rises gradually from right to left ...
... rises gradually from left to right ...

долгий long – задолго long before, новый new – заново anew,
простой simple – запросто without ceremony.
Как будет показано заново ... As will be shown anew ...

§ 240. Adverbs may be formed from adjectives in the genitive case by adding prepositions до, из, с.

Examples: чистый clean, дочиста completely clean,
красный red – докрасна read-heat, сытый satisfied, replete,
досыта to one's heart's content,

... нагревáлось дóкрасна ...　　　　... heated to a temperature at which it was red ...

рéдкий　rare – и́зредка　now and then,　　дáвний　old – и́здавна long since,

Это случáется и́зредка.　　　　This occurs now and then.

прáвый　right – спрáва　to the right (of),　　лéвый　left – слéва　to the left (of):

... увели́чивается слéва напрáво.　　... increases from left to right ...

§ 241. Adverbs may be formed from adjectives in the dative case by adding the preposition по.

Examples: нóвый　new – по-нóвому　in a new fashion, стáрый　old – по-стáрому　as before,　　прéжний　former – по-прéжнему　as before,

... решáя уравнéния по-преж-　　... solving equations as before ...
нему ...

§ 242. Adverbs may be formed from adjectives in the prepositional case by adding the prepositions в, на.

Examples: скóрый　fast – вскóре　soon,　　далёкий　distant – вдалекé　in the distance.

... исчезáет вдалекé ...　　　　... disappears in the distance ...

еди́ный　single – наединé　in private,　　лёгкий　light – налегкé　lightly,

... обсуди́ть наединé ...　　　　... to discuss in private ...

§ 243. Adverbs may be formed from nouns in the instrumental case without prepositions.

Examples: ýтро　morning – ýтром　in the morning, день　day – днём　in the daytime,　　ночь　night – нóчью　at night, лéто　summer – лéтом　in the summer,　　óсень　autumn – óсенью in autumn,　　зимá　winter – зимóй　in winter,　　круг　circle – кругóм　round,

... путешéствовать лéтом ...　　... to travel in the summer ...

§ 244. Adverbs may be formed from nouns in the accusative case by adding the prepositions на, в, во, за, по.

Examples: конéц　end – наконéц　at last,　　лицó　face – налицó (to be) present,　　оборóт　revolution – наоборóт　on the contrary.
Наконéц он закóнчил экспéримент.　At last he completed the experiment.

верх top – вверх upwards,   глубь depth – вглубь deep down,
конéц end – вконéц completely,   низ bottom – вниз downwards,
круг circle – вокрýг around,   пéред front – вперёд forward,
слух hearing – вслух aloud:
Забегáя нéсколько вперёд …   Looking ahead somewhat …
глазá eyes – за глазá in absence,   раз once – зарáз at one stroke,
… сдéлать зарáз …   … to make in one stroke …
верх top – повéрх over.

§ 245. Adverbs may be formed from nouns in the genitive case by adding the prepositions без, из, с, до, от.

Examples: пáмять memory – без пáмяти without memory,
ум mind – без умá out of one's mind,
даль long way off – издали from a distance,
… вúдеть издали …   … to see from a distance …
верх top – свéрху from above,   бок side – сбóку from one side,
низ bottom – снúзу from below,   раз once – срáзу at once,
… так, что срáзу имéет мéсто   … so that at once a change oc-
перемéна …   curs …
… двúгать до откáза …   … to move as far as it will go …
часть part – отчáсти partly.

§ 246. Adverbs may be formed from nouns in the dative case by adding the prepositions к, по.
Examples:
верх top – квéрху upwards,   низ bottom – кнúзу downwards,
средúна middle – посредúне in the middle,   ýтро morning –
поутрý in the morning,   невóля bondage – поневóле against
one's will.

§ 247. Adverbs may be formed from nouns in the prepositional case by adding the prepositions в, на.
Examples:
близ near – вблизú close by,   верх top – вверхý above,
мéсто place – вмéсте together,   начáло beginning – вначáле
at first,   послéдствие consequence – впослéдствии afterwards,
Бýдем вначáле исходúть …   We shall initially start …
верх top – наверхý above,   ход motion – на ходý in motion,
дни days – на днях one of these days.

§ 248. A few adverbs are formed from nouns and pronouns in the accusative or genitive case.

Examples: сегóдня today, сейчáс now, тотчáс immediately.
Где он сейчáс? Where is he now?

§ 249. Adverbs may be formed from nouns in the nominative and genitive case by adding the preposition от.
Examples:
врéмя от врéмени at times, день óто дня with every day.

§ 250. Adverbs may be formed from nouns in the nominative and dative case by adding the preposition к.

Examples:
лицó к лицý face to face, плечó к плечý shoulder to shoulder.

§ 251. Adverbs may be formed from nouns in the nominative and accusative case by adding the prepositions в, о, об.

Examples: слóво в слóво word for word, ногá в нóгу in step,
рукá óб руку hand in hand.

§ 252. Adverbs may be formed from nouns in the nominative and instrumental case by adding the preposition за.

Examples: день за днём day after day, шаг за шáгом step by step.

§ 253. Adverbs may be formed from nouns in the genitive and accusative case by adding the prepositions из, в, с, на.
Examples:
ѝзо дня в день day by day, со дня на день from day to day.

§ 254. Adverbs may be formed from nouns in the instrumental and dative case by adding the preposition к.

Examples: лицóм к лицý by face to face, плечóм к плечý
by shoulder to shoulder.

§ 255. Adverbs may be formed from possessive pronouns in the dative case with the preposition по.

Examples:

мой	по-мо́ему	according to my opinion
твой	по-тво́ему	according to your opinion
ваш	по-ва́шему	according to your opinion
наш	по-на́шему	according to our opinion
свой	по-сво́ему	in one's own way

§ 256. Adverbs may be formed from pronouns in different cases by adding the prepositions по, за, со.

Examples:

потом afterwards, потому́ that is why,
зачём what for, совсём quite.

§ 257. Adverbs may be formed from numerals in the nominative case by adding the suffix -жды.

Examples: одна́жды once, два́жды twice, три́жды three times.

§ 258. Adverbs may be formed from numerals in the accusative case by adding the prepositions в, на.

Examples:

пе́рвый – впервы́е for the first time, дво́е – вдво́е double,
на́двое in two, тро́е – на́трое in three.
Впервы́е э́то бы́ло произве́дено ... For the first time it was performed.

§ 259. Adverbs may be formed from verbal adverbs.

Examples: молча́ть to keep silence – молча́ – мо́лча silently,
хоте́ть to wish – не хотя́ – не́хотя reluctantly.

Degrees of comparison of qualitative adverbs

§ 260. Adverbs with suffixes -о and -е form degrees of comparison in the same manner as in the case of qualitative adjectives.

§ 261. The comparative degree of qualitative adverbs is formed:

(1) By adding suffixes -ее, -ей and -е; (2) By adding the word бо́лее or ме́нее.

Examples: ве́село merrily – веселе́е, веселе́й; краси́во beautifully – краси́вее, высоко́ high – вы́ше, су́хо dryly – су́ше, краси́во – бо́лее краси́во, ме́нее краси́во
... как бы́ло вы́сказано вы́ше ...   ... as was indicated above ...

Это тем бо́лее вероя́тно ...   This is all the more probable ...
... и, бо́лее того́ ...   ... and, also moreover ...

§ 262. The superlative degree of qualitative adverbs is formed by combining the adverb with the words весьма́, о́чень.
о́чень хорошо́ very good,   весьма́ удовлетвори́тельно highly satisfactory.

Stress in adverbs

§ 263. In adverbs ending in -o the stress is usually the same as in the corresponding adjectives.

Examples: ва́жный important – ва́жно,   чи́стый pure – чи́сто.

§ 264. In adverbs with prefixes the stress falls as shown below:

Prefix:	Adverb ending in:	Stress on:	Example:
в-	-е	some on -е	вполне́ quite
		some on stem	вско́ре soon (after)
до-	-а	до- or -а	до́красна red hot
за-	-о	за-	за́светло before nightfall
из-	-а	из-	и́зредка now and then
на-	-о	на-	на́просто simply
на-	-е	-е	наравне́ equally (with)
по-	-у	some on по-	по́просту simply
		some on stem	помалу́ a little
с-	-а	some on -а	сперва́ at first
		some on stem	спра́ва to the right

§ 265. In adverbs formed from nouns in different cases the stress falls as follows:

Prefix:	Case:	Stress on:	Example:
в-	prepositional	last syllable	вблизи́ close by
из-	genitive	из- (in most adverbs)	и́здали from a distance
по-	prepositional	last syllable	позади́ behind
с-	indirect	stem (in most adverbs)	снача́ла at first

§ 266. In adverbs formed from numerals in different cases the stress falls as follows:

Prefix:	Case:	Stress on:	Example:
в-	accusative	stem	вдво́е double
в-	prepositional	last syllable	вдвоём two (together)
на-	accusative	на-	на́двое in two

Exercise 109. Analyze the formation of the adverbs given below:

Внача́ле вычисля́ем …	We initially calculate …
Наконе́ц мо́жет наступи́ть тако́й моме́нт …	Finally a stage could be attained …
… изве́стны давно́ и структу́ры их хорошо́ изве́стны …	… have long been known and their structure has been well investigated …
… к то́чно тако́му же вы́воду мо́жно бы́ло бы прийти́ и ина́че …	… we could also have arrived at just this result in another manner …
… дово́льно большо́й, но бы́стро спада́ющий …	… fairly high, though rapidly falling …
… изве́стно доста́точно хорошо́ …	… is sufficiently well known …
… суще́ственно определя́ется …	… materially dependent …
… по-но́вому освети́ть э́тот вопро́с …	… to examine this question in a new light …
… заме́тно преоблада́ет …	… predominates appreciably …
В заключе́ние мы кра́тко остано́вимся …	In conclusion we shall dwell briefly…
… продолжа́ется столь до́лго …	… has gone on for so long …
… что справедли́во …	… which is justifiable …
В после́дних рабо́тах по термоэлектри́ческим сво́йствам спла́вов обы́чно полага́ют …	It has been customary in more recent work concerning the thermoelectric properties of alloys to assume …
Магни́тное измере́ние при удержа́нии пла́змы в части́чно стабилизи́рованном шпу́ре.	Magnetic measurement of plasma confinement in a partially stabilized linear pinch.
… и вновь растя́гивается …	… and is again stretched out …
Захва́т име́ет ме́сто при сколь уго́дно ма́лой амплиту́де.	The capture occurs for an arbitrary small amplitude.

... в плóхо проводя́щих проводника́х ...	... in poorly conducting semiconductors ...
... осóбенно нýжно остановѝться ...	... it is especially necessary to discuss ...
... в слегка́ изóгнутом волновóде ...	... in a slightly tilted waveguide ...
... при сравнѝтельно небольшѝх энéргиях ...	... for relatively low energies ...
... совершéнно не очевѝдно ...	... it is certainly not obvious ...
... замéтно не ска́зываются ...	... do not markedly affect ...
... должны́ быть соотвéтственно равны́ ...	... should correspondingly be equal ...
... отмéчено впервы́е ...	... first noted ...
... далекó идýщих предположéний ...	... far-reaching assumptions ...
Поэ́тому мы зада́лись цéлью ...	We therefore set out ...
... предварѝтельно приготóвленных ...	... prepared in advance ...
... мóжно счита́ть линéйно завѝсящим ...	... may be assumed to be linearly dependent ...
... обы́чно предполага́ют ...	... it is customary to suppose ...
... доста́точно подрóбно ...	... in sufficient detail ...
... настóлько велѝк ...	... it is large enough ...
... намнóго тóлще ...	... is very much thicker ...
... в большинствé слýчаев довóльно блѝзко совпада́ют ...	... are fairly close to coinciding in the majority of cases ...
... рéзко релаксациóнный хара́ктер	... an abruptly relaxed character ...
... нéсколько нѝже насыща́ющего ...	... somewhat lower than that giving saturation ...
... стрóго поперéчный ...	... strictly transverse ...
... довóльно ча́сто имéло мéсто ...	... occurred very frequently ...

Exercise 110. Translate into English and underline the adverbs.

В э́том тѝпе триóдов скóрость рекомбина́ции óчень мала́. Влия́ние пéрвой причины́ несущéственно потомý, что при входнóм сопротивлéнии эти флюктуа́ции óчень малы́. Измерéния показа́ли, что флюктуациóнный ток, измеря́емый на ма́лом выходном сопротивлéнии, óчень мал. Во избежа́ние односторóнних механѝческих напряжéний образцы́ крепѝлись упрýго. С р-герма́нием получа́ется сѝльно детектѝрующий конта́кт с хорошо́ вы́раженным запира́ющим барье́ром. Э́ти спла́вы име́ют чи́сто металли́ческий хара́ктер. Э́то соедине́ние явля́ется чи́сто металли́ческим проводнико́м. Тща́тельно очи́щенная пове́рхность се́рнистого ци́нка заря́жена положи́тельно. Пока́зано, что мышья́к и сурьма́ поставля́ют одну́ ды́рку на 1200 и 500 а́томов соотве́тственно. Распределе́ние потенциа́ла по образцу́ практи́чески лине́йно. На́йдено, что погре́шность построе́ний в скрещённых поля́х почти́ такова́ же, как и в чи́сто электри́ческих поля́х. В ка́мере размеща́лся собира́ющил электро́д в фо́рме коро́бочки, внутри́ кото́рой име́лись перекре́щивающиеся электри́ческие и магни́тные поля́. Пото́ки, напра́вленные нару́жу, выдува́ют из отве́рстий загрязне́ния, попада́ющие сюда́ с электро́дов и из окружа́ющей среды́. Для уменьше́ния диффу́зии газообра́зных веще́ств внутрь в ка́мере создаю́т не́которое избы́точное давле́ние га́за. Приведены́ результа́ты не́которых вычисле́ний, дополня́ющих опублико́ванную ра́нее статью́. Е́сли ра́диусы кривизны́ пове́рхностей велики́ по сравне́нию с длино́й волны́, а расстоя́ние ме́жду ни́ми доста́точно мало́, то мо́жно приня́ть, что во́лны распространя́ются по пове́рхности, лежа́щей посреди́не ме́жду ни́ми, а лучи́ совпада́ют с геодези́ческими ли́ниями. Рису́нок 25 ма́ло подхо́дит для электро́нов и для сплошь и́ли почти́ сплошь запо́лненной зо́ны. Величина́ «а» снача́ла растёт, достига́ет ма́ксим. вблизи́ ко́мнатной температу́ры, а зате́м па́дает. В отде́льных слу́чаях, но далеко́ не всегда́, паде́ние «а» при высо́ких температу́рах свя́зано с появле́нием сме́шанной проводи́мости. Поэ́тому фотоэлектри́ческие сво́йства те́ла зави́сят не то́лько от усло́вий на пове́рхности, но и от усло́вий поглоще́ния све́та внутри́ те́ла. Наконе́ц, упомянём ещё оди́н механи́зм то́ка, встреча́ющийся в не́которых вещества́х. Радиацио́нные ширины́ испы́тывают дискре́тные измене́ния вблизи́ запо́лненных я́дерных оболо́чек. Из ра́зницы в ука́занных эффе́ктах сле́дует, что коэффицие́нт поглоще́ния для части́ц доба́вочного пото́ка значи́тельно бо́льше сре́днего и что, сле́довательно, части́цы доба́вочного пото́ка, вы́званного со́лнечной вспы́шкой, облада́ет сравни́тельно ма́лыми эне́ргиями.

Vocabulary for Exercise 110

вели́кий great	вспы́шка flash
величина́ quantity	встреча́ть to meet
вещество́ substance	входно́й inlet
влия́ние influence	выдува́ть to blow out
волна́ wave	вы́звать to give rise

вы́разить to express
вычисле́ние calculation
давле́ние pressure
длина́ length
доба́вочный additional
дополня́ть to supplement
доста́точно sufficiently
достига́ть to reach
ды́рка hole
зави́сеть to depend
загрязне́ние contamination
запира́ть to lock
запо́лнить to fill
заряжа́ть to charge
значи́тельно considerably
избега́ть to avoid
избы́точный excess
измене́ние change
измере́ние measurement
измеря́ть to measure
име́ть to have
испы́тывать to test
коро́бочка box
крепи́ть to strengthen
кривизна́ curvature
лежа́ть to lie
луч ray
ма́лый small
найти́ to find
наконе́ц finally
напрвля́ть to direct
напряже́ние tension
нару́жу outside
не́который some
облада́ть to possess
оболо́чка cover
образе́ц specimen
окружа́ть surround
опубликова́ть to publish

отве́рстие opening
отде́льный separate
очища́ть to purify
перекре́щивать to cross
пове́рхность surface
поглоща́ть to absorb
погре́шность error
подходи́ть to approach
показа́ть to show
положи́тельный positive
получи́ть to receive
попада́ть to get, to hit
посреди́не in the middle
поставля́ть to supply
построе́ние construction
пото́к stream
появле́ние appearance
привести́ to bring
приня́ть to accept
причи́на cause
ра́зница difference
ра́нее earlier
расположи́ть to arrange
распределе́ние distribution
распространя́ть to spread
расстоя́ние distance
расти́ to grow
рису́нок figure
свет light
сво́йство property
связа́ть to connect
си́льно strongly
ско́рость velocity
скрещённый crossed
сле́довательно consequently
слу́чай case
сме́шанный mixed
снача́ла at first
собира́ть to collect

совпада́ть   to coincide
создава́ть   to create
соедине́ние   compound
соединя́ть   to join
со́лнечный   solar
соотве́тственно   correspondingly
сплав   alloy
сплошь   completely
сравне́ние   comparison
сравни́тельно   comparatively
сре́дний   average
статья́   article
суще́ственно   essentially
сюда́   here

ток   current
тща́тельно   thoroughly
указа́ть   to indicate
уменьши́ть   to decrease
упомяну́ть   to mention
упру́гий   elastic
усло́вие   condition
хорошо́   well
части́ца   particle
чи́сто   purely
ширина́   width
явля́ться   to appear
ядро́   nucleus

Chapter 11

Prepositions

§ **267.** Prepositions have no independent lexical meaning and are therefore used with other words. When used with nouns, pronouns, and numerals, prepositions denote their relation to other words (adjectives, pronouns, verbs, and adverbs).

Depending on the character of relation, prepositions may be classified as follows (§ 268–§ 275):

§ **268.** Prepositions denoting place and direction answer the questions: где? where?   куда́? which way?   отку́да? where from?

Examples:

в магни́тном по́ле …	… in magnetic field …
… на пове́рхности …	… on the surface …
… под пове́рхностью …	… under the surface …
… вокру́г ядра́ …	… around the nucleus …

§ **269.** Prepositions denoting time answer the questions: когда́? when? с каки́х пор? since when?

Examples:

… по́сле ле́кции …	… after the lecture …
… пе́ред ле́кцией …	… before the lecture …
… в тече́ние ле́кции …	… during the lecture …

§ **270.** Prepositions denoting cause answer the questions: почему́? why? по како́й причи́не? for what reason?

Examples:

… из-за большо́го разли́чия …	… because of a large difference …
… от ра́дости …	… with joy …
… из при́нципа …	… on principle …

§ **271.** Prepositions denoting purpose answer the questions? зачем́? what for?   для чего́? what for?   с како́й це́лью? for what purpose?

Examples:

... образцы́ для ана́лиза ...	... specimens for analysis ...
... приспособле́ние для увели- че́ния то́чности измере́ния ...	... an adapter to improve the accu- racy of measurement ...

§ 272. Prepositions denoting manner answer the questions: как? how? каки́м о́бразом? how?

Example:

Он реши́л зада́чу с трудо́м.	He solved the problem with diffi- culty.

§ 273. Prepositions denoting comparison; as,

... величино́ю с го́ру ...	... with the size of a mountain ...

§ 274. Prepositions denoting restriction; as,

... кни́га по фи́зике ...	... a book on physics ...

§ 275. Prepositions denoting transition; as,

... превраще́ние жи́дкости в пар ...	... transformation of liquid into vapor ...

The prepositions governing different cases are summarized as follows (§ 276–§ 284).

§ 276. Prepositions governing the genitive case only:

без, безо without	... без то́ка ...	... without current ...
вне outside	... вне дере́вни ...	... outside the village ...
для for	... для шко́лы ...	... for the school ...
до till, to, before	... до свида́ния ...	goodbye ...
из, изо from, out of	... из пла́тины ...	... from platinum ...
из-за because of	... из-за пого́ды ...	... because of the weather ...
из-под from under	... из-под земли́ ...	... from under the ground ...
кроме besides	... кро́ме англи́йского языка́	... besides the English language ...
от from	... от десяти́ часо́в ...	... from 10 o'clock ...
ра́ди for the sake of	... ра́ди него́ ...	... for his sake ...
среди́ among	... среди́ друзе́й ...	... among friends ...
у by, with	... у две́ри ...	... by the door ...

10*

Exercise 111. Underline the endings of the parts of speech governed by prepositions.

Парамагни́тный усили́тель для радиоастрономи́ческих иссле́дований.

A maser amplifier for radioastronomy studies.

Тяжёлые ио́ны из радиочасто́тного прото́нного исто́чника.

Heavy ions from a radiofrequency proton source.

... незави́симо от того́ како́й знак был до прогре́ва.

... regardless of what its sign was before heating ...

... до достиже́ния температу́ры перехо́да ...

... until the transition temperature is reached ...

... как это ви́дно из рису́нка 2.

... as can be seen in fig. 2.

... без учёта боково́й пове́рхности ...

... without allowance for the side surface ...

... у грани́цы ...

... at the boundary ...

... от моме́нта ...

... from the moment ...

... кро́ме того́ мы испо́льзуем приближе́ние ...

... in addition we shall use an approximation ...

... до после́днего вре́мени ...

... until recently ...

из-за недоста́точной чувстви́тельности ...

... because of the inadequate sensitivity ...

Зави́симость эффекти́вности нейтро́нов от их эне́ргии.

The effectiveness of neutrons as a function of their energy.

Отво́д тепла́ из энергети́ческих реа́кторов.

Heat extraction in power reactors.

§ 277. Prepositions governing the genitive and other cases:

близ, вблизи́ near	... близ меридиа́на ...	... near the meridian ...
вдоль along	... вдоль доро́ги ...	... along the road ...
вме́сто instead	... вме́сто телегра́ммы ...	... instead of a telegram ...
во́зле near	... во́зле до́ма ...	... near the house ...
вокру́г around	вокру́г са́да ...	... around the garden ...
круго́м round	... круго́м стола́ ...	... round the table ...
ми́мо past, by	... ми́мо шко́лы ...	... past the school ...
о́коло about, near	... о́коло де́рева ...	... near the tree ...
по́сле after	... по́сле ле́кции ...	... after the lecture ...
посреди́ in the middle of ...	... посреди́ экспери́мента ...	... in the middle of an experiment ...

| про́тив against | ... про́тив ве́тра ... | ... against the wind ... |
| с from | ... эми́ссия с плёнок ... | ... emission from films ... |

Exercise 112. Underline the endings of the parts of speech governed by prepositions.

... по́сле установле́ния да́нного значе́ния по́ля ...	... after a given value of the field has been established ...
... вдоль тра́ссы ...	... along the route ...
... стано́вится чрезвыча́йно больши́м вблизи́ крити́ческой то́чки.	... becomes extremely large close to the critical point.
Термоэлектро́нная эми́ссия с активи́рованного ба́рием молибде́на.	Thermoelectronic emission from barium activated molybdenum.
... течёт ми́мо эми́ттера ...	... flows past the emitter ...
Распределе́ние ио́нов вокру́г заряжённых то́нких про́волок ...	Distribution of ions around charged fine wires.
... после по́лного окисле́ния ме́ди ...	... after the copper had been completely oxidized ...
... вблизи́ грани́цы ...	... close to the boundary ...
... по́сле наложе́ния и по́сле сня́тия ...	... after the application and after the removal ...
Экрани́рующее по́ле вокру́г примесно́го а́тома ...	Screened field around an impurity atom ...
... после выключе́ния то́ка ...	... after switching off the current ...
... вме́сто них появи́лись ...	... in their place have appeared ...
... после́ нача́ла за́писи ...	... after the beginning of registration ...

§ 278. Prepositions governing the dative case only:

к, ко to, towards   ... к его́ учи́телю ...   ... to his teacher ...

Exercise 113. Underline the endings of the parts of speech governed by prepositions.

... отноше́ние сигна́ла к шу́му ...	... signal-to-noise ratio ...
... переходя́ к преде́лу ...	... passing to the limit ...
К зави́симости ме́жду длино́й свя́зи и гибридиза́цией.	On the relation between bond length and hybridization.
Результа́ты геометри́ческого под-	Results of geometric approach to

хо́да к тео́рии и построе́нию неби-
на́рных ко́дов.

the theory and construction of non-
binary codes.

К расчёту коэффицие́нтов усиле́-
ния по то́ку плоскостны́х полу-
проводнико́вых трио́дов с произ-
во́льным распределе́нием примесей.

On calculating the current gain of
junction transistors with arbitrary
doping distributions.

… присоединя́ется к агрега́ту из
насо́сов …

… is connected to an assembly of
pumps …

Не́которые примене́ния ме́тода
изометри́ческих круго́в к пре-
образова́нию по́лных сопроти-
вле́ний …

… Some applications of the isometric circle method to impedance
transformation …

… примене́ние к структу́ре из
паралле́льных пласти́н.

… application to parallel plate structure …

Ла́мпы припа́ивались к ва́куумной
устано́вке.

The tubes were sealed onto a vacuum
installation.

§ 279. Prepositions governing the dative and other cases:

по \ along, according to, by
согла́сно   according to

по по́чте   by post
согла́сно специфика́ции   according to specification

Exercise 114. Underline the endings of the parts of speech governed by
prepositions:

… согла́сно пока́занному …

… as has been shown …

… согла́сно ска́занному на́ми
вы́ше …

… in accordance with what we said
above …

… согла́сно рабо́те 5 …

… in accordance with paper 5 …

… по оси́ сжа́тия …

… along the axis of compression …

Литерату́рных да́нных по э́тому
вопро́су о́чень ма́ло.

There are few results bearing on
this question in the literature.

По литерату́рным да́нным …

… According to the data in the
literature …

Интегри́рование по прямо́й …

Integration along a straight line …

Рабо́ты К. по обнаруже́нию и
выясне́нию хара́ктера электро-
магни́тного излуче́ния внеземно́го
происхожде́ния в ра́дио спе́ктре.

The discovery and the identification
by K. of the character of electromagnetic radiation of extraterrestrial origin in the radio spectrum.

§ 280. Prepositions governing the accusative case only:

про about	... про книгу ...	... about the book ...
сквозь through	... сквозь дыру́ ...	...through the hole ...
че́рез, чрез across, through	... че́рез реку́ ...	... across the river ...

Exercise 115. Underline the endings fo the parts of speech governed by prepositions:

... че́рез согласу́ющую систе́му ...	... through a matching system ...
Сквозь капилля́р протя́гивался термо́метр сопротивле́ния.	A resistance thermometer was stretched across the capillary.
... че́рез пара́метры разря́да ...	... in terms of the discharge parameters ...
... вы́раженное че́рез нормали́зо́ванное по́лное сопротивле́ние ...	... in terms of normalized impedance ...
Протека́ние га́зов сквозь ще́ли.	... the flow of gases through leaks.
... часть его́ выходи́ла че́рез отве́рстие во вста́вке ...	... part of it went out through the hole in the insert ...
... проходя́щих че́рез ионосфе́ру ...	... passing through the ionosphere ...
Он писа́л ему́ про э́ти экспери́менты.	He has written to him about these experiments.
... че́рез желе́зную доро́гу ...	... across the railroad ...

§ 281. Prepositions governing the accusative and other cases.

в, во in, at, into, to	в шко́лу	to school
за for, at, beyond	за стол	at the table
на on, at, upon, for	на стол	on the table
о, об, обо about, on, upon	о стол	upon the table
по up to, to, against till, for	по ше́ю	up to one's neck
с with, for, about	с ми́лю	about a mile

Exercise 116. Underline the endings of the parts of speech governed by prepositions.

... электроосажде́ние на металли́ческие усы́ ...	... electrodeposition onto metal whiskers ...
... вы́нести за знак радика́ла ...	... to place outside the integral sign ...

Он поéхал в Еврóпу.

He went to Europe.

Во мнóгих рабóтах подчёрки-
вают ...

... It has been emphasized in many
works ...

Эксперимента́льное исслéдование
движéния электрóнов в гáзе в
прису́тствии постоя́нного магни́т-
ного пóля.

Experimental investigation of the
motion of electrons in a gas in the
presence of a magnetic field.

Опира́ясь на обши́рный экспери-
мента́льный материа́л ...

Relying on the extensive experimental data ...

... отнесенó за счёт прису́тствую-
щих áтомов

... related to the atoms present ...

... ната́лкивается на серьёзные
эксперимента́льные затруднéния.

... meets with serious experimental
difficulties.

... напряжéние на перви́чную об-
мóтку ...

... the potential on the primary
coil ...

... ложа́тся на криву́ю ...

... fall on a curve ...

... на повéрхность ...

... on the surface ...

§ 282. Prepositions governing the instrumental case only:

над over, upon	... над столóм ...	... over the table ...
пéред, пéредо before, in front off	... пéред столóм ...	... in front of the table ...

Exercise 117. Underline the endings of the parts of speech governed by
prepositions.

пéред знáком су́ммы ...

... in front of the summation sign ...

Распространéние волн над не-
регуля́рной земнóй повéрхностью.

Wave propagation over irregular
terrain.

Пéред тем начина́ется перехóд от
однóй структу́ры в другу́ю ...

Before a change from one structure
to another begins ...

... пéред измерéнием ...

... before measurement ...

... пéред начáлом прогрéва ...

... before the commencement of
heating...

Применéние эквивалéнтных
втори́чных истóчников в теóрии
распространéния волн над неод-
норóдной землёй.

The use of equivalent secondary
sources in the theory of wave
propagation over an inhomogeneous
earth.

Распротранéние за счёт рассéяния в тропосфéре над водной повéрхностью …	Overwater scatter propagation in the troposphere …
… пéред ним …	… in front of him …
… над волной …	… over the wave …

§ 283. Prepositions governing the instrumental and other cases:

за for, beyond, at	за пределáми …	beyond the limits …
мéжду, меж between	мéжду зажимами …	between the terminals …
под, пóдо under	под столóм …	under the table …
с, со with, of	с книгой …	with a book …
согласно с in accordance with	согласно с теóрией …	in accordance with the theory …

Exercise 118. Underline the endings in the parts of speech governed by prepositions:

… мéжду учáстками спéктра …	… between the portions of the spectrum …
… с течéнием врéмени …	… with the course of time …
… выключáтели с воздушным дутьём …	… air blown circuit breakers …
… в соотвéтствии с этим …	… correspondingly …
Соотношéние мéжду мáссой и энéргией в квáнтовой теóрии.	Mass-energy relation in quantum theory.
Распространéние радиоволн длиной 3,2 см далекó за горизóнтом.	Radio propagation far beyond the horizon at 3·2 cm wavelength.
Широкополóсные усилители с обрáтной свя́зью.	Wide band feedback amplifiers.
Эти чáсти соединены́ мéжду собóй.	These parts are connected together.
О соотношéнии мéжду рассéянием радиоволн и статистической теóрией турбулéнтности.	On the relationship between the scattering of radio waves and the statistical theory of turbulence.
Взаимные и входны́е сопротивлéния лент мéжду параллéльными плоскостя́ми.	The mutual and input impedance of strips between parallel planes.
Соотношéние мéжду коэффициéнтами ионизáции и характеристиками пробóя.	Correlation between ionizing coefficients and breakdown characteristics.

§ 284. Prepositions governing the prepositional and other cases:

в, во   in, at, into, to

адге́зия в криста́ллах ...   adhesion in crystals ...

на   on, for, upon

адсо́рбция на пове́рхности ...   adsorption on the surface ...

о, об, обо   about, against, on

Ле́кция о ква́нтовой меха́нике ...   A lecture on quantum mechanics ...

по   along, through, by, on

по оси́ абсци́сс ...   along the abscissa axis ...

при†   at, by, with

при дета́льном ана́лизе ...   on detailed analysis ...

Exercise 119. Underline the endings in the parts of speech governed by prepositions.

... по рассмотре́нии ...	... on examination ...
Об обнаруже́нии стохасти́ческих сигна́лов.	On the detection of stochastic signals.
... в ви́де разры́вов криво́й ...	... in the form of breaks in the curve ...
... заде́ржанных на лока́льных энергети́ческих у́ровнях ...	... retained on local energy levels ...
... прода́вливается при по́мощи пуансо́на ...	... pushed through by means of a punch ...
... при отклоне́нии от стехио-ме́трии ...	... with deviation from the stoichiometry ...
... замеча́ние о свя́зи ме́жду ...	... remarks on the connection between ...
... при сохране́нии геоме́трии конта́кта ...	... keeping the same geometry of contact ...
Материа́лы прменя́емые в радио-те́хнике и электро́нике.	Materials used in radio and electronic engineering.
... при сня́тии по́лных кривы́х заде́ржки ...	... when total stepping curves are obtained ...
Распростране́ние волн простра́нст-венного заря́да в дио́дах и уча́ст-ках дре́йфа.	Propagation of space charge waves in diodes and drift spaces.

† Prepositional case only.

... осно́ванные на ме́тоде усредне́-
ния ...

... based on the averaging technique ...

Дефе́кты криста́ллов в свежеоб-
рабо́танных пове́рхностях.

Crystal defects in freshly worked
surfaces.

... при проведе́нии экспериме́н-
тов ...

... when experiments were being carried out ...

... при э́том предположе́нии ...

... on this assumption ...

Exercise 120. Underline the endings of the parts of speech governed by
prepositions.

... согла́сно положе́ниям (7) и (8) ...

... according to postulates (7) and
(8) ...

... у большинства́ иссле́дованных
на́ми криста́ллов ...

... in the majority of the crystals
studied ...

Примене́ние статисти́ческой меха́-
ники неравнове́сных систе́м к ги-
дромагни́тной турбуле́нтности нес-
жима́емой жи́дкости.

Application of statistical mechanics
of irreversible systems to hydromagnetic turbulence of incompressible
liquids.

Влия́ние предвари́тельного нагру-
же́ния на преде́л теку́чести желе́за.

The effect of preloading on the yield
point in iron.

... при пода́че и сня́тии возбуж-
де́ния ...

... when the excitation was first applied and then discontinued ...

... звено́ с дополня́ющей це́пью ...

... the section with a supplementary
circuit ...

... мо́жно с уве́ренностью утверж-
да́ть ...

... we may affirm with certainty ...

... ме́тоды по испо́льзованию ...

... methods in the use ...

... измере́ния производи́лись на
волне́ ...

... the measurements were carried
out on a wave ...

... при возраста́нии прило́женного
напряже́ния ...

... when the field intensity is in-
creased ...

... при гру́бой оце́нке ...

... in a rough estimate ...

Бро́уновское движе́ние части́цы в
лине́йной цепо́чке.

Brownian motion of a particle in a
linear chain.

... при перехо́де к значе́ниям ...

... on going over to the values...

... посре́дством то́чки и штриха́ ...

... through the dot and the prime ...

... благодаря́ неро́вному релье́фу ...

... owing to uneveness of the surface ...

... вследствие снижения плотности...   ... owing to the decrease of density...

... ввиду его малости ...   ... because of its smallness ...

... помимо прочих причин ...   ... apart from other causes ...

... при дальнейшем деформиро-   ... when the specimen is further de-
вании образца ...   formed ...

... по литературным данным ...   ... according to the data in the lite-
          rature ...

... в случае диффракционного   ... in the case of the diffracting spec-
спектрографа ...   trograph ...

... до сих пор к успеху не при-   ... have so far not been successful ...
вели ...

... свободное вращение вокруг   ... free rotation about single bonds...
единичных связей ...

Благодаря наличию помех возни-   Due to the presence of interference,
кают срывы синхронизации.   discontinuities of synchronization
          arise.

Отождествление материалов по-   Identification of materials by elec-
средством электронной диффрак-   tron diffraction in the electron mi-
ции в электронном микроскопе.   croscope.

... вследствие неодинакового про-   ... because of the nonidentical spa-
странственного распределения   tial energy distribution ...
энергии ...

... благодаря отсутствию объём-   ... due to the absence of bulk for-
ных сил ...   ces ...

Отношение сигнала к шуму и иска-   Signal-to-noise ratio and distortions
жения сигналов с ограниченным   of signals with a limited spectrum.
спектром.

Обзор теорий распостранения ра-   A review of tropospheric scatter pro-
диоволн за счёт рассеяния в тро-   pagation theory and its application
посфере и их приложения к экс-   to experiment.
перименту.

Градуировка по методу взаим-   Reciprocity calibration.
ности.

... переходя к процессам образо-   ... passing on to the processes of for-
вания ...   mation ...

... во всём интервале ...   ... throughout the whole range ...

... при релятивистских энергиях ...   ... at relativistic energies ...

... при уничтожении деформаций ...   ... by getting rid of the defor-
          mations ...

... помимо описания эксперимен-   ... along with the description of the
та ...   experiment ...

Exercise 121. Translate into English and underline the prepositions.

Вследствие большого различия между атомами решётки эти соединения занимают промежуточное положение между соответствующими
изоэлектронными соединениями. Радиочастотное вибрационное поглощение в пьезоэлектрических кристаллах. Резонансные частоты в
радиальных резонаторах. Измеритель коэффициента шума с большим
динамическим диапазоном. Распределение электронов по скоростям.
Обсуждающийся эффект поглощения связан с переходом электромагнитных волн в плазменные которые возникают из-за взаимодействия
между волнами разных типов. О росте кристаллов из сублимирован-
ных паров. Электронная эмиссия с поверхности чистого молибдена.
Вариационные методы для проблемы рассеяния. Применение элек-
тростатических генераторов в качестве инжекторов для электронных
синхротронов.
Расчёт на электронно-счётной машине. Влияние поляризации на упру-
гое рассеяние позитронов атомами водорода. Построение потенциалов
при помощи резонансных параметров. К теории дисперсии. Подсчёт
пузырьков вдоль следов частиц с малой энергией. Переход от ферро-
магнетизма к антиферромагнетизму в железо-алюминиевых сплавах.
Эмиссия ионов с относительно большой энергией из низковольтной
дуги. О среднеквадратичной мощности шума на выходе оптималь-
ного числового линейного фильтра при коррелированном шуме на
входе.

Vocabulary for Exercise 121

большой large	железо iron
взаимодействие interaction	занимать to occupy
влияние influence	измеритель meter
водород hydrogen	качество quality
возникать to arise	в качестве as
волна wave	который which
вследствие owing to	малый small
вход input	мощность power
выход output	низкий low
диапазон range	обсуждать to discuss
дуга arc	относительно relatively

пар vapor
перехо́д transition
пове́рхность surface
подсчёт counting
поглоще́ние absorption
положе́ние position
по́мощь help
постро́ение construction
примене́ние application
промежу́точный intermediate
пузырёк bubble
разли́чие difference
ра́зный different
распределе́ние distribution
рассе́яние scattering
расчёт calculation

решётка lattice
рост growth
связа́ть to connect
ско́рость velocity
след trace
соедине́ние compound
соотве́тствующий corresponding
соста́в composition
сре́дний mean
счётный computing
упру́гий elastic
части́ца particle
частота́ frequency
числово́й digital
шум noise
э́тот this

Exercise 122. Translate into English and underline the prepositions.

Взаимоде́йствие кислоро́да с раскалёнными нитя́ми. Оце́нка двух-части́чных опера́торов ме́жду я́дерными состоя́ниями. Теплово́е сопротивле́ние конта́кта ме́жду цилиндри́ческими поверхностя́ми. Распеределе́ние то́ка вблизи́ исто́чника дано́ в рису́нке 2. Диэле́ктрик без поте́рь. Таки́е ви́хри возника́ют из-за неусто́йчивости осреднённо-го тече́ния. Связь ме́жду электри́ческой про́чностью и теплото́й, выделя́ющейся при образова́нии монокриста́ллов. Гальваномагни́т-ный эффе́кт при высо́ких частота́х. Сцинтилляцио́нный дете́ктор с логарифми́ческой характери́стикой. Распределе́ние скоросте́й свобо́д-ных электро́нов под де́йствием постоя́нного и переме́нного электри́-ческих поле́й. Взаимоде́йствие ме́жду а́томами при́меси и дислока́ци-ями. Спо́соб определе́ния чистоты́ по эффе́кту Хо́лла. Компле́ксная связь ме́жду веще́ственной и мни́мой частя́ми. Теплоёмкость при ни́зких температу́рах. Вя́зкость при высо́ких давле́ниях. Погре́шности из-за дефе́ктов магни́тной за́писи. Отноше́ние пове́рхностного натя-же́ния к вя́зкости. Влия́ние вя́зкости на ско́рость криста́ллизации. Акти́вности свя́занные с перехо́дами ма́лой эне́ргии. Равнове́сие при высо́ких давле́ниях и температу́рах. Проникнове́ние че́рез твёрдые те́ла. Хими́ческие реа́кции под де́йствием замедлённых части́ц. Соот-ноше́ние ме́жду теплопрово́дностью и коэффицие́нтом лине́йного рас-шире́ния.

Vocabulary for Exercise 122

веществе́нный real
взаимоде́йствие interaction
вихрь perturbation
возника́ть to arise
выделя́ть to evolve
вычисли́тельный computing
вя́зкость viscosity
давле́ние pressure
дано́ is given
двухчасти́чный two particle
замедлённый delayed
за́пись recording
исто́чник source
мни́мый imaginary
натяже́ние tension
неусто́йчивость instability
ни́зкий low
нить filament
образова́ние formation
определе́ние determination
осреднённый averaged
оце́нка evaluation
переме́нный alternating
пове́рхность surface
погре́шность error
постоя́нный direct
поте́ри losses
при́месь impurity

проникнове́ние penetration
про́чность strength
равнове́сие equilibrium
раскалённый incandescent
распределе́ние distribution
расчёт calculation
расшире́ние expansion
рису́нок figure
свобо́дный free
связь connection
ско́рость velocity
соотноше́ние relation
сопротивле́ние resistance
состоя́ние state
спо́соб method
твёрдый solid
те́ло body
теплово́й thermal
теплоёмкость heat capacity
теплопрово́дность heat conductivity
теплота́ heat
тече́ние flow
у́ровень level
частота́ frequency
часть part
чистота́ purity
ядро́ nucleus

Chapter 12

Conjunctions

§ 285. Conjunctions represent a part of speech used to connect words, phrases, clauses, or sentences.

According to their functions conjunctions may be classified as: coordinative conjunctions (§ 286–§ 289), subordinative conjunctions (§ 290–§ 297), and conjunctive words (§ 298).

The coordinative conjunctions may be divided into four groups: copulative, adversative, disjunctive, and explanatory (§ 286–§ 289).

§ 286. The copulative conjunctions are:

(1) Single conjunctions; as, и and, да and, а and, while.

(2) Recurring conjunctions; as, и...и both...and, ни...ни neither...nor.

(3) Double conjunctions; as, не то́лько...но и not only...but also, как...так и both...and.

§ 287. The adversative conjunctions are: а while, and; но but, да and, одна́ко however, же as for, всё же all the same, зато́ in return.

§ 288. The disjunctive conjunctions are: и́ли or, и́ли...и́ли either...or, ли́бо or, ли́бо...ли́бо either...or, то...то now...now, не то...не то either...or, то ли...то ли whether...or.

§ 289. The explanatory conjunctions are: то есть that is, и́менно just, как то somehow, и́ли or.

Exercise 123. Underline the conjunctions given below:

... и́менно э́тот слу́чай име́ет ме́сто ...

... this is exactly what occurs ...

... свобо́ден от диэле́ктрика ли́бо внутри́, ли́бо снару́жи спира́ли.

... free from dielectric within or without the spiral.

160

... однако оказалось ...

... и тот и другой варианты ...

... если же ...

... представляет как научный так и практический интерес.

Синхронизм либо вообще не имеет места, либо имеет место в «среднем» по времени.

... электроповодность и кристаллическая активность ...

... однако этого не наблюдается на рис. 5.

... как для теории, так и многих экспериментов ...

Столкновения с излучением между молекулярными и электронными пучками.

... а именно в этом смысле ...

... however, it became evident ...

... both variants ...

... if, on the other hand ...

... are of both scientific and practical interest ...

Synchronization either does not occur at all or else, it occurs "on the average" in time.

... electrical conductivity and catalytic activity ...

... however, this is not observed in fig. 5.

... both for the theory and for many experiments ...

Radiative collisions between molecular and electron beams.

... and it is in just this sense ...

Subordinative conjunctions

Subordinate conjunctions may be divided into the following groups (§ 290–§ 297):

§ 290. Conjunctions denoting time; as,

как только as soon as,   как as,   когда when,   лишь as soon as, лишь только as soon as,   между тем как while,   по мере того как as,   с тех пор как since then as,   пока while, till,   только only, только что just now,   пока...не until.

§ 291. Conjunctions denoting cause; as,

так как as, since,   потому что because, for, as,   оттого что because,   ввиду того что as,   в связи с тем что in connection with that,   ибо for,   благодаря тому что   thanks to the fact that, вследствие того тчо   owing to that,   в силу того что   on account of that.

§ 292. Conjunctions denoting purpose; as,

чтобы that,   чтоб that,   для того чтобы   in order that, с тем чтобы in order that,   затем чтобы in order that.

It should be noted that these conjunctions preceding an infinitive are translated into English only when the infinitive expresses a purpose.

§ 293. Conjunctions denoting comparison; as,

как   as, like,   как бы   as if,   бу́дто   like, as, as...as, as if,
бу́дто бы   allegedly,   как бу́дто   as if,   сло́вно   as, as if, like,
сло́вно как   like,   подо́бно тому́ как   just as,   то́чно   as though, as if.

§ 294. Conjunctions denoting condition; as,

е́сли   if,   е́сли бы   if,   раз   since,   ли   whether, if,   ко́ли   if,
коль   if,   ско́ро   soon.

§ 295. Conjunctions denoting concession; as,

хотя́   though,   хоть   though,   хотя́ бы   even, if,   несмотря́ на
то что   in spite of,   пусть   though, even if,   то́лько бы   if only.

§ 296. Conjunctions denoting effect; as,

так что   so that,   до того́ что   to such an extent that.

§ 297. Conjunctions denoting explanation; as,

что   what,   что́бы   in order that,   бу́дто бы   as if,   как   as.

§ 298. Conjunctions expressed by conjunctive words; as,

где   where,   едва́   hardly,   как   as,   како́й   which,
когда́   when,   кото́рый   who,   куда́   whither,   отку́да
where from,   отчего́   wherefore,   почему́   why,   что   what,
кто   who,   как то́лько   as soon as.

Exercise 124. Underline the conjunctions given below:

... не учи́тывая пока́ механи́зм рас- ... without having so far specified
се́яния ... exactly the scattering mechanism ...

... и́бо тру́дно предположи́ть ... ... since it is difficult to assume ...

... для того́ что́бы созда́ть те́сный ... to insure a firm contact ...
конта́кт ...

... е́сли допусти́ть ... ... if it be assumed ...

... как и в предыду́щих слу́чаях ... ... as in previous cases ...

... возмо́жно лишь до тех пор ... ... possible only as long as ...

... несмотря́ на после́днее обсто- ... without regard for the last con-
я́тельство ... dition ...

... отку́да ви́дно ... ... from which it can be seen ...

Эта фо́рмула явля́ется пока́ вполне́ So far, this formula is exact ...
то́чной ...

... пока́ даны́ с ма́лой стати́сти- ... are as yet given with poor statis-
кой ... tics ...

... как мы то́лько что ви́дели ...   ... as we just saw ...

... так как на основа́нии вышеука-   ... as accordance with the above ...
занного ...

... бу́дет вести́ себя́ то́чно так же ...   ... will behave in exactly the same
way ...

Exercise 125. Underline the conjunctions given below:

Име́ющиеся в настоя́щее вре́мя
эксперимента́льные да́нные не
позволя́ют пока́ установи́ть зави́-
симость ...

Currently available experimental
data do not as yet permit to establish
a relationship ...

... так как мы име́ем в виду́ ис-
по́льзовать интегри́рование ...

... since we have in mind using integration ...

В связи́ с тем что постоя́нные ин-
тегри́рования име́ют дово́льно гро-
мо́здкий вид, мы их не выпи́сы-
ваем.

As the integration constants take a
rather cumbrous form we do not
give them ...

Одна́ко как в пе́рвой, так и во вто-
ро́й рабо́те ...

In both these works, however ...

... ли́бо не привели́ к чётким и я́с-
ным результа́там ...

... or else do not yield clear and definite results ...

Для того́ чтобы уче́сть э́то обсто-
я́тельство ...

To take this point into account ...

Отме́тим. что е́сли бы мы рассма́-
тривали трехме́рную зада́чу ...

Let us note that if we were considering the three dimensional problem...

... е́сли в рассма́триваемом диапа-
зо́не частоты́ ...

... if in the considered band of frequencies ...

Конденса́торный микрофо́н как
дете́ктор излуче́ния.

Capacitor microphone as a radiation
detector.

... тем не ме́нее в дальне́йшем,
разуме́ется ...

... nevertheless, it stands to reason
that in the future ...

... лишь в том слу́чае е́сли основ-
но́е усло́вие не соблюда́лось ...

... only if the basic condition was
not satisfied ...

... но тако́го, в кото́ром име́ется
хотя́ бы оди́н элеме́нт.

... but such as containing at least one
element ...

... хотя́ нет основа́ний предпола-
га́ть ...

... although there exists no basis to
assume ...

Как пока́зывают многочи́сленные
иссле́дования ...

As   many   investigations   have
shown ...

11*

Exercise 126. Translate into English and underline the conjunctions.

Выяснено та́кже, почему́ при выполне́нии э́тих усло́вий тео́рия возмуще́ний даёт дово́льно хоро́шее приближе́ние, хотя́ конста́нта свя́зи в ио́нных криста́ллах о́чень велика́. Полу́ченные в рабо́те значе́ния ма́ссы и эне́ргии основно́го состоя́ния поляро́на как для слу́чаев сла́бой и си́льной свя́зи, так и для промежу́точной свя́зи сра́вниваются со значе́ниями, полу́ченными и други́ми а́вторами. Вычисля́ется электропрово́дность мета́ллов как для высо́ких, так и для ни́зких температу́р. Величина́ заде́рживающего потенциала́ явля́ется ме́рой влия́ния простра́нственного заря́да, т. к. на э́ту величину́, относи́тельно ано́да, увели́чивается рабо́та вы́хода като́да. Измене́ния сдви́га фа́зы тем ме́ньше, чем бо́льше пара́метр свя́зи и чем коро́че ла́мпа, т. е., практи́чески, чем бо́льше ток пучка́ ла́мпы. Паде́ние x в зави́симости от y происхо́дит ре́зко, так же, как и в слу́чае ма́лых сигна́лов. Магни́тные сво́йства мета́ллов определя́ются как магни́тными сво́йствами образу́ющих мета́лл ио́нов, так и магнети́змом электро́нов проводи́мости. Паралле́льная пове́рхности мета́лла составля́ющая ско́рости остаётся неизме́нной, так как она напра́влена перпендикуля́рно де́йствующей си́ле. Одна́ко во все́х рассмо́тренных до сих пор слу́чаях подви́жность с пониже́нием температу́ры растёт, хотя́ и по ра́зным зако́нам. О механи́зме проводи́мости мо́жно суди́ть не то́лько по зна́ку электродви́жущей си́лы, но и по направле́нию термоэлектродви́жущей си́лы. Усло́вия для обра́тных перехо́дов одина́ковы как для световы́х, так и для темновы́х электро́нов. Уменьша́ется не то́лько её отноше́ние к темново́й проводи́мости, но и абсолю́тная величина́ фотопроводи́мости. Величина́ E ли́бо остаётся постоя́нной ли́бо ме́дленно возраста́ет. Как са́мое продо́льное по́ле, так и подви́жность в нем остава́лись неизме́нными. Е́сли в среде́, поми́мо электро́нов, име́ются та́кже ио́ны того́ и́ли друго́го зна́ка и́ли дипо́ли, они́ смеща́ются электри́ческим по́лем. Одна́ко как для отде́льного а́тома, так и для твёрдого те́ла остаётся справедли́вым основно́е тре́бование. Сле́дует принима́ть во внима́ние не то́лько ква́нтовое состоя́ние электро́на в исхо́дном а́томе, но и его́ взаимоде́йствие с а́томами решётки. Тео́рия амо́рфных полупроводнико́в ещё не со́здана, но нельзя́ сомнева́ться в том, что, как то́лько они́ полу́чат практи́ческое значе́ние, тео́рия бу́дет со́здана. Е́сли мы име́ем де́ло с полупроводнико́м, в кото́ром ток перено́сится ли́бо то́лько электро́нами, ли́бо одни́ми ды́рками. Тре́бование «5» удовлетворя́ется е́сли ли́бо $x = 0$, ли́бо $y = 0$. Так как электрохими́ческий потенциа́л во все́х частя́х равнове́сной систе́мы до́лжен быть

одина́ков, ни́жняя грани́ца свобо́дной зо́ны поднима́ется. Кратков-
вре́менное освеще́ние осуществля́ется ли́бо с по́мощью и́скры и́ли
га́зового разря́да, ли́бо же при по́мощи враща́ющегося ди́ска. Все же
электро́ны, занима́ющие ни́зкие состоя́ния, не могли́ измени́ть ни
величины́ ни направле́ния ско́рости. Величина́ х не определя́ет ни
запа́са энергий, ни тяготе́ния, ни инерцио́нных свойств.

Vocabulary for Exercise 126

бо́льше larger
вели́кий great
величина́ quantity
взаимоде́йствие interaction
влия́ние effect
внима́ние attention
возмуще́ние perturbation
возраста́ть to grow
враща́ть to rotate
выполня́ть to fulfil
высо́кий tall
вы́числить to calculate
вы́яснить to elucidate
дать to give
де́йствовать to operate
де́ло affair
дово́льно enough
до сих пор up to now
ды́рка hole
зави́симость dependence
заде́рживать to detain
зако́н law
занима́ть to occupy
запа́с stock
заря́д charge
знак sign
значе́ние significance, value
изменя́ть to change
име́ть де́ло to deal with
и́скра spark
исхо́дный initial

коро́ткий short
кратковре́менный momentary
ла́мпа tube
ма́лый small
ме́дленно slowly
ме́ра measure
напра́вить to direct
направле́ние direction
неизме́нный unchanged
нельзя́ it is impossible
ни́жний lower
ни́зкий low
образова́ть to form
обра́тный reverse
одина́ковый identical
одна́ко however
определя́ть to determine
освеще́ние illuminate
основно́й basic
остава́ться to remain
осуществля́ть to realize
отде́льный separate
относи́тельно relatively
отноше́ние ratio
о́чень very
паде́ние fall
перекоси́ть to distort
перехо́д transition
пове́рхность surface
подви́жность mobility
поднима́ть to raise

по́ле   field
полупроводни́к   semiconductor
получи́ть   to receive
поми́мо   besides
по́мощь   help
пониже́ние   lowering
постоя́нный   constant
приближе́ние   approximation
принима́ть   to accept
проводи́мость   conductivity
продо́льный   longitudinal
происходи́ть   to occur
промежу́точный   intermediate
простра́нство   space
пучо́к   bundle, pencil (of rays)
рабо́та вы́хода   work function
равнове́сие   equilibrium
ра́зный   different
разря́д   discharge
рассмотре́ть   to examine
расти́   to grow
ре́зко   sharply
решётка   lattice
свет   light
свобо́дный   free
сво́йство   property
связь   bond
сдвиг   displacement
си́ла   force
си́льный   strong

ско́рость   velocity
сла́бый   weak
сле́довать   to follow
слу́чай   case
смеща́ть   to displace
созда́ть   to create
сомнева́ться   to doubt
составля́ющая   component
состоя́ние   state
справедли́в   valid
сра́внивать   to compare
среда́   medium
суди́ть   to judge
твёрдый   solid
те́ло   body
тёмный   dark
ток   current
тре́бование   requirement
тяготе́ние   gravity
увели́чивать   to increase
удовлетворя́ть   to satisfy
уменьша́ть   to decrease
усло́вие   condition
хоро́ший   well
часть   part
электродви́жущий   electromotive
электропрово́дность   electrical
    conductivity
явля́ться   to appear

Chapter 13

Particles

§ 299. Particles represent an auxiliary part of speech which is used to attribute to words or sentences different shades of meaning. In most cases the words used as particles are also used to express other parts of speech (adverbs, conjunctions, pronouns).

According to their functions particles may be classified as follows (§ 300–§ 306).

§ 300. Emphatic particles; as,

же even, даже even, ведь but, таки after all, то just, и and, ни not a, ещё still, уже still, already, уж still, already, прямо exactly, просто simply.

§ 301. Restrictive particles; as,

лишь only, только only, лишь только as soon as, всё only, разве лишь perhaps only, почти almost, хотя бы "I wish", хоть бы "I wish".

§ 302. Demonstrative particles; as,

вот here, вон there, это this, вот здесь here, вот там there.

§ 303. Interrogative particles; as,

ли "whether", ль "whether", разве? really? неужели? indeed? да? really? да ну? really?

§ 304. Exclamatory particles; as,

как how, что за what.

§ 305. Definitive particles; as,

как раз just, the very thing, почти almost, точно as though, именно namely, чуть не nearly, ровно exactly, точь-в-точь exactly.

167

§ 306. Negative particles; as,

не not,　　ни not,　　вóвсе нет not at all,　　далекó не far from being,　　нет no.

Word forming and form constructing particles

§ 307. Particles used in constructing different forms of verbs:

бы should,　　да, пусть let,　　бывáло used to …

Пусть он идёт　　　　　　　　　　let him go
Да здрáвствует …　　　　　　　　　Long live …
Мы получúли бы …　　　　　　　　We would have obtained …

§ 308. Particles used with conjunctions:

éсли бы if,　　кабы́ if,　　как-бы however,　　чтóбы in order, лишь бы if only,　　хоть бы if only.

§ 309. Particles used in forming indefinite pronouns:

	кто	что	какóй	чей
кóе-	кóе-кто	кóе-что	кóе-какóй	
	somebody	something	someone	
-то	ктó-то	чтó-то	какóй-то	чéй-то
	someone	something	some	someone's
-нибýдь	кто-нибýдь	что-нибýдь	какóй-нибýдь	чей-нибýдь
	somebody	something	some	someone's
-лúбо	ктó-лúбо	чтó-лúбо	какóй-лúбо	чéй-лúбо
	somebody	something	some	someone's

§ 310. Particles used in forming indefinite adverbs:

	где (place)	кудá (direction)	как
кóе-	кóе-где	кóе-кудá	кóе-как
	somewhere (place)	somewhere	somehow
-то	гдé-то	кудá-то	кáк-то
	somewhere	somewhere	somehow
-нибýдь	где-нибýдь	кудá-нибýдь	как-нибýдь
	somewhere	somewhere	somehow
-лúбо	гдé-лúбо	кудá-лúбо	кáк-лúбо
	somewhere	somewhere	somehow

§ 311. Particles used in forming negative pronouns and other parts of speech with a negative meaning: Particles used: не, ни

ни у когó　　　　　ни о чём
не для когó　　　　не о чём
ни с кéм　　　　　　ни с чéм

Exercise 127. Underline the particles given below:

Éсли бы в (6) х бы́ло фикси́рованной величино́й …	If x in (6) be considered a constant quantity …
… должна́ была́ бы претендова́ть на униве́са́льность …	… it should claim universality …
… заменя́я его́ каки́м-ли́бо путём …	… if we replace it in any manner whatever …
… по како́й-ли́бо причи́не …	… for some reason …
… при тех же усло́виях …	… for the same conditions …
… да́ли бы но́вую ли́нию …	… should have given a new line …
… амплиту́да кото́рых сравни́ма и́ли да́же ме́ньше у́ровня флуктуацио́нных поме́х.	… with amplitudes comparable with or even smaller than the level of fluctuation noise.
… почти́ не изменя́ется …	… hardly alters …
… не входи́ло в зада́чу настоя́щего иссле́дования …	… did not enter within the scope of the present investigation …
… с той же то́чностью …	… to the same accuracy …
Что же каса́ется распределе́ния эне́ргии …	… As regards the energy distribution …
Что за взрыв!	What an explosion!
… деформи́руются лишь незначи́тельно …	… are only negligibly distorted …
… кото́рое не́ было ещё обнару́жено …	… which had not yet been observed …
… явля́ются как бы наложе́нием кривы́х …	… would appear to resemble a superposition of curves …
… кака́я-ли́бо одна́ части́ца …	… that some one particle …
… како́е-то значе́ние …	… some value …
… так же как и в слу́чае …	… just as in the case …
Вот интере́сная демонстра́ция!	Here is an interesting demonstration!
… мо́жет не облада́ть …	… need not possess …
… как уже́ отмеча́лось вы́ше …	… as already mentioned above …
… мо́жно бы́ло бы ду́мать …	… it might be thought …
… вхо́дит лишь в ле́вую часть (7) че́рез величину́ Ф …	… appears in the left part of (7) only via the value Ф …

Exercise 128. Translate into English and underline the particles.

Каза́лось бы, никака́я коне́чная си́ла не мо́жет перевести́ электро́н и́ли ды́рку че́рез э́ту грани́цу. Мо́жет возни́кнуть вопро́с: сле́дует ли вводи́ть поня́тия «эффекти́вная ма́сса» и «ды́рки»? Е́сли бы, наоборо́т отказа́ться от э́тих приближе́ний, то пришло́сь бы встре́титься с затрудне́ниями. Отклоне́ние же от зако́на О́ма вы́звано увеличе́нием числа́ электро́нов, а не их подви́жности. Е́сли бы така́я зави́симость име́ла ме́сто вплоть до абсолю́тного нуля́, то она́ привела́ бы к противоре́чию с теоре́мой Не́рнста. То́лько путём сло́жной терми́ческой обрабо́тки, в слу́чае селе́на мо́жно получи́ть хоро́ший вы́прямитель. Отме́чу лишь, что усили́тели нахо́дятся в пери́оде бы́строго разви́тия. Лишь неда́вно удало́сь выра́щивать таки́е монокриста́ллы. Ещё в середи́не XIX столе́тия Ке́львин измеря́л ра́зность конта́ктных потенциа́лов двух мета́ллов. Но е́сли да́же ограни́читься то́лько электро́нами запо́лненной зо́ны, то и здесь грани́ца не бу́дет столь ре́зкой, как в слу́чае мета́ллов. То́лько таки́е полупроводники́ изуча́лись до после́днего вре́мени. По други́м подсчётам «а» ещё ме́ньше, а и́менно 0,3. Электро́ны в мета́лле подчиня́ются поэ́тому ино́й стати́стике, а именно стати́стике Фе́рми. Зави́симость «2» опра́вдывается лишь приближённо. О́пытные же да́нные хорошо́ совпада́ют с вы́численными по фо́рмуле. Твёрдые же мета́ллы облада́ют кристалли́ческой решёткой. Одна́ко в э́той почти́ сплошно́й полосе́ нахо́дится всё же М и то́лько М у́ровней. Да́же поря́док у́ровней при э́том изме́нится. Сле́дует принима́ть во внима́ние не то́лько ква́нтовое состоя́ние электро́на в исхо́дном а́томе, но и его́ взаимоде́йствие с а́томами решётки. Хотя́ электро́н и мо́жет оказа́ться в любо́м уча́стке криста́лла, но лишь спустя́ дли́тельное вре́мя. Зада́ча о движе́нии электро́нов в твёрдом те́ле ещё не решена́. Да́же направле́ния си́лы и ускоре́ния мо́гут в э́том слу́чае не совпада́ть.

Vocabulary for Exercise 128

бы́стрый rapid	выра́щивать to grow
вводи́ть to introduce	вы́числить to calculate
взаимоде́йствие interaction	грани́ца boundary
внима́ние attention	да́нные data
возника́ть to appear	движе́ние motion
вопро́с question	дли́тельный long
вплоть up to	ды́рка hole
вре́мя time	зави́симость dependence
встре́тить to meet	зако́н law
вы́звать to give rise	запо́лнить to fill
вы́прямитель semiconductor	затрудне́ние difficulty

изуча́ть   to study
изменя́ться   to change
измеря́ть   to measure
и́менно   namely
име́ть ме́сто   to take place
ино́й   different
исхо́дный   initial
каза́ться   to appear
коне́чный   final
любо́й   any
ме́ньше   smaller
наоборо́т   on the contrary
направле́ние   direction
находи́ться   to be found
неда́вно   recently
никако́й   none
облада́ть   to possess
обрабо́тка   treatment
ограни́читься   to restrict
одна́ко   however
оказа́ться   to appear
опра́вдывать   to justify
о́пытный   experimental
отказа́ться   to refuse
отклоне́ние   deviation
отме́тить   to note
перевести́   to transfer
подви́жность   mobility
подсчёт   calculation
подчиня́ться   to obey
полоса́   band
полупроводни́к   semiconductor

поня́тие   concept
приближе́ние   approximation
привести́   to lead
прийти́   to come
принима́ть   to accept
противоре́чие   contradiction
путь   path
разви́тие   development
ра́зность   difference
ре́зкий   sharp
решётка   lattice
реши́ть   to solve
середи́на   middle
си́ла   force
сле́довать   to follow
сло́жный   complex
слу́чай   case
совпада́ть   to coincide
состоя́ние   state
сплошно́й   continuous
спустя́   after
столе́тие   century
твёрдый   solid
те́ло   body
увеличе́ние   increase
удава́ться   to succeed
усили́тель   amplifier
ускоре́ние   acceleration
уча́сток   section
хоро́ший   well
че́рез   over
число́   number

Chapter 14

The simple sentence

Depending on the purpose of the expression sentences may be classified as follows (§ 312–§ 317):

§ 312. Declarative sentences declare a fact, phenomenon or event. Declarative sentences also include definitions of concepts or things.

Example:

Метео́рные вспы́шки обеспе́чивают ра́диосвязь.	Meteor bursts provide radio communication.

§ 313. Interrogative sentences ask a question.

Example:

Явля́ется ли эне́ргия то́лько статисти́ческим поня́тием?	Might energy perhaps be a merely statistical concept?

§ 314. Inductive sentences command, request, or exhort. The predicate is usually expressed by the verbal form in the imperative mood.

Example:

Переведи́те э́ту статью́, пожа́луйста!	Translate this article, please!

§ 315. Exclamatory sentences may be declarative, interrogative, and inductive sentences which express strong emotion.

Unextended and extended simple sentences

§ 316. Unextended sentences consist only of main parts of the sentence: subject and predicate.

Examples:

Темне́ет!	It is getting dark!
Не́бо темне́ет!	The sky is getting dark!

§ 317. Extended sentences consist of both main parts and secondary parts of the sentence.

Example:

Был пригото́влен калибро́вочный гра́фик для перево́да отсчётов микрометри́ческого винта́ и длины́ волн.	A calibration curve relating to micrometer screw reading and wavelength was prepared.

Exercise 129. Translate into English and name the type of each of the following sentences.

Интегра́ция по x даёт (4). Тре́бование то́чного выполне́ния усло́вий приво́дит к стохасти́ческим проце́ссам. Купи́те ру́сско-англи́йский слова́рь! Как отлича́ются значе́ния энтропи́и при абсолю́тном нуле́ и при о́чень высо́ких температу́рах? Не́бо светле́ет!

Усло́вие нормиро́вки запи́сывается в ви́де (4). Светле́ет! Перепиши́те упражне́ние (7), пожа́луйста! Каки́е из величи́н интегра́лов движе́ния име́ют определённое значе́ние? Э́ти проце́ссы представля́ются кра́йними слу́чаями возмо́жных идеализа́ций. Оста́ньтесь в ко́мнате, пожа́луйста! Мо́щность P представля́ется в ви́де (6). Фо́рмула (2) для (5) име́ет вид (7). Опи́саны рабо́ты лаборато́рии по борьбе́ с шу́мом. Изло́жены основны́е при́нципы и расчётные соотноше́ния ка́ждого ме́тода. Иссле́довалась та́кже микротвёрдость ука́занных ферри́тов. Предло́жен ме́тод то́чного определе́ния ориенти́ровки монокриста́ллов. Как отлича́ются значе́ния энтропи́и при разли́чных температу́рах? Опиши́те структу́ры э́тих криста́ллов! Расчёты сопоста́влены с да́нными экспериме́нта. Куда́ напра́влено вне́шнее по́ле? Иссле́дуется распростране́ние радиово́лн.

Vocabulary for Exercise 129

борьба́ struggle
величина́ quantity
вид view
вне́шний external
возмо́жный possible
выполне́ние realization
высо́кий high
дава́ть to give
да́нные data
движе́ние motion
запи́сывать to write down
значе́ние value

изложи́ть to set forth
име́ть to have
иссле́довать to investigate
ка́ждый every
ко́мната room
кра́йний extreme
купи́ть to buy
микротвёрдость microhardness
мо́щность power
направля́ть to direct
не́бо sky
нормиро́вка setting

описа́ть to describe
определе́ние determination
определённый definite
основно́й basic
остава́ться to remain
отлича́ться to be distinguished
переписа́ть to rewrite
пожа́луйста please
по́ле field
предлага́ть to offer
представля́ть to present
приводи́ть to lead
рабо́та work
радиоволна́ radio wave
разли́чный different

распростране́ние propagation
расчёт calculation
расчётный calculated
светле́ть to clear up
слова́рь dictionary
слу́чай case
соотноше́ние relation
сопоставле́ние comparison
то́чный accurate
тре́бование requirement
ука́занный mentioned
упражне́ние exercise
усло́вие condition
шум noise

Chapter 15

The subject

§ 318. The subject is the part of the sentence which denotes a thing or person and answers questions. It may be expressed by different parts of speech (§ 319–§ 326).

§ 319. The subject may be expressed by a noun; as,

Фу́нкции *x* и *y* удовлетворя́ют обобщённому уравне́нию Лапла́са.	The functions *x* and *y* satisfy the Laplace equation.

§ 320. The subject may be expressed by a pronoun; as,

Э́то даёт дополни́тельную постоя́нную оши́бку.	This gives an additional constant error.

§ 321. The subject may be expressed by an adjective; as,

Са́мое лу́чшее для него́ бы́ло бы перемени́ть профе́ссию.	The best thing for him would be to change his profession.

§ 322. The subject may be expressed by a participle; as,

Ска́занное вы́ше мо́жно ви́деть на рис. 5.	What was said above may be seen in fig. 5.

§ 323. The subject may be expressed by a numeral; as,

Оди́н демонстри́ровал хими́ческий экспериме́нт, друго́й – физи́ческий.	One demonstrated a chemical experiment, another a physical experiment.

§ 324. The subject may be expressed by an infinitive; as,

Изучи́ть иностра́нный язы́к – о́чень интере́сно и поле́зно.	To learn a foreign language is very interesting and useful.

§ 325. The subject may be expressed by a numeral + noun (genitive); as

When the numerals два, три, че́тыре, о́ба are used the noun has the form of the genitive case, singular; with other numerals the noun is in the form of genitive case, plural.

Examples:

Два ти́па помéх дéйствуют на систéму частóтной автопод-стрóйки.	Two types of interferences affect the system of frequency automation control.

§ 326. The subject may be expressed by a combination of some of the following parts of speech:

Genitive, plural

Numeral

Pronoun + { Noun
Adjective
Pronoun + Preposition из
Participle
Numeral }

Examples:

Однá из составля́ющих электри́ческого пóля определя́ет поляриза́цию волн.	One of the electric field components determines the polarization of waves.
Оди́н из нас установи́л ...	One of us has established ...

Position of the subject in a sentence

§ 327. In a normal order of words the subject precedes the predicate; as,

Эти зави́симости имéют слéдующий вид.	These functions have the following form.

§ 328. When the secondary parts modifying the predicate are at the beginning of the sentence the subject follows the predicate; as,

На рис. 2 предстáвлена зави́симость температу́ры от давлéния.	The dependence of time on pressure is presented in fig. 2.

§ 329. When the predicate is expressed by a noun in the nominative case the subject precedes the predicate; as,

Никóла Тéсла – создáтель враща́ющегося магни́тного пóля и многофáзных систéм.	Nikola Tesla is the creator of the rotating magnetic field and multiphase systems.

Exercise 130. Translate into English and name the subject in each of the following sentences.

В рабóте исслéдовано явлéние распространéния волн. Это совпадáет с результáтами линéйного приближéния. Прису́тствующие в клáссе переводи́ли ру́сское упражне́ние на англи́йский язы́к. О́ба отсу́тствовали. Убеди́ть его́ в э́том бы́ло о́чень тру́дно. В настоя́щее вре́мя отсу́тствуют ме́тоды си́нтеза замедля́ющих структу́р. Ф. Це́рнике – лауреа́т Но́белевской пре́мии по фи́зике за 1953 г. Кури́ть воспреща́ется. Все четы́ре посеща́ют университе́т в Пари́же. Ска́занное в статье́ пока́зывает, что о́пыт был уда́чен. На рис. 4 приведены́ результа́ты экспериме́нта. П. П. Ла́зарев – основополо́жник оте́чественной биофи́зики. Никто́ в кла́ссе не знал как реши́ть э́ту зада́чу. Опи́санное в предыду́щем пара́графе предлага́ет но́вый спо́соб. Сидя́щие сза́ди не могли́ слы́шать. В фо́рмуле для P два мно́жителя x и y характеризу́ют зави́симость сопротивле́ния излуче́ния от ра́зных фа́кторов. Ка́ждый из нас изуча́ет ру́сскую грамма́тику. Одна́ из фу́нкций преобразова́ния мо́жет быть вы́брана произво́льно. Фо́рмула (2) приво́дит к сле́дующему. Ка́ждый из прису́тствующих сде́лал докла́д. Коэффицие́нты x и y определя́ются фо́рмулами (3) и (4). Два хими́ческих трави́теля для выявле́ния p – n перехо́дов в кре́мнии. Оди́н из нас сде́лал попы́тку ... На рис. 6 пока́зана схе́ма приёмника. Одна́ из важне́йших часто́тных характери́стик кристалли́ческого трио́да э́то часто́тная зави́симость коэффицие́нта по то́ку Ф. Два уравне́ния полу́ченные дифференци́рова́нием по x доба́вим к уране́ниям (1) и (2).

Vocabulary for Exercise 130

ва́жный important
волна́ wave
воспреща́ть to prohibit
вре́мя time
вы́брать to select
выявле́ние exposure
доба́вить to add
докла́д report
зави́симость dependence
зада́ча problem
замедля́ть to delay
знать to know
излуче́ние radiation
изуча́ть to study
иссле́довать to investigate
ка́ждый every
кре́мний silicon

кури́ть to smoke
лине́йный linear
мно́житель factor
мочь to be able
настоя́щий present
никто́ no one
но́вый new
описа́ть to describe
определя́ть to determine
основополо́жник founder
оте́чественный native
отсу́тствовать to be absent
о́чень very
переводи́ть to translate
перехо́д transition
показа́ть to show
пока́зывать to show

получи́ть   to receive
попы́тка   attempt
посеща́ть   to attend
предлага́ть   to offer
предыду́щий   previous
преобразова́ние   transformation
приближе́ние   approximation
привести́   to lead to, to bring
приводи́ть   to lead
приёмник   receiver
прису́тствовать   to attend
произво́льно   arbitrarily
рабо́та   work
ра́зный   different
распростране́ние   propagation
реши́ть   to solve, to decide
рису́нок   figure
сде́лать   to make
сза́ди   behind

сиде́ть   to sit
сказа́ть   to say
сле́дующий   following
слы́шать   to hear
совпада́ть   to coincide
сопротивле́ние   resistance
спо́соб   method
статья́   article
схе́ма   diagram
ток   current
трави́тель   etching material
тру́дно   with difficulty
убеди́ть   to convince
уда́чный   successful
упражне́ние   exercise
уравне́ние   equation
частота́   frequency
явле́ние   phenomenon
язы́к   language, tongue

Chapter 16

The predicate

§ 330. The predicate is the part of the sentence which makes an assertion about the subject. It may be expressed by different parts of speech (§ 331 to § 343).

§ 331. The predicate may be expressed by a verb in the present tense; as,

Я пишу́ письмо́.　　　　　　　I am writing a letter.

§ 332. The predicate may be expressed by a verb in the past tense; as,

Хими́ческий ана́лиз показа́л при-　A chemical analysis indicated the
су́тствие ме́ди.　　　　　　　presence of copper.

§ 333. The predicate may be expressed by a verb in the future tense; as,

Они́ бу́дут изуча́ть но́вый ме́тод ... They will study a new method ...

§ 334. The predicate may be expressed by a noun in the nominative case; as,

То́мас Юнг – естествоиспыта́тель　Thomas Young as a naturalist
(1773–1829).　　　　　　　　　(1773–1829).

§ 335. The predicate may be expressed by a noun in the nominative case and conjunctions как as; бу́дто as if; сло́вно as if; as,

Макс Планк как челове́к и мы́сли-　Max Planck as a man and thinker.
тель.

§ 336. The predicate may be expressed by a noun in the instrumental case; as,

Дру́жба – дру́жбой, а слу́жба слу́ж-　Do not let friendship interfere with
бой.　　　　　　　　　　　　work.

§ 337. The predicate may be expressed by an adjective; as,

Лаборато́рия о́чень мала́.　　　The laboratory is very small.

§ 338. The predicate may be expressed by a pronoun; as,

Э́то не то, что он сказа́л.　　　This is not what he said.

§ 339. The predicate may be expressed by a numeral; as,

Порядко́вый но́мер ура́на – девяно́сто второ́й.	The atomic number of uranium is ninety-two.

§ 340. The predicate may be expressed by a participle with suffixes -н, -ен, -т.

Дано́ теорети́ческое изуче́ние.	A theoretical study is given.

§ 341. The predicate may be expressed by a participle with suffixes -ем, -им, -ом;

Ме́тод примени́м для обнаруже́ния p – n перехо́дов.	This method is applicable for the determination of p – n junctions.

§ 342. The predicate may be expressed by paticiples with быть (infinitive); as,

Крутизна́ характери́стики ла́мпы мо́жет быть аппроксими́рована сле́дующим образом.	The curvature of the tube characteristics can be approximated as follows.

§ 343. The predicate may be expressed by participles with быть in the past tense; as,

Наибо́лее значи́тельные результа́ты бы́ли полу́чены М.	The most significant results were obtained by M.

Position of the predicate in a sentence

§ 344. A predicate expressed by a verb in the indicative and subjunctive mood usually follows the subject; as,

Уравне́ние (8) опи́сывает распростране́ние необыкнове́нных волн.	Equation (8) describes the propagation of extraordinary waves.

§ 345. When the secondary parts modifying the predicate are at the beginning of the sentence the predicate precedes the subject; as,

Для э́той це́ли бы́ли испо́льзованы се́точные светофи́льтры с прозра́чностью в 33 и 11%.	For this purpose mesh light filters were employed with transmissions of 33 and 11%.

§ 346. When the predicate is expressed by a verb denoting existence, or action in progress, and no secondary parts modifying the predicate are present, the predicate precedes the subject; as,

Была́ холо́дная зима́.	It was a cold winter.

§ 347. When the predicate is expressed by a noun in the nominative case it always follows the noun; as,

Водоро́д – газ.   Hydrogen is a gas.

Exercise 131. Translate into English and name the predicate in each of the following sentences.

Бу́дем рассма́тривать относи́тельную возмущённость по́ля. Он уважа́ем как и́скренний челове́к. Никола́ – Жак Ко́нте – худо́жник, хи́мик, фи́зик, воздухопла́ватель и изобрета́тель 18 – го столе́тия. Был холо́дный день. В настоя́щей статье́ опи́сываются ме́тоды испыта́ния разря́дников. Амплиту́да по́ля нараста́ет в соотве́тствии с фо́рмулой (7). Он люби́м как пре́данный друг. Рассмо́трено движе́ние электро́на. Опи́сан прибо́р для измере́ния интенси́вности. Разви́т приближённый ме́тод реше́ния уравне́ния (7). По фо́рмулам (1) и (2) был произве́ден расчёт поте́рь на излуче́ние. Вычисле́ние мо́жет быть вы́полнено изве́стными приёмами. Мы перево́дим упражне́ние с ру́сского языка́ на англи́йский. М. изме́рил интенси́вности косми́ческих луче́й 3 ма́рта 1960 г. Т. изучи́л о́бщий ме́тод характеристи́ческого уравне́ния для определе́ния фа́зовой ско́рости. М. Борн – луареа́т Но́белевской пре́мии по фи́зике в 1954 г. Ко́мната была́ пуста́. Кото́рый час? Предло́жен ме́тод определе́ния масс части́ц. Изу́чено влия́ние магни́тного по́ля земли́ на распределе́ние пло́тности косми́ческих луче́й. Для нахожде́ния величины́ Ф бы́ли взя́ты пара́метры x и y. Таки́м о́бразом, мо́жет быть предло́жен ещё оди́н спо́соб приближённого нахожде́ния распределе́ния то́ка. Схе́ма устано́вки изображена́ на рис. 3. Зави́симость коэффицие́нта умноже́ния приведена́ на рис. 9. С схе́ме рис. 2 применён волново́дный розона́тор. Т. улучши́л ме́тоды ана́лиза ре́дких элеме́нтов. Он изве́стен под други́м и́менем. Проведена́ статисти́ческая обрабо́тка материа́ла непреры́вной регистра́ции интенси́вности косми́ческих луче́й. Л. вы́числил эне́ргию свя́зи норма́льной моле́кулы H_2. В рабо́те испо́льзуется статисти́ческий ме́тод определе́ния пара́метров. В фо́рмулу (7) вхо́дят станда́ртные обозначе́ния. В настоя́щей статье́ иссле́дуется эффе́кт поглоще́ния электромагни́тных волн.

Vocabulary for Exercise 131

величина́ quantity
взять to take
влия́ние influence
воздухопла́ватель aeronaut
возмуще́ние disturbance

волна́ wave
волново́д waveguide
входи́ть to enter
выполня́ть to fulfil
вычисля́ть to calculate

движе́ние motion
день day
друг friend
друго́й other
ещё still
зави́симость dependence
земля́ earth
изве́стный well known
излуче́ние radiation
измеря́ть to measure
изобража́ть to represent
изобрета́тель inventor
изуча́ть to study
и́мя name
и́скренний sincere
испо́льзовать to utilize
иссле́довать to investigate
ко́мната room
луч ray
люби́ть to love
нараста́ть to grow
настоя́щий present
нахожде́ние being (in a place)
непреры́вный continuous
обозначе́ние designation
обрабо́тка treatment
о́браз form, таки́м о́бразом thus
о́бщий general
опи́сывать to describe
определе́ние determination
относи́тельный relative
переводи́ть to translate
пло́тность density
поглоще́ние absorption
по́ле field
поте́ри losses
пре́данный devoted
предлага́ть to offer
предложи́ть to offer

приближённый approximate
прибо́р apparatus
приводи́ть to lead
приём reception
прменя́ть to apply
производи́ть to carry out
пу́сто empty
рабо́та work
разви́ть to develop
разря́дник discharger
распределе́ние distribution
рассмотре́ть to examine
рассма́тривать to examine
расчёт calculation
ре́дкий rare
реше́ние solution
рису́нок figure
связь bond
ско́рость velocity
соотве́тствие, в соотве́тствии
    correspondence, in accordance
спо́соб method
статья́ article
столе́тие century
схе́ма diagram
таки́м о́бразом thus
ток current
уважа́ть to respect
улу́чшить to improve
умноже́ние multiplication
упражне́ние exercise
уравне́ние equation
устано́вка installation
холо́дный cold
худо́жник artist
час hour
части́ца particle
челове́к man
язы́к language, tongue

Chapter 17

The attribute

§ 348. The attribute denotes the quality of an object and answers the questions: какóй? какáя? какóе? какúе? which?

Depending on the character of the attributes they may be divided into:

(1) Attributes with agreement; (2) Attributes without agreement.

Attributes with agreement

§ 349. Attributes with agreement may be expressed by different parts of speech (§ 350–§ 354). They are used in the same case and number (in the singular, the same gender) as the part of sentence modified by the attribute.

§ 350. Attributes with agreement may be expressed by adjectives; as,

Рассмóтрим подрóбнее практúчески бóлее интерéсный слýчай.

Let us consider more in detail a case of greater practical interest.

§ 351. Attributes with agreement may be expressed by pronouns; as,

Я читáл егó запúски.

I was reading his notes.

§ 352. Attributes with agreement may be expressed by numerals; as,

Пóлностью устóйчивым являéтся вторóе решéние, даю́щее бóльшую амплитýду.

Fully stable is the second solution, giving the larger amplitude.

§ 353. When an attribute modifies a masculine or neuter noun in combination with numerals два, три, четы́ре, óба in the nominative or accusative cases the attribute is used in genitive case, plural; as,

Два полупроводникóвых дио́да.

Two semiconducting diodes.

§ 354. Attributes with agreement may be expressed by participles; as,

Огибáющие и прéогибающие фýнкции реáльных волновы́х форм опúсаны в э́той статьé.

Envelopes and pre-envelopes of real waveforms are described in this article.

183

Attributes without agreement

§ 355. Attributes without agreement may be expressed by nouns in genitive, instrumental, and prepositional cases.

§ 356. Attributes without agreement may be expressed by nouns in the genitive case without prepositions; as,

Теория примесей внедрения в полупроводниках.

Theory of interstitial impurities in semiconductors.

§ 357. Attributes without agreement may be expressed by nouns in the genitive case with prepositions из, с, от, близ, для, без; as,

Отражение электромагнитных волн от шероховатых поверхностей.

The reflection of electromagnetic waves from rough surfaces.

§ 358. Attributes without agreement may be expressed by nouns in the instrumental case with prepositions с, над, под, перед, за, между.

Теория информационного канала со многими уровнями.

A theory of multilevel information channel.

§ 359. Attributes without agreement may be expressed by nouns in the prepositional case with prepositions в, о; as,

Интерпретация опытов по исследованию электронной эмиссии в искровых промежутках.

Interpretation of experiments on electron emission in spark gaps.

Position of attributes in a sentence

§ 360. Attributes with agreement usually precede the noun they modify; as,

Термические свойства полупроводников описаны в этой статье.

The thermal properties of semiconductors are described in this article.

§ 361. In the presence of several attributes expressed by adjectives, the qualitative adjective precedes the relative adjective; as,

Употребление прочной электрической изоляции.

The application of strong electrical insulation.

§ 362. Attributes without agreement usually follow the noun they modify; as,

Описание линий задержки с магнитными сердечниками.

Description of magnetic-core delay lines.

Exercise 132. Translate into English and name the attribute in each of the following sentences.

Пе́рвая полоса́ – длинноволнова́я с стрица́тельной диспе́рсией, втора́я полоса́ – длинноволнова́я с положи́тельной диспе́рсией. Приве́денные да́нные пока́зывают возмо́жность имита́ции повы́шенной мо́щности. Резона́тор с бегу́щей волно́й. Изготовле́ние стёкол с большо́й диэлектри́ческой проница́емостью. Симметри́я в криста́ллах с направленными свя́зями. Даётся коли́чественный ана́лиз влия́ния магни́тных поле́й. Вслед за пе́рвым температу́рном ма́ксимумом у BaTiO₃ наблюда́лся второ́й ма́ксимум. Отражённый сигна́л А, в отли́чие от излуча́емого В, бу́дет снабжа́ться и́ндексом Т. В ка́ждом кана́ле принима́емое колеба́ние подверга́ется свёртке. Ана́лиз трехвале́нтных компле́ксных соедине́ний. Электроосажде́ние серебра́ из просты́х соле́й. Перево́д электро́нов из у́ровней запрещённой зо́ны в зо́ну проводи́мости. А́тлас теорети́ческих кривы́х для интерпрета́ции магни́тных и гравитацио́нных анома́лий. Сцинтилляцио́нные спектро́метры с ма́лым вре́менем разреше́ния. Обсужде́ние вопро́са о хара́ктере и приро́де деформа́ций. Эксперимента́льная прове́рка показа́ла, что вы́веденная фо́рмула пра́вильна. Взаимоде́йствие части́ц с электро́нными и мезо́нными поля́ми. Связь ме́жду хими́ческими и физи́ческими сво́йствами. Диску́ссия о влия́нии упру́гих деформа́ций на электропрово́дность мета́ллов. Конденса́тор для измере́ния диэлектри́ческих поте́рь. На рис. 4 изображено́ тако́е построе́ние для слу́чая положи́тельной расстро́йки. Взаимоде́йствие ме́жду электро́нами и волна́ми в ла́мпе с бегу́щей волно́й. Получе́ние то́нких диэлектри́ческих плёнок. Испо́льзование p – n перехо́дов для превраще́ния со́лнечной эне́ргии в электри́ческую. Испо́льзуя интегра́льное выраже́ние легко́ вы́числить сре́днее значе́ние м. Испо́льзование кре́мния для получе́ния сто́йких плёнок. Испо́льзование электростати́ческих линз в отража́тельном электро́нном микроско́пе. Вы́ведена расчётная фо́рмула. Спла́вы из благоро́дных мета́ллов.

Vocabulary for Exercise 132

бегу́щий	travelling	вопро́с	question
благоро́дный	noble	вре́мя	time
большо́й	large	вслед	after
взаимоде́йствие	interaction	второ́й	second
влия́ние	influence	вы́вести	to lead out, to derive
возмо́жность	possibility	выводи́ть	to lead out, to derive
волна́	wave	выраже́ние	expression

вы́числить to calculate
да́нные data
дать to give
длинноволно́вый long wave
запрещённый forbidden
значе́ние value
изгота́вливать to manufacture
излуча́ть to radiate
измере́ние measurement
изобража́ть to represent
испо́льзовать to utilize
ка́ждый every
колеба́ние oscillation
коли́чественный quantitative
кре́мний silicon
крива́я curve
ла́мпа tube
легко́ easily
ма́лый small
ме́жду between
мо́щность power
наблюда́ть to observe
напрвля́ть to direct
обсужда́ть to discuss
отли́чие difference
отража́тельный reflective
отража́ть to reflect
отрица́тельный negative
пе́рвый first
перехо́д transition
плёнка film
повы́шенный increased
подверга́ть to subject
показа́ть to show
пока́зывать to show
по́ле field
положи́тельный positive
полоса́ band
получе́ние receipt

построе́ние construction
поте́ри losses
пра́вильный correct
превраще́ние transformation
привести́ to lead to, to bring
принима́ть to take, to assume
приро́да nature
прове́рка control
проводи́мость conductivity
проница́емость permittivity
просто́й simple
разреше́ние permission, resolution
расстро́йка detuning
расчётный calculated
рису́нок figure
свёртка coagulation
сво́йство property
связь bond, correlation
серебро́ silver
слу́чай case
снабжа́ть to supply
соедине́ние compound
со́лнечный solar
соль salt
сплав alloy
сре́дний average
стекло́ glass
сто́йкий stable
тако́й such
то́нкий thin
трехвале́нтный trivalent
упру́гий elastic
у́ровень level
части́ца particle
электрооса́ждение electrical precipitation
электропрово́дность electric conductivity

Chapter 18

The object

§ 363. An object denotes a thing or person and answers the questions:

кого? чего?   кем? чем?
кому? чему?   о ком? о чём?
кого? что?

§ 364. A direct object denotes a person or thing to which the action expressed by the verb is directed; it is used in the accusative case without a preposition; as,

Н. вы́числил величину́ Ф.   N. calculated the quantity

§ 365. An indirect object may be expressed by a noun in indirect cases with and without prepositions; as,

Уравне́ние (6) приво́дит к соотно-   Equation (6) reduces to the relation-
ше́нию (7).   ship (7).

§ 366. The object may also be expressed by parts of speech which are used as a noun (in indirect cases): pronoun, adjective, participle, numeral, a combination of noun and numeral. The object may also be expressed by an infinitive; as,

Э́то позволя́ло сде́лать заклю-   This enabled to draw a conclusion ...
че́ние ...

§ 367. An object modifying a verb may be expressed by a noun in genitive, dative, accusative, and instrumental cases with and without prepositions and also by a noun in the prepositional case; as,

Систе́ма уране́ний (5) в са́мом об-   The system of equations (5) is diffi-
щем ви́де тру́дно поддаётся ре-   cult to solve in the most general
ше́нию.   form.

Position of the object in a sentence

§ 368. A direct object expressed by a noun or pronoun usually follows the verb it qualifies; as,

Его поведе́ние удиви́ло меня́.   His behavior surprised me.

§ 369. Indirect object expressed by a noun, pronoun, and any substantive part of speech follows the word it qualifies; as,

Он употребля́л фи́льтры с мини-   He used minimum insertion loss fil-
ма́льными внося́мыми поте́рями.   ters.

Exercise 133. Translate into English and name the object in each of the following sentences.

Пре́жде чем продолжа́ть экспериме́нт на́до ждать ана́лиза. Тео́рия электро́нов применя́ется к теплово́му излуче́нию. Она́ та́кже применя́ется к световы́м излуче́ниям. Необходи́мо найти́ и реши́ть интегра́л (8). Выраже́ние (6) справедли́во для постоя́нных К. Инфракра́сные лучи́ широко́ применя́ются в совреме́нной те́хнике. Толщины́ покры́тий на ферромагни́тном основа́нии мо́гут измеря́ться магни́тными устро́йствами. Фотографи́рование производи́лось с гиперсенсили-базиро́ванными фотоплёнками. Несмотря́ на боле́знь он продолжа́л его́ иссле́дование. Диэлектри́ческие сво́йства веще́ств зави́сят от температу́ры. Учи́тель объясни́л грамма́тику всем ученика́м. Для иссле́дования электро́нных неоднородно́стей в ионосфе́ре испо́льзован приём радиоизлуче́ния радиозвёзд. Силико́ны широко́ применя́ются в промы́шленности. Лаборато́рия отвеча́ет за ка́чество проду́ктов. Они́ приготовля́ют из фо́сфоров люминисци́рующие экра́ны. Тео́рия информа́ции име́ет примене́ние к челове́ческому органи́зму. Э́то даёт дополни́тельную оши́бку. После́днее уравне́ние приво́дит к результа́ту (4). Температу́ра измеря́ется термо́метром сопротивле́ния. Он помести́л образе́ц в магни́тное по́ле. Линеариза́ция заключа́ется в да́нном слу́чае в пренебреже́нии все́ми гармо́никами разложе́ния Ф в Фурье́, кро́ме пе́рвого. Мы получи́ли фо́рмулу (7). Он посла́л докла́д гла́вному инжене́ру. Влия́ние дипо́ль – дипо́льного взаимоде́йствия на энтропи́ю. Эне́ргия поступа́ющая на зе́млю, Ф, мо́жно найти́ по фо́рмуле (7). Необходи́мо рассчита́ть величину́ Д. Э́то отклоня́ется от о́бщего пра́вила. У него́ не́ было термо́метра. Они́ говори́ли о дио́дах и трио́дах. Ток прохо́дит ме́жду коаксиа́льными цили́ндрами. Така́я обрабо́тка влия́ет на электропрово́дность. Он помести́л образе́ц в печь. Он перево́дит упражне́ние в кла́ссной ко́мнате. Он дал мне кни́гу. Мы вы́числили величину́ Ф. Он зако́нчил докла́д. Учи́тель показа́л студе́нтам экспериме́нт. Он написа́л учи́телю письмо́.

Vocabulary for Exercise 133

боле́знь illness
величина́ quantity
вещество́ substance
взаимоде́йствие interaction
влия́ние influence
влия́ть to influence
выраже́ние expression
вы́числить to calculate
гла́вный chief
говори́ть to speak
да́нный given
докла́д report
дополни́тельный additional
ждать to wait for
зави́сеть to depend on
заключа́ться to consist
зако́нчить to conclude
земля́ earth
излуче́ние radiation
измеря́ть to measure
име́ть to have
испо́льзовать to utilize
иссле́дование investigation
ка́чество quality
ко́мната room
луч ray
ме́жду between
на́до it is necessary
найти́ to find
написа́ть to write
необходи́мо it is necessary
неоднородность heterogeneity
несмотря́ in spite of
обрабо́тка treatment

образе́ц specimen
о́бщий general
объясня́ть to explain
основа́ние basis
отвеча́ть to answer
отклоня́ться to be deflected
оши́бка error
переводи́ть to translate
печь stove
письмо́ letter
показа́ть to show
покры́тие coating
по́ле field
помести́ть to place
посла́ть to send
после́дний last
постоя́нный constant
поступа́ть to act
пра́вило rule
пре́жде before
пренебреже́ние neglect
приготовля́ть to prepare
приём reception
примене́ние application
применя́ть to apply
проводи́ть to conduct
продолжа́ть to continue
производи́ть to carry out
промы́шленность industry
проходи́ть to pass
радиозвезда́ radio star
радиоизлуче́ние radio emission
разложе́ние expansion, decom-
    position

рассчита́ть   to calculate
реши́ть   to solve
ряд   series
свет   light
сво́йство   property
слу́чай   case
совреме́нный   contemporary
сопротивле́ние   resistance
справедли́в   true, valid
та́кже   also
тепло́   heat
ток   current

толщина́   thickness
уравне́ние   eaquation
устро́йство   arrangement
учени́к   pupil
учи́тель   teacher
фотоплёнка   photographic film
челове́ческий   human
широ́кий   wide
экра́н   screen
электропроводи́мость   electrical
    conductivity

Chapter 19

Adverbial modifiers

§ 370. Adverbial modifiers may be divided into the following groups:

(1) Adverbial modifiers of manner (§ 371–§ 373)
(2) Adverbial modifiers of place (§ 374–§ 376)
(3) Adverbial modifiers of time (§ 377–§ 379)
(4) Adverbial modifiers of cause (§ 380–§ 382)
(5) Adverbial modifiers of purpose (§ 383–§ 385)
(6) Adverbial modifiers of condition (§ 386–§ 388)

§ 371. Adverbial modifiers of manner denote the manner of the action expressed by the predicate. They answer the questions: как? how? в какóй стéпени? to what degree? каки́м о́бразом? in what manner? в какóй мéре? to what extent? скóлько раз? how many times?

§ 372. Adverbial modifiers of manner may be expressed by adverbs, verbal adverbs, and nouns (with and without prepositions). The prepositions used in expressing adverbial modifiers by nouns in different cases are: in the genitive case без, dative case по, instrumental case с, под, prepositional case в.

Examples:

Такóе услóвие в значи́тельной мéре выполня́ется …	Such condition is substantially satisfied …
Он пóлностью вхóдит во входнóй канáл.	All of it enters into the entrance channel.
Электрóды наноси́лись путём вжигáния.	The electrodes were attached by firing.

§ 373. Adverbial modifiers of manner expressed by qualitative adverbs usually precede the predicate. When expressed by a noun or by an adverb derived from a noun adverbial modifiers of manner ordinarily follow the predicate.

Examples:

Шу́мы в приёмниках мо́гут быть си́льно пода́влены.	The noise in receivers can be strongly suppressed.
... вероя́тно свя́зано с появле́нием но́вого механи́зма.	... being probably related to a new mechanism.

(For vocabulary for Exercises 134–139 see pp. 197–198.)

Exercise 134. Translate into English and name the adverbial modifiers of manner in each of the following sentences.

Мно́гие материа́лы мо́гут быть бы́стро и хорошо́ контроли́рованы при по́мощи рентге́новских луче́й. Коли́чество х уменьша́ется постепе́нно с появле́нием у. Это свя́зано с ро́стом зерна́ при высо́кой температу́ре. Это свя́зано те́сно с поляризу́емостью криста́ллов. Эта зави́симость определя́лась по сдви́гу криви́х. Магни́тное по́ле определя́лось по магни́тному отклоне́нию. Лову́шка мо́жет рабо́тать дли́тельное вре́мя без насыще́ния во́здухом. Интенси́вные ультразвуковы́е колеба́ния значи́тельно ускоря́ют проце́сс теплообме́на. Эта плёнка бы́стро старе́ет и суще́ственно меня́ет сво́йства.

§ 374. Adverbial modifiers of place denote the place or direction of action expressed by the predicate. They answer the question:
где? where? куда́? where to? отку́да? from where?

§ 375. Adverbial modifiers of place may be expressed by adverbs and nouns (with and without prepositions). The prepositions used in expressing adverbial modifiers by nouns in different cases are: in the genitive case близ, у, о́коло, во́зле, вокру́г, dative case по, instrumental case за, над, под, prepositional case в, на, при.

Examples:

Здесь х и у норма́льные случа́йные фу́нкции с нулевы́м значе́нием.	Here x and y are normal random functions with zero mean values.
В после́довательном плече́ не бу́дет ёмкости.	There will be no capacitance in the series arm.

§ 376. Adverbial modifiers of place may either precede or follow the predicate they qualify. When an adverbial modifier of place is placed at the beginning of a sentence it is ordinarily followed by the predicate and the latter is followed by the noun.

Adverbial modifiers of place usually follow the predicate they qualify when it is essential to indicate the place or the direction of action.

Examples:

Схе́ма звена́ дана́ на рису́нке 2.	The circuit of the branch is given in Fig. 2.
На рис. 8 предста́влена зави́симость полосы́ захва́та от амплиту́ды вынужда́ющей си́лы Ф при ра́зных x.	In Fig. 8 is represented the band of capture as a function of the driving force amplitude Ф for various x.

Exercise 135. Translate into English and name the adverbial modifier of place in each of the following sentences.

Вокру́г ка́ждого нукло́на име́ется сфе́ра отта́лкивания. Части́цы находя́щиеся во вне́шнем по́ле электро́нов ускоря́ются вблизи́ их исто́чника. Крива́я поляриза́ции име́ет ма́ксимумы при угла́х 10° и 20°. Части́ца нахо́дится в состоя́нии А. Облуче́ние дете́кторов производи́лось в графи́товом бло́ке. Сде́лано заключе́ние о соста́ве прото́нной компоне́нты на у́ровне мо́ря. Излуче́ние водоро́да происходи́ло о́коло галакти́ческого це́нтра. Радиово́лны распространя́ются над землёй. Из фикси́рованного уча́стка иссле́дуемого спе́ктра прохо́дят колеба́ния. В о́бласти пони́женного давле́ния не мо́жет наблюда́ться никаки́х перело́мленных и́ли отражённых волн.

§ 377. Adverbial modifiers of time denote the time of action expressed by the predicate. They answer the questions:

когда́? when? как до́лго? how long? ско́лько вре́мени? during what period? с каки́х пор? from what time? до каки́х пор? up to what period of time?

§ 378. Adverbial modifiers of time may be expressed by adverbs, verbal adverbs, and nouns (with and without prepositions). The prepositions used in expressing adverbial modifiers by nouns in different cases are: in the genitive case с, от, по́сле; dative case по, к; accusative case в, на, под, че́рез; instrumental case за, пе́ред, с; prepositional case в, на, при.

Example:

В моме́нт освеще́ния происходи́л бы́стрый отбро́с указа́ния гальвано́метра.	At the moment of illumination there occurred a rapid kick of the galvanometer indicator.

§ 379. Adverbial modifiers of time may either precede or follow the predicate they qualify. When adverbial modifiers of time and place are present in the same sentence the position of the parts of sentence are as follows: adverbial modifier of time – subject – predicate – adverbial modifier of place.

Examples:

В дневно́е вре́мя измере́ния не производи́лись.	Measurements were not carried out in the daytime.
Эму́льсия обраба́тывалась в тече́нии тридцати́ мину́т.	The emulsion was processed over a period of thirty minutes.

Exercise 136. Translate into English and name the adverbial modifiers of time in each of the following sentences.

Увеличе́ние сопротивле́ния боло́метров при пятнадцатиднѐвном старе́нии пропорциона́льно сопротивле́нию. Ла́мпа включа́ется на промежу́ток вре́мени в де́сять секу́нд с интерва́лом для о́тдыха на три́дцать секу́нд. По вечера́м он предпочита́л де́лать его́ уро́ки. Верну́вшись домо́й он продолжа́л чита́ть его́ кни́гу. Че́рез три ме́сяца начина́ются кани́кулы. За обе́дом он расска́зывал про шко́лу. На́ши кани́кулы начина́ются в а́вгусте. С ра́нних лет он интересова́лся электро́никой. Вчера́ он пое́хал в Евро́пу. По́сле обе́да он бу́дет продолжа́ть чита́ть.

§ 380. Adverbial modifiers of cause denote the cause of the action expressed by the predicate they qualify. They answer the questions: почему́? why?   отчего́? because of what?   по како́й причи́не? for what reason?

§ 381. Adverbial modifiers of cause may be expressed by adverbs, verbal, and nouns (with and without prepositions). The prepositions used in expressing adverbial modifiers by nouns in different cases are; in the genitive case из, из-за, от, ст, с; dative case по, благодаря́; instrumental case за.

Example:

Э́то происхо́дит благодаря́ стохасти́ческим проце́ссам в я́дерном реа́кторе.	This occurs due to the stochastic processes in the nuclear reactor.

§ 382. Adverbial modifiers of cause may either precede or follow the predicate they qualify.

Благодаря́ разли́чным постоя́нным вре́мени В. получи́л не́которые любопы́тные осо́бенности э́тих явле́ний.	Due to different time constants B. obtained certain curious features of these phenomena.

Exercise 137. Translate into English and name the adverbial modifiers of cause in each of the following sentences.

Структу́ра получа́ется удво́енной из-за прису́тствия иску́сственного це́нтра симметри́и. Э́тот ме́тод употребля́ется для определе́ния вя́зкости. Из-за боле́зни он не мог пойти́ в шко́лу. Он не мог рабо́тать над перево́дом упражне́ния за отсу́тствием вре́мени. Вну́тренние напряже́ния в образце́ явля́ются причи́ной тако́й зави́симости. За отсу́тствием учи́теля не́ было заня́тий. Он э́то сде́лал по рассе́янности. За недоста́тком чле́нов не́ было заседа́ния.

§ 383. Adverbial modifiers of purpose denote the purpose of the action expressed by the predicate they qualify. They answer the questions: заче́м? why? для чего́? what for? с како́й це́лью? for what purpose?

§ 384. Adverbial modifiers of purpose may be expressed by adverbs, nouns, and by the infinitive (often with the conjunction что́бы). The prepositions used with nouns are: in the genitive case для, ра́ди; accusative case на, в;

Example:

С. предложи́л испо́льзовать для таки́х целе́й радиоизлуче́ния со́лнца.	S. proposed the use of solar radio radiation for such purposes.

§ 385. Adverbial modifiers of purpose may either precede or follow the predicate they qualify.

When expressed by an infinitive, the adverbial modifiers of purpose generally follow the predicate they qualify.

Example:

Ме́тод слепко́в употребля́ется для иссле́дования про́филей пове́рхностей.	The replica method is used for examining surface profiles.

Exercise 138. Translate into English and name the adverbial modifiers of purpose in each of the following sentences.

Э́тот аппара́т употребля́ется для уче́бных целе́й. Приближённое реше́ние дано́ для понима́ния сло́жной конфигура́ции электро́нов. Он

13*

поéхал в Еврóпу продолжáть своё образовáние. Этот поляризáтор употребляется для регулирóвки свéта в микроскóпе. Н. употребля́л экспериментáльную лáмпу для измерéния сублимациóнных свóйств катóдов и сплáвов. ни́келя. А. пóльзовался волновóдом для литья́ под давлéнием. Для наблюдéния былá разрабóтана специáльная чувстви́тельная аппаратýра. Для достижéния лёгкой реализýемости иногдá мóжет потрéбоваться введéние дополни́тельных мнóжителей.

§ 386. Adverbial modifiers of condition denote the condition of the action expressed by the predicate they qualify. They answer the questions: при какóм услóвии? on what condition? в какóм слýчае? in the event of what?

§ 387. Adverbial modifiers of condition may be expressed by verbal adverbs and nouns. The prepositions used with nouns are: in the dative case вопреки́; accusative case несмотря́ на, невзирáя на; prepositional case при. The genitive case is used with the combination of words: в слýчае.

Example:

Г. употребля́л изотóпы при изучéнии звукохими́ческого образовáния пéрекиси водорóда.

H. used isotopes in the study of the sonochemical formation of hydrogen peroxide.

§ 388. Adverbial modifiers of condition may either precede or follow the predicate they qualify.

Example:

О. получи́л эти экспериментáльные результáты при больши́х скоростя́х истечéния.

O. obtained these experimental data at large efflux speeds.

Exercise 139. Translate into English and name the adverbial modifiers of condition in each of the following sentences.

Соглáсие с эксперимéнтом получáется при вы́боре áльфа-части́чной структýры ядрá. При изотерми́ческом превращéнии твёрдость сплáва минимáльна при 700°. При уменьшéнии температýры твёрдость сплáва увеличи́вается. При старéнии сплáва максимáльная твёрдость получáется при 300°. Эти сплáвы обнарýживают уменьшéние твёрдости при всех услóвиях испытáния.

Vocabulary for Exercises 134–139

болéзнь   illness
бы́стро   rapidly
вблизи́   near
введéние   introduction
вéчер   evening
включáть   to switch on
внéшний   external
вну́тренний   internal
водорóд   hydrogen
вóздух   air
вокру́г   around
волнá   wave
волновóд   waveguide
врéмя   time
вчерá   yesterday
вы́бор   choice
высóкий   high
вя́зкость   viscosity
давлéние   pressure
дéлать   to make
дли́телный   prolonged
дополни́тельный   additional
достижéние   achievement
зави́симость   dependence
заключéние   inclusion
заня́тие   occupation
заседáние   conference
земля́   earth
зернó   grain
значи́тельный   considerable
излучéние   radiation
измеря́ть   to measure
имéть   to have
иногдá   sometimes
иску́ственный   artificial
испытáние   test
исслéдовать   investigate
истóчник   source

кáждый   every
каникулы   vacation
колебáние   oscillation
коли́чество   amount
кривáя   curve
лáмпа   tube
лёгкий   light
лет   years
литьё   casting
лову́шка   trap
луч   ray
меня́ть   to change
мнóгие   many
мнóжитель   factor
мóре   sea
наблюдáть   to observe
наблюдéние   observation
напряжéние   voltage
насыщéние   saturation
находи́ться   to be found
начинáть   to start
недостáток   defect
никакóй   none
обéд   dinner
óбласть   region
облучéние   radiation
обнару́жить   to discover
образéц   specimen
образовáние   formation
óколо   near, about
определéние   determination
определя́ть   to determine
óтдых   relaxation
отклонéние   deviation
отражéние   reflection
отсу́тствие   absence
оттáлкивать   to repel
перевóд   translation

переломлéние refraction
плёнка film
поéхать to depart
пойти́ to go
получáть to receive
по́льзоваться to use
по́мощь help
пони́женный lowered
понимáть to understand
по́сле after
постепéнный gradual
потрéбовать to demand
появлéние appearance
превращéние transformation
предпочитáть to prefer
приближённый approximate
прису́тствие presence
причи́на cause, reason
продолжáть to continue
производи́ть to carry out
происходи́ть to occur
промежу́ток interval
проходи́ть to pass
рабóтать to work
радиоволнá radio wave
разрабóтать to develop
рáнний early
распространя́ть to spread
рассéянность dispersion
решéние solution
рост growth
свет light
свóйство property
связáть to connect
сдвиг displacement
сдéлать to make
слóжный complex

соглáсие agreement
сопроти́вление resistance
состáв composition
состоя́ние state
сплав alloy
старéние aging
старéть to grow old
сущéственный essential
твёрдость hardness
теплообмéн heat exchange
тéсно closely
три́дцать thirty
увеличéние increase
увели́чивать to increase
у́гол angle
удвóенный doubled
ультразву́к ultrasound
уменьшáть to decrease
уменьшéние decrease
употребля́ть to use
упражнéние exercise
у́ровень level
урóк lesson
ускоря́ть to accelerate
услóвие condition
учáсток section
учéбный educational
учи́тель teacher
хорошó well
цель goal
части́ца particle
читáть to read
член member, term
чувстви́тельность sensitivity
явля́ться to appear
ядрó nucleus

Exercise 140. Translate into English and name the adverbial modifiers in each of the following sentences.

... получа́ются я́дерные ра́диусы согла́сно рассе́янию нейтро́нов ни́з-ких эне́ргий. ... е́сли сообщи́ть величина́м x и y весьма́ ма́лые при-раще́ния. Вы́полнено в соотве́тствии с приве́денным расчётом. ... на-пра́вим ось I вдоль гексагона́льной оси́. ... пригото́влено согла́сно при́нципу формо́вки для кре́мневых то́чечно-конта́ктных полупро-воднико́вых трио́дов. Мо́жно тепе́рь проводи́ть интегри́рование ... Это реализу́ется благодаря́ чи́сто акти́вной нагру́зке. Это подтвержд-да́ет тео́рию тропосфе́рного распростране́ния волн вблизи́ горизо́нта и за его́ преде́лами. Несмотря́ на большу́ю величину́ конста́нта свя́зи о́пыты бы́ли воспроизводи́мы. ... бы́ло предста́влено в ви́де ря́да Фурье́ дисперсио́нных характери́стик кру́глых волново́дов. Эти резуль-та́ты бы́ли полу́чены в отли́чие от фо́рмулы (4). ... благодаря́ чему́ мо́жно привести́ зада́чу к тре́буемой фо́рме. Этот прибо́р слу́жит для контро́ля счётчиков электри́ческой эне́ргии. Таки́е да́нные бы́ли полу́-чены при протека́нии пе́рвого проце́сса. Корреля́ция фото́нов во вре́-мени показа́ла ... Колеба́ния прохо́дят из фикси́рованного уча́стка иссле́дуемого спе́ктра. Вибра́тор нахо́дится в по́ле постоя́нного ма-гни́та. Несмотря́ на то что э́то опра́вдывает зави́симость величины́ ... Достиже́ние компенса́ции отмеча́ется с по́мощью синхро́нного дете́к-тора. На рису́нке предста́влена зави́симость сопротивле́ния запо́рного сло́я фотоэлеме́нта от прило́женного запо́рного напряже́ния. Для того́ что́бы определи́ть диэлектри́ческую проница́емость с бо́льшей то́ч-ностью на́до по́льзоваться други́м прибо́ром. Рассмо́трим тепе́рь, в како́й сте́пени ... Произведено́ распыле́ние электро́дов в тле́ющем высокочасто́тном разря́де. Несмотря́ на пониже́ние температу́ры эффе́кт сохраня́ется ... Ма́ссы и и́мпульсы заряжённых части́ц опре-деля́лись по да́нным измере́ний многокра́тного рассе́яния в про-па́новой пузырько́вой ка́мере. Этот аппара́т предназна́чен для опре-деле́ния вя́зкости. Это ви́дно из гра́фиков для пересчёта коэффицие́нта стоя́чей волны́.

Vocabulary for Exercise 140

благодаря́ owing to	ви́дно apparently
большо́й large	волна́ wave
вблизи́ near	волново́д waveguide
вдоль along	воспроизводи́ть to reproduce
величина́ quantity	вре́мя time
весьма́ greatly	вы́полнить to fulfil
вид view	высокочасто́тный high frequency

вя́зкость   viscosity
гра́фик   graph, diagram
да́нные   data
достиже́ние   achievement
друго́й   other
е́сли   if
зави́симость   dependence
зада́ча   problem
запо́рный   blocking
заряжа́ть   to charge
измере́ние   measurement
иссле́довать   to investigate
како́й   which
колеба́ние   oscillation
кре́мний   silicon
кру́глый   round
ма́лый   small
многокра́тный   multiple
мо́жно   it is possible
нагру́зка   loading
на́до   it is necessary
направля́ть   to direct
напряже́ние   voltage
находи́ть   to find
несмотря́ на то что   in spite of
ни́зкий   low
оправда́ть   to justify
определи́ть   to determine
определя́ть   to determine
о́пыт   experiment
ось   axis
отли́чие   difference
отмеча́ть   to note
пе́рвый   first
пересчи́тывать   to count again
подтвержда́ть   to confirm
показа́ть   to show
по́ле   field

полупроводни́к   semiconductor
получа́ть   to receive
получи́ть   to receive
по́льзоваться   to use
по́мощь   help
пониже́ние   lowering
постоя́нный   constant
преде́л   limit
предста́вить   to present
прибо́р   apparatus
привести́   to lead
пригото́вить   to prepare
приложи́ть   to add
прираще́ние   increment
проводи́ть   to conduct
производи́ть   to carry out
проница́емость   permeability
протека́ть   to flow through
проходи́ть   to pass
пузы́рь   bubble
разря́д   discharge
распростране́ние   propagation
рассе́яние   scattering
рассмотре́ть   to examine
расчёт   calculation
рису́нок   figure
ряд   series
связь   bond, correlation
слой   layer
служи́ть   to serve
согла́сно   according to
сообщи́ть   to report
соотве́тствие   correspondence
в соотве́тствии   in accordance
сопротивле́ние   resistance
сохраня́ть   to retain
сте́пень   degree
стоя́чий   standing
счётчик   meter

такóй such

тепéрь now

тлеть to smoulder

тóчечный point (attr.)

тóчность accuracy

трéбовать to demand

учáсток section

формóвка molding

частúца particle

чúсто neatly

чтóбы in order (to, that)

я́дерный nuclear

Chapter 20

Compound sentences

§ 389. A compound sentence consists of coordinative clauses which are used with or without coordinative conjunctions. The types of coordinative conjunctions used to join the clauses are as follows (§ 390–§ 392).

§ 390. Copulative conjunctions are used to denote simultaneity or succession of events or phenomena. The conjunctions are: и, да (in the meaning of и), ни … ни, не то́лько …, но и.

Example:

Э́та фу́нкция зави́сит от x не то́лько я́вно, но и че́рез y.

This function not only depends on x explicitly but also throughout y.

§ 391. Adversative conjunctions denote events, phenomena, or concepts which oppose each other. The conjunctions are: а, но, да (in the meaning of но), одна́ко, зато́, же.

Параболо́идная анте́нна мо́жет употребля́ться для радиоастроно́мии, одна́ко сравни́мая двухэлеме́нтная анте́нна в 10 раз бо́лее дешёва.

A paraboloidal reflector can be used for radio astronomy, however, a comparable two unit antenna costs 10% of the dish.

§ 392. Disjunctive conjunctions denote successive alternation or change of events or phenomena. The conjunctions are:

| то – то | и́ли, иль | ли́бо |
| ли – ли | не то – не то | ли́бо – ли́бо |

Example:

Э́то мо́жет быть свя́зано ли́бо с нали́чием потенциа́льного барье́ра, ли́бо с каки́ми – нибу́дь осо́бенностями.

This may be related to either the presence of a potential barrier or to some peculiarities.

Exercise 141. Translate into English and point out the coordinative clauses in each of the following sentences.

Даю́тся эксперимента́льные да́нные по крити́ческим ма́ссам 12 разли́чных реа́кторов и приво́дится сравне́ние результа́тов расчётов простра́нственного распределе́ния относи́тельной интенси́вности деле́ния с о́пытными да́нными для ря́да реа́кторов и сравне́ние эксперимента́льно наблюда́емого и вы́численного спе́ктров нейтро́нов в це́нтре акти́вной зо́ны реа́ктора. Автор счита́ет оши́бочным но́вое выраже́ние для энтропи́и, содержа́щееся в э́той рабо́те, и пока́зывает, что о́бщее выраже́ние для энтропи́и (7). При определённых отступле́ниях от стро́гой фокусиро́вки получа́ется небольшо́е ухудше́ние разреше́ния, но суще́ственно сокраща́ется экспози́ция. Кривы́е интенси́вности рассе́яния для нафтали́на (порошка́ и жи́дкости) схо́дны, но дифракцио́нные ма́ксимумы не́сколько сдви́нуты в сто́рону ме́ньших угло́в α. Это согласу́ется с результа́тами полу́ченными М. и др., но не согласу́ется с бо́лее ра́нними результа́тами други́х иссле́дователей. Приве́дены значе́ния по́лной си́лы диполя для перехо́дов ме́жду основно́й конфигура́цией а́тома Не и возбуждёнными конфигура́циями, а та́кже возбуждённых конфигура́ций ме́жду собо́й. При э́том оди́н электро́н на а́том опеспе́чивает гомеополя́рную связь па́ры а́томов, друго́й занима́ет свобо́дную ненасы́щенную вале́нтность, а тре́тий электро́н принадлежи́т широ́кой, наполови́ну запо́лненной полосе́, обеспе́чивающей электропрово́дность. При всех температу́рах спека́ния наблюда́ется прогресси́вное уменьше́ние о́бщего числа́ пор, а их фо́рма изменя́ется от весьма́ сло́жной до сфериода́льной. Распределе́ние при́меси изуча́лось и́ли путём измере́ния акти́вности образцо́в, взя́тых из разли́чных уча́стков слитка́, и́ли ме́тодом оста́точного сопротивле́ния. Ско́рость ро́ста при рекристаллиза́ции зави́сит при ра́вных усло́виях не то́лько от чи́сто кристаллографи́ческих соотноше́ний ориентиро́вок, но и от положе́ния направле́ния растяже́ния при предыду́щей деформа́ции.

Vocabulary for Exercise 141

весьма́ greatly	дать to give
взять to take	деле́ние division, fission
возбужда́ть to excite	друго́й another
выраже́ние expression	жи́дкость liquid
вы́числить to calculate	зави́симость dependence
да́нные data	занима́ть to occupy

заполнить to fill
значе́ние meaning
изменя́ть to change
изме́рить to measure
изуча́ть to study
иссле́довать to investigate
крива́я curve
ме́ньший smaller
наблюда́ть to observe
наполови́ну half
направле́ние direction
насыща́ть to saturate
небольшо́й not great
не́сколько several
но́вый new
обеспе́чивать to ensure
образе́ц specimen
о́бщий general
определённый definite
основно́й basic
оста́точный residual
относи́тельный relative
отступле́ние deviation
оши́бочный erroneous
перехо́д transition
пока́зывать to show
по́лный full
положе́ние position
полоса́ band
получи́ть to receive
порошо́к powder
предыду́щий previous
приводи́ть to lead
при́месь impurity
принадле́жность belonging
простра́нство space
путём by means of
рабо́та work
ра́вный equal

различа́ть to distinguish
разреше́ние permission, resolution
ра́нний early
распределе́ние distribution
рассе́яние dispersion
растяже́ние tension
расчёт calculation
рост growth
ряд series
свобо́дный free
связь bond
сдви́нуть to move
си́ла force
ско́рость velocity
сли́ток ingot
сло́жный complex
согласова́ть to coordinate
содержа́ть to contain
сокраща́ть to shorten
соотноше́ние ratio
сопротивле́ние resistance
спека́ние sintering
сравне́ние comparison
сторона́ side
стро́гий strict
суще́ственно essentially
схо́ден similar
счита́ть to consider
у́гол angle
уменьше́ние decrease
усло́вие condition
ухудше́ние deterioration
уча́сток section
число́ number
чи́сто clearly, purely
широ́кий wide
электропрово́дность electrical
   conductivity

Chapter 21

The complex sentence: Attributive clause

§ 393. A complex sentence consists of a principal clause and subordinate clauses. The subordinate clauses can be divided into the following groups: (1) Attributive clauses (Chapter 21); (2) Object clauses (Chapter 22); (3) Adverbial clauses (Chapter 23).

§ 394. An attributive clause qualifies a noun or pronoun in the principal clause. Attributive clauses are joined to the principal clause by means of conjunctive words: кото́рый which, како́й such ... as, что what, отку́да where from, где where, когда́ when, чей whose, куда́ where to.

Example:

В друго́м преде́льном слу́чае, когда́ расстоя́ние ме́жду то́ками стреми́тся к нулю́, испо́льзован- ный ме́тод реше́ния, вообще́ говоря́, стано́вится непригодным.	In the other limiting case, when the distance between the points tends to zero, the method of solution used becomes, generally speaking, unsuitable.

§ 395. The conjunctive words кото́рый, како́й agree in gender and number with the qualified noun in the principal clause. They can be used with or without prepositions.

Examples:

В фо́рмулы (4) и (5) вхо́дит веще́ственная величина́, кото́рая определя́ется интегра́лом в ком- пле́ксной пло́скости.	In the formulae (4) and (5) there occurs the real quantity which is determined by the integral in the plane of the complex variable.
Просте́йшим кла́ссом нестацио- на́рных сигна́лов явля́ются ква- зистациона́рные (в широ́ком смы́- сло) сигна́лы, кото́рые характери- зу́ются тем, что их фу́нкция кор- реля́ции во вре́мени (6).	The simplest class of non-stationary (in the wider зense) signals, which are characterized by the fact that their time correlation function is (6).

§ 396. When the conjunctive words который, какой have the function of a noun in the subordinate clause they are placed at the beginning of the clause. When they have the function of a secondary part qualifying a noun or adjective they generally follow the qualified words.

Example:

Поэтому появляется необходимость введения энергетической характеристики, которая описывала бы сигналы одновременно в терминах частоты и времени.

Therefore the necessity arises of introducing energetical characteristics for the description of signals in terms of frequency and time simultaneously.

§ 397. The conjunctive word что is used without a preposition and only in the nominative or accusative case:

предпринятые эксперименты показали температурную зависимость, что видно по кривым рис. 5.

Experiments that we have undertaken show the temperature dependence which is evident from curves in Fig. 5.

§ 398. Attributive clauses which begin with который, какой, где, куда, откуда, когда either follow or are placed within the principal clause.

Examples:

Следуя современной терминологии, называем фотодиодный режим твёрдого фотоэлемента, когда к нему приложено внешнее напряжение.

Following current terminology we term photodiode the operation of a solid state photocell when an external voltage is applied to it.

Значения x, при которых вычисляются графики, представлены на рис. 2.

The values of x for which the graphs are calculated are plotted in Fig. 2.

Exercise 142. Translate into English and name the attributive clauses in each of the following sentences.

Эта функция имеет два нуля и полюс в точке А, где частота внешнего поля совпадает с собственной частотой колебаний плазмы. Е является суперпозицией собственных волн, волновые числа которых удовлетворяют дисперсионному уравнению (5). Усреднённая функция ослабления совпадает с точечной только в том спирале, когда величинами (4) можно пренебречь. Однако наиболее перспективно применение того спо́соба в тех цепя́х, где незначи́тельные колеба́ния ёмкости не влия́ют на рабо́ту схе́мы. Пе́рвое приближе́ние состои́т в заме́не и́стинного выраже́ния приближённым (6), отку́да получа́ем (7). Воспо́льзуемся цилиндри́ческой систе́мой координа́т, ось кото́рой (2) совпада́ет с о́сью проводника́. Полага́я (8) запи́шем уравне́ние изокли́ны в ви́де (9), отку́да полу́чим уравне́ние двух ветве́й изокли́ны в я́вном ви́де (10). Мы приведём форма́льное реше́ние э́той зада́чи для проводо́в, сече́ние кото́рых име́ет две о́си симметри́и. Вполне́ мы́слимо та́кже сле́дующее явле́ние, кото́рое приводи́ло бы к аналоги́чному эффе́кту. Должно́ быть вы́брано тако́е разбие́ние, кото́рое обеспе́чило бы высо́кий результи́рующий постоя́нный мно́житель. Иссле́дование не́которых кла́ссов случа́йных фу́нкций, кото́рые целесообра́зно применя́ть для представле́ния физи́ческих сигна́лов. К числу́ гла́вных зада́ч, кото́рые при э́том рассма́триваются, отно́сятся сле́дующие. Учи́тывая (3) полу́чим сле́дующее выраже́ние для интегра́ла, в кото́рое не вхо́дит втора́я произво́дная.

Vocabulary for Exercise 142

величина́ quantity
ветвь branch
вид view
влия́ть to influence
вне́шний external
волна́ wave
воспо́льзоваться to avail oneself
вполне́ completely
второ́й second
входи́ть to enter
вы́брать to select
выраже́ние expression
высо́кий high
гла́вный chief
ёмкость capacitance
зада́ча problem
заме́на substitution
записа́ть to write dow
име́ть to have
иссле́дование investigation
и́стинный true

колеба́ние oscillation
мно́житель factor
мы́слимый conceivable
наибо́лее most
незначи́тельный insignificant
не́который some
обеспе́чить to ensure
одна́ко however
ослабле́ние attenuation
ось axis
отку́да there from
относи́ть to attribute
полага́ть to suppose
по́ле field
получа́ть to receive
постоя́нный constant
представле́ние presentation
пренебре́чь to neglect
приближе́ние approximation
приближённый approximate
приводи́ть to lead

применéние application
применя́ть to apply
про́вод wire
проводни́к conductor
производ́ная derivative
рабо́та work
разбива́ть to break up, to separate
рассма́тривать to examine
решéние solution
сечéние cross section
слéдующий following
случа́йный accidental
со́бственный intrinsic
совпада́ть to coincide
состоя́ть to consist
спо́соб method

схéма diagram
та́кже also
то́лько only
то́чечный point (attr.)
то́чка point
удовлетворя́ть to satisfy
уравнéние equation
усреднéние averaging
учи́тывать to take into consideration
целесообра́зный expedient
цель goal
частота́ frequency
число́ number
явлéние phenomenon
явля́ться to appear
я́вный explicit

Chapter 22

The complex sentence: Object clauses

§ 399. Object clauses qualify the predicate in the principal clause and answer the same questions as the objects in a simple sentence.

§ 400. Object clauses are joined to the principal clause by the following conjunctions and conjunctive words:

кто who,   что what,   где where,   куда́ where to,
как as,   что́бы in order,   сло́вно as if,   бу́дто as if,
как бу́дто as if,   бу́дто бы as if,   как бу́дто бы as if.

Examples:

По́сле откры́тия радиозвёзд вы́-яснилось, что для не́которых целе́й они́ ещё бо́лее приго́дны чем со́лнце.
After the discovery of radio stars it became clear that they were still more suitable for certain purposes than the sun.

Поступа́я аналоги́чно тому́, как э́то ука́зано вы́ше ...
Proceeding similar to the above case ...

§ 401. Object clauses generally follow or are placed within the principal clause. When an object clause qualifies a verbal adverb preceding a predicate in the principal clause it follows the verbal adverb.

Examples:

В настоя́щей рабо́те в дальне́йшем бу́дем предполага́ть, что выпол-ня́ется соотноше́ние (3).
In the present work we shall assume further that the relationship (3) is satisfied.

Э́то говори́т о том, что с увели-че́нием глубины́ вулканиза́ции увели́чивается температу́ра стек-лова́ния.
This means that with an increase in the degree of vulcanization, the crystallization temperature is in-creased.

§ 402. Кто and что in the object clause often accompany the pronouns тот, та, то, те in the principal clause.

Example:

Это свиде́тельствует о том, что припа́йка конта́ктов была́ осуществлена́ вполне́ надёжно и не дава́ла како́го ли́бо выпрямля́ющего эффе́кта.	This indicates that the soldered contacts were well made and produced no rectifying effect.

Exercise 143. Translate into English and name the object clauses in each of the following sentences.

С то́чки зре́ния энергети́ческих свойств нестациона́рные сигна́лы отлича́ются тем, что их мгнове́нная мо́щность, в противополо́жность стациона́рному слу́чаю, изменя́ется во вре́мени. Это разли́чие свя́зано с тем, что в сла́бых поля́х электро́нная теплопрово́дность с то́чностью до чле́нов второ́го поря́дка ма́лости остаётся неизме́нной. При большо́м Ф, когда́ x ра́вен едини́це, структу́ра выраже́ния (7) та же, что и (4), то́лько значе́ние x бу́дет ины́м. Бу́дем име́ть, (2) где Д-вероя́тность того́, что то́чка, соотве́тствующая $x = T$ попада́ет вобласть С. Приближе́ние, кото́рое мы назовём бо́рновским состои́т в том, что мы в уравне́нии (5) заменя́ем x на x_a. Тогда́ меня́ется эффекти́вное положе́ние це́нтра тя́жести излуче́ния, что та́кже мо́жет быть истолко́вано, как нерегуля́рность рефра́кции. Этот эффе́кт объясня́ется тем, что с увеличе́нием глубины́ вулканиза́ции растёт коли́чество поля́рных мо́стиков. Это подтвержда́ется и тем, что в ча́стных слу́чаях то́чное вычисле́ние интегра́лов (7) не приво́дит к бесконе́чностям. Вероя́тность того́, что то́чка С попада́ет в о́бласть В бу́дет (4). Это приво́дит к тому́, что сре́дняя частота́ автогенера́тора не совпада́ет с частото́й синхронизу́ющего возде́йствия. Прису́тствие чле́на x проявля́ется в том, что наибо́лее вероя́тное значе́ние амплиту́ды сдвига́ется на величину́ поря́дка ... В о́бщем слу́чае спектр мгнове́нной мо́щности нестациона́рных сигна́лов бу́дет компле́ксным; математи́чески это свя́зано с тем, что при да́нном T фу́нкция корреля́ции во вре́мени не явля́ется чётной фу́нкцией T. Под Ф подразумева́ется вероя́тность того́, что то́чка, соотве́тствующая колеба́нию (6), попада́ет в о́бласть С. А́вторы предполага́ют, что э́ти системати́ческие оши́бки мо́гут объясни́ть расхожде́ния в результа́тах, наблюда́емых у разли́чных а́второв.
Это и есть то, что мы называ́ем скачко́м фа́зы на пери́од.

Vocabulary for Exercise 143

бесконе́чность infinity	величина́ quantity
большо́й large	вероя́тность probability

вероя́тный probable
возде́йствие action
вре́мя time
выраже́ние expression
вычисле́ние calculation
глубина́ depth
да́нный given
едини́ца unit
заменя́ть to replace
значе́ние value
зре́ние vision
излуче́ние radiation
изменя́ть to change
име́ть to have
истолкова́ть to interpret
когда́ when
колеба́ние oscillation
коли́чество amount
ма́лость smallness
мгнове́нный instantaneous
меня́ть to change
мо́стик bridge
мо́щность power
наблюда́ть to observe
называ́ть to name
наибо́лее most
неизме́нный unchanged
о́бласть region
о́бщий general
объясни́ть to explain
объясня́ть to explain
остава́ться to remain
отлича́ться to be distinguished
оши́бка error
подразумева́ть to imply
подтвержда́ть to confirm
по́ле field
положе́ние position
попада́ть to hit

поря́док order
предполага́ть to suppose
приближе́ние approximation
прису́тствие presence
проводи́ть to conduct
противополо́жность contrast
проявля́ться to become apparent
ра́вен equal
разли́чие difference
разли́чный different
расти́ to grow
расхожде́ние divergence
сво́йство property
связа́ть to connect
сдвига́ть to move
скачо́к jump
сла́бый weak
слу́чай case
совпада́ть to coincide
соотве́тствовать to correspond
состоя́ть to consist
сре́дний average
та́кже also
теплопрово́дность heat conductivity
тогда́ then
то́лько only
то́чка point
то́чность accuracy
то́чный accurate
тя́жесть weight, gravity
увеличе́ние increase
уравне́ние equation
ча́стный particular
частота́ frequency
чётный even
член member, term
явля́ться to appear

Chapter 23

The complex sentence: Adverbial clauses

§ 403. Adverbial clauses can be classified as follows:

(1) Adverbial clauses of time (§ 404–§ 405)
(2) Adverbial clauses of place (§ 401–§ 407)
(3) Adverbial clauses of manner (§ 408)
(4) Adverbial clauses of comparison (§ 409–§ 410)
(5) Adverbial clauses of cause (§ 411–§ 413)
(6) Adverbial clauses of condition (§ 414–§ 415)
(7) Adverbial clauses of result (§ 416–§ 418)
(8) Adverbial clauses of concession (§ 419–§ 420)

§ 404. Adverbial clauses of time may be joined to the principal clause by the following conjunctions and conjunctive words:

когда́ when, едва́ hardly, как то́лько as soon as,
лишь as soon as, лишь то́лько as soon as, пока́ while, till,
пока́…не until, то́лько что just now.

§ 405. Conjunctions and conjunctive words in the subordinate clause may go with adverbs in the principal clause as follows:

Subordinate clause	Principal clause
когда́	тогда́
едва́	как
как то́лько	так
пока́	до тех пор

Example:

Пове́рхностная волна́, иссле́дованная Зо́ммерфельдом, возбужда́ется тогда́, когда́ проводни́к облада́ет коне́чной проводи́мостью.	The surface wave investigated by Sommerfeld undergoes excitation when the conductor possesses finite conductivity.

(For vocabulary for Exercises 144–151, see pp. 229–232.)

Exercise 144. Translate into English and name the adverbial clauses of time in each of the following sentences.

Такой приёмник может быть назван «энергетическим» поскольку он должен отмечать наличие сигнала тогда и только тогда, когда энергия приходящего колебания $x(t)$ будет больше энергии, соответствующей радиусу шара. Расчётные формулы прочности, приведенные выше, верны до тех пор, пока разрыв в закалённых стёклах начинается с краёв или с поверхности, но не с объёма. Уравнение (8) справедливо до тех пор, пока время взаимодействия системы с излучением, бесконечно велико.

§ 406. Adverbial clauses of place are joined to the principal clause by means of the conjunctive words: где   where,   куда   where to, откуда   from where, whence.

Example:

... отклонявшегося в сторону, противоположно той, куда отклонялись отрицательные ионы.

... deflected toward the side lying opposite to that toward which the negative ions were deflected.

§ 407. The conjunctive words in the subordinate clause may accompany the following adverbs in the principal clause: там   there, туда   there,   оттуда   from where,   везде   everywhere.

Example:

Студенты пошли туда, куда им советовали учителя.

The students went there, where their teachers advised them.

§ 408. Adverbial clauses of place may either precede or follow the principal clause.

Exercise 145. Translate into English and name the adverbial clauses of place in each of the following sentences.

Они учились там, где кроме студентов никто не живёт. Он учится там, где принимают только самих лучших студентов. Он поехал туда, куда едет много туристов. Он не поехал туда, откуда мы приехали. Там, где жил Толстой, теперь имеется музей. Он уехал, но не туда, откуда он приехал. Он поехал туда, где имеется очень хороший университет.

§ 409. Adverbial clauses of manner are joined to the principal clause by the conjunction как as.

Example:

При таки́х усло́виях, как мо́жно ви́деть из дальне́йшего, получа́ется антизапо́рный слой.

Under such conditions, as may be seen below, an antiblocking layer is formed.

§ 410. The conjunction как in the subordinate clause frequently accompanies the adverb так in the principal clause.

Он синтези́рует так, как бы́ло уже́ опи́сано в нача́ле э́той статьи́.

He synthesizes in the way we have already described at the beginning of this article.

Exercise 146. Translate into English and name the adverbial clauses of manner in each of the following sentences.

В заключе́ние обсужда́ется вопро́с о том, как изме́нятся дисперсио́нные соотноше́ния в слу́чае наруше́ния причи́нности. Напряже́ние приложен-ное к криста́ллу, поднима́ется так, как предска́зано тео́рией.

... возвраща́ется на него́ так как бу́дто она́ привя́зана. Он получа́ет всё так, как э́то име́ет ме́сто во все́х упомя́нутых рабо́тах. Ме́дленные во́лны, как уже́ упомина́лось, мо́гут быть как усто́йчивыми, так и неусто́йчивыми.

§ 411. Adverbial clauses of comparison are joined to the principal clause by means of conjunctions and conjunctive words:

как as,	что that,	что́бы that,	как бы as if,
бу́дто as if,	как бу́дто as if,	то́чно as though,	
сло́вно as if,	подо́бно тому́, как just as,	тогда́ как whereas,	
в то вре́мя, как while,	по ме́ре того, как as,	чем-тем	
the...the,	наско́лько – насто́лько as much as,	поско́льку	
so long as.			

Example:

Мо́жно сде́лать вы́вод что э́ти величи́ны па́дают тем ре́зче чем вы́ше нача́льная Ф.

A conclusion may be made that these values decrease most strongly for the highest initial Ф.

§ 412. The conjunctions in the adverbial clause of comparison frequently accompany the demonstrative words так, подо́бно тому́ in the principal clause.

Example:

Расчёт произве́ден подо́бно тому́ как изло́жено вы́ше.

The calculation was performed as set out in the foregoing.

Exercise 147. Translate into English and name the adverbial clauses of comparison in each of the following sentences.

Легко́ заме́тить, что в пе́рвом, так и во второ́м слу́чае происхо́дит поглоще́ние эне́ргии в резона́нсной о́бласти. Доказа́тельство произво́дится таки́м же спо́собом, как и доказа́тельство теоре́мы II. Чем бо́льше ширина́ ще́ли, выпуска́ющей ио́ны в электри́ческое по́ле тем бо́лее отчётливо проявля́ется преиму́щество ра́зностного по́ля пе́ред цилиндри́ческим. Чем ме́ньше Ф, тем вы́ше прохо́дит э́та пряма́я и тем праве́е смеща́ются то́чки пересече́ния, определя́ющие реше́ния уравне́ний. Мы не мо́жем быть уве́рены в э́тих оце́нках, в то вре́мя как зна́ние всех переме́нных позволя́ет созна́тельно подходи́ть к вопро́су о приго́дности. Мо́жно счита́ть что он образу́ет как бы «катки́» по кото́рым и перемеща́ется пограни́чный слой.

§ 413. Adverbial clauses of cause are joined to the principal clause by means of the conjunctions: потому́ что because, оттого́ что because, благодаря́ тому́, что due to, thanks to, owing to, ввиду́ того́ что in view of, owing to the fact that, так как as, и́бо for, всле́дствие того́ что in consequence of, в си́лу того́ что in consequence of, в связи́ с тем что in connection with, тем бо́лее что especially as.

Example:

На расчёте диа́метров отве́рстия свя́зи подро́бно остана́вливаться нецелесообра́зно, так как после́дний мо́жет быть произве́ден в соотве́тствии с рекоменда́циями име́ющимися, наприме́р в (7).	It is not necessary to deal with the calculation of the diameters of the coupling holes, as this may be carried out according to the recommendations of, for example, (7).

§ 414. Adverbial clauses of cause introduced by the conjunctions потому́ что, и́бо, тем бо́лее что always follow the principal clause.

Example:

Поэ́тому в при́нципе мо́жно бы́ло бы предста́вить тако́й механи́зм, кото́рый создава́л бы на ра́зных волна́х разли́чные «ви́димые» колеба́ния о́бласти радиоизлуче́ния, тем бо́лее, что ориентиро́вочные расчёты показа́ли, что в э́тих слу́чаях радиопятно́ должно́ бы́ло бы изменя́ть координа́ты.

Therefore it could then be possible in principle to conceive of such a mechanism as would give on various wavelengths various "apparent" oscillations of the region of radio radiation, all the more since rough calculations showed that in these conditions the radio spot would change its coordinates.

§ 415. Adverbial clauses of cause with the conjunctions оттого́ что, так как, ввиду́ того́ что   may either precede or follow the principal clause.

Example:

Ввиду́ того́ что э́тот ме́тод приво́дит к образова́нию побо́чных проду́ктов мы иссле́довали други́е ме́тоды.	In view of the fact that this method leads to the formation of by-products we have studied other methods.

Exercise 148. Translate into English and name the adverbial clauses of cause in each of the following sentences.

Это происхо́дит благодаря́ тому́, что составля́ющая *x* нахо́дится в горизонта́льном положе́нии. В рабо́те К. пока́зана целесообра́зность испо́льзования неоднор́одных электростати́ческих и неоднор́одных магни́тных поле́й ра́зностного ти́па ввиду́ того́, что они́, облада́я хоро́шей фокусиро́вкой, име́ют диспе́рсию поле́й, обы́чно применя́емых в спектроско́пии пучко́в заряжённых части́ц. Так как κ_0 ме́ньше Ф, то реше́ние уравне́ния (5) име́ет вид (8). Полу́ченные электро́нные рефра́кции в при́нципе с одина́ковым успе́хом могли́ бы быть объясне́ны нали́чием неоднор́одностей в ионосфе́ре и́ли колеба́ниями положе́ния лока́льного исто́чника радиоизлуче́ния на со́лнце всле́дствие колеба́ний рефра́кций в со́лнечной коро́не.

§ 416. Adverbial clauses of condition are joined to the principal clause by conjunctions е́сли   if,   е́сли бы   if,   когда́   (in the meaning of е́сли).

Example:

Справедли́вость э́того соотноше́ния мо́жет быть устано́влена, е́сли перейти́ к Фурье́ компоне́нтам.	The validity of this relationship can be ascertained by going to Fourier components.

§ 417. When the adverbial clause of condition precedes the principal clause the conjunction то is frequently placed at the beginning of the principal clause. Adverbial clauses of condition may also stand within the principal clause.

Examples:

Отме́тим, что е́сли бы мы рассма́тривали трёхме́рную зада́чу, то пара́метром интегра́льного преобразова́ния яви́лось бы выраже́ние (2).	Let us note that if we were considering the three-dimensional problem the integral transform parameter would be in expression (2).
Е́сли на тако́й генера́тор возде́йствует вне́шняя си́ла ви́да (2), то его́ поведе́ние опи́сывается уравне́нием (3).	If an external force of the form (2) acts on such an oscillator, its behavior is described by equation (3).

Exercise 149. Translate into English and name the adverbial clauses of condition in each of the following sentences.

Аналити́ческое выраже́ние для Ф мо́жно получи́ть из (9), е́сли воспо́льзоваться ме́тодом после́довательных приближе́ний. Е́сли Ф-у́гол поворо́та при́змы, то отноше́ние интенси́вностей рассе́яния раство́ра в да́нном направле́нии и первонача́льном (2). Е́сли бы статисти́ческие сво́йства исто́чника сообще́ний характеризова́лись то́лько вероя́тностями появле́ний отде́льных элеме́нтов, то измере́ние энтропи́и не представля́ло бы принципиа́льных затрудне́ний. Е́сли не учи́тывать при э́том отраже́ние волны́, проше́дшей че́рез резона́нсную о́бласть, то спра́ва от то́чки $x = 0$ реше́ние должно́ асимптоти́чески переходи́ть в бегу́щую от резона́нсной о́бласти волну́. В са́мом де́ле, е́сли сигна́л значи́тельно ме́ньше у́ровня случа́йных сил, то лине́йным преобразова́нием сигна́ла и случа́йной си́лы мо́жно пости́гнуть тако́й величины́ Е ...

§ 418. Adverbial clauses of result are joined to the principal clause by the conjunctions так что   so that,   что   that.

Example:

Ана́лиз ря́да кривы́х подо́бного ти́па показа́л, что э́ти нерегуля́рности рефра́кции име́ют, в зави́симости длины́ волны́, приблизи́тельно прямую́ квадрати́чную зави́симость, что позволя́ет утвержда́ть, что э́ти нерегуля́рности в рефра́кции вызыва́ются электро́нами.	Analysis of a number of similar curves carried out showed that these irregularities of refraction had an approximately direct square law dependence on wavelength, which permitted the claim that these irregularities in refraction were produced by electrons.

§ 419. Conjunction что in the adverbial clause of result often accompanies the adverbs так so,　　настолько thus much, in the principal clause.

Example:

Следует заметить, что вычисление максимальной погрешности произведено с «запасом», так что действительная граница возможной погрешности меньше рассчитанной.	It should be noted that calculation of the maximum error is carried out with "reserve", so that the actual, limit of possible error is smaller than calculated.

§ 420. Adverbial clauses of result always follow the principal clause.

Example:

Обзор экспериментальных данных показывает плохую воспроизводимость, так что возникает вопрос о модификации метода.	A review of experimental data indicates poor reproducibility so that a question is raised concerning the modification of the method.

Exercise 150. Translate into English and name the adverbial clauses of result in each of the following sentences.

Показано, что нуклон испытывает отталкивание от центра, так что абсолютное значение потенциальной энергии больше энергии покоя. Показано, что при этом условии амплитуда меняется гораздо быстрее, чем фаза, и при каждом значении фазы будет успевать устанавливаться равновесное распределение по амплитудам. ... так что в одном направлении происходит постепенное накопление ответвляемой энергии, а в другом – довольно эффективное взаимное подавление колебаний, происходящее в конечном диапазоне частот.

§ 421. Adverbial clauses of concession are joined to the principal clause by the conjunctions: хотя though,　　хотя и though, пусть though,　　несмотря на то, что in spite of, невзирая на то, что in spite of.

Example:

Сранение с экспериментальными данными даёт удовлетворительное согласие, несмотря на заметную неточность сделанных допущений.	A comparison with experimental data gives satisfactory agreement in spite of the marked inaccuracy of the advanced assumptions.

§ 422. When an adverbial clause of concession precedes the principal clause, the latter may have such adversative conjunctions as: а, однако, но, да, тем не менее.

Example:

Хотя́ тео́рия по́лностью учи́тывает э́ти явле́ния, тем не ме́нее мно́гие вопро́сы остаю́тся откры́тыми для иссле́дования.	Although the theory completely accounts for these phenomena, nevertheless many problems remain open for investigation.

Exercise 151. Translate into English and name the adverbial clauses of concession in each of the following sentences.

Углово́е распределе́ние интенси́вности оказа́лось одина́ковым, хотя́ абсолю́тная интенси́вность све́та была́ во второ́м слу́чае значи́тельно ме́ньше. Одна́ко э́ти усло́вия, хотя́ и представля́ются дово́льно жёсткими в математи́ческом смы́сле, в су́щности не явля́ются ограниче́ниями с физи́ческой то́чки зре́ния. Хотя́ бы́ло устано́влено что в проце́ссе пробо́я большу́ю роль игра́ет электростати́ческое притяже́ние ме́жду размыка́ющими конта́ктами, мы не могли́ э́того заме́тить на пове́рхности ...

Vocabulary for Exercises 144–151

бегу́щий	travelling	вы́ше	above
бесконе́чный	infinite	гора́здо	much
благодаря́	owing to	да́нный	given
бо́льше	larger	диапазо́н	range
бу́дто	as if	дово́льно	enough
бы́стро	rapidly	доказа́тельство	proof
вели́кий	great	до́лжен	ought (to)
ве́рный	correct	дости́гнуть	to attain
вероя́тность	probability	е́хать	to depart
взаи́мный	mutual	жёсткий	rigid
взаимоде́йствие	interaction	жить	to live
возвраща́ть	to return	закаля́ть	to temper
волна́	wave	заключе́ние	conclusion
вопро́с	question	замени́ть	to replace
воспо́льзоваться	to avail oneself	заме́тить	to note
вре́мя	time	заряжа́ть	to charge
всё	all	затрудне́ние	difficulty
всле́дствие	in consequence	зна́ние	knowledge
выпуска́ть	to let out	значе́ние	value
выраже́ние	expression	значи́тельный	considerable

зре́ние   view
игра́ть   to play
излуче́ние   radiation
изменя́ть   to change
измере́ние   measurement
име́ть   to have
испо́льзовать   to utilize
испы́тывать   to test
исто́чник   source
ка́ждый   every
като́к   roller
когда́   when
колеба́ние   oscillation
коне́чный   final
край   edge
кро́ме   besides
куда́   where
легко́   easily
лу́чший   better
ме́дленный   slow
ме́жду   between
ме́ньше   smaller
меня́ть   to change
ме́сто   place
мно́го   many
называ́ть   to name
накопля́ть   to accumulate
нали́чие   presence
направле́ние   direction
напряже́ние   voltage
наруше́ние   disturbance
находи́ться   to be found
начина́ть   to start
неоднородно́сть   heterogeneity
неоднородный   heterogeneous
неусто́йчивый   unstable
облада́ть   to possess
о́бласть   region
образова́ть   to form

обсужде́ние   discussion
объём   volume
объясня́ть   to explain
обы́чно   usually
ограниче́ние   limitation
одина́ковый   identical
одна́ко   however
оказа́ться   to find oneself
определя́ть   to determine
ответвля́ться   to branch off
отде́льный   separate
отку́да   therefrom
отмеча́ть   to note
отноше́ние   ratio, attitude
отраже́ние   reflection
отта́лкивать   to repel
отчётливо   distinctly
оце́нка   estimate
о́чень   very
первонача́льный   original
пе́ред   before
переме́нная   variable
перемеща́ть   to move somewhere
пересече́ние   intersection
переходи́ть   to get across
пове́рхность   surface
поворо́т   turn
поглоще́ние   absorption
пограни́чный   border (attrib.)
подавле́ние   suppression
поднима́ть   to raise
подходи́ть   to approach
пое́хать   to depart
позволя́ть   to permit
пока́   while
показа́ть   to show
поко́й   rest
положе́ние   position
получа́ть   to receive

получи́ть to receive
поско́льку so far as
после́довательный successive
постепе́нный gradual
появле́ние appearance
пра́вый right
предсказа́ть to predict
представля́ть to present
преиму́щество advantage
преобразова́ние transformation
приближе́ние approximation
привести́ to lead
приводи́ть to lead
приго́дность fitness
приёмник receiver
приложи́ть to add
применя́ть to apply
принима́ть to assume
притяже́ние attraction
причи́нность causality
пробо́й breakdown
производи́ть to carry out
происходи́ть to occur
проходи́ть to pass
прочно́сть strength
проявля́ться to become apparent
пряма́я straight line
пучо́к beam
рабо́та work
равнове́сие equilibrium
радиоизлуче́ние radio emission
размыка́ть to break
ра́зностное differential
разры́в break
распределе́ние distribution
рассе́яние scattering
раство́р solution
расчётный calculated
реше́ние solution

са́мый the very
в са́мом деле indeed
свет light
сво́йство property
си́ла force
слу́чай case
случа́йный accidental
смеща́ться to be displaced
смысл sense
созна́тельно consciously
со́лнечный solar
со́лнце sun
сообще́ние communication
соотве́тствовать to correspond
соотноше́ние relation
составля́ющая component
спо́соб method
спра́ва to the right of
справедли́вость correctness
стекло́ glass
су́щность essence
счита́ть to consider, to account
тако́й such
тепе́рь now
тогда́ then
то́лько only
то́чка point
туда́ that way
уве́ренный confident
углово́й angular
уе́хать to depart
упомина́ть to mention
упомяну́ть to mention
уравне́ние equation
у́ровень level
усло́вие condition
успева́ть to have time, to make
  progress
успе́х progress

установи́ть to establish
устана́вливать to establish
усто́йчивый stable
учи́ться to learn
учи́тывать to take into account
хоро́ший good
целесообра́зность expediency

части́ца particle
частота́ frequency
че́рез across
шар ball
ширина́ width
щель slit
явля́ться to appear

Exercise 152. Translate into English and state the adverbial clauses.

Éсли записа́ть «5» в ви́де обы́чном для дробово́го эффе́кта, то для получе́ния наблюда́емой величины́ на́до ввести́ фа́ктор депре́ссии. В ча́стном слу́чае, когда́ ско́рость пове́рхности рекомбина́ции равна́ нулю́, име́ем (6). В друго́м ча́стном слу́чае, когда́ необлуча́емый конта́кт далеко́ удалён от *p*-перехо́да, получа́ем (7). Для мета́ллов с при́месью когда́ есть оста́точное ф, до́лжен существова́ть ми́нимум ф при ни́зких т-рах, е́сли уче́сть ука́занное вы́ше измене́ние пло́тности у́ровней. Устано́влено, что в проце́ссе превраще́ния содержа́ние алюми́ния в фа́зе увеличи́вается, причём в нача́ле и конце́ превраще́ния оно́ тем бо́льше, чем ни́же т-ра распа́да. Проведены́ о́пыты по комбини́рованному модифици́рованию спла́вов эвтекти́ч. ти́па для установле́ния возмо́жности тако́го измене́ния структу́ры эвтекти́ч. коло́нии, в результа́те кото́рого фа́за, явля́ющаяся до модифи́цирования диспергиро́ванной, превраща́ется в монокриста́льную и наоборо́т. Чем бо́льше ма́ксим. намагни́ченность ци́кла, тем бо́льше длина́ совпада́ющих уча́стков соотве́тственных ветве́й пе́тель. Éсли сохрани́ть ли́шь интерга́лы ме́жду ближа́йшими сосе́дями, то ширина́ вале́нтной зо́ны ока́зывается ра́вной ширине́ зо́ны проводи́мости. Отсу́тствие влия́ния 2-й причи́ны а́вторы свя́зывают с тем, что в э́том ти́пе трио́дов ско́рость рекомбина́ции о́чень мала́. В слу́чае поляризо́ванного све́та ф всех криста́ллов па́дала при перехо́де в тригона́льную фа́зу, в то вре́мя как при други́х перехо́дах хара́ктер измене́ния ф зави́сел от до́менной структу́ры криста́лла. Для определе́ния пробе́га части́ц в алюми́нии их эне́ргия увеличи́валась до тех пор, пока́ не появля́лась заме́тная люминесце́нция. Дано́ ка́чественное объясне́ние вольтампе́рной характери́стики и ука́зано на возмо́жность определе́ния параме́тров эквив. схе́мы, е́сли изве́стна зави́симость проводи́мости оксидно́го сло́я от т-ры. Вычисля́ется электропрово́дность мета́ллов с по́мощью ме́тода К. как для высо́ких, так и для ни́зких т-р. Э́ти колеба́ния не затуха́ют, е́сли т-ра электро́нов значи́тельно превыша́ет т-ру ио́нов. Устано́влено, что кана́л расширя́ется в тече́ние всего́ вре́мени, пока́ происхо́дит разря́д, да́же в слу́чае большо́й дли́тельности разря́да. Дли́тельное окисле́ние создаёт насто́лько си́льные попере́чные свя́зи, что разруше́ние их при высо́ких т-рах вызыва́ет гетероге́нную графитиза́цию ча́сти углеро́дистого в-ва́. Измене́ние сдви́га фа́зы тем ме́ньше, чем бо́льше пара́метр свя́зи C и чем коро́че ла́мпа, т.е., практи́чески, чем бо́льше ток пучка́ ла́мпы. Наряду́ с обьёмноцентр. куби́ч. фа́зой, бога́той Cr, на́йдены две граница́нтри́р. куби́ч. фа́зы, хотя́ двойны́е спла́вы Cu–Ni пока́зывают по́лную сме́шиваемость. В связи́ с тем, что зави́симость термомагни́тных эффе́ктов от угла́ ф явля́ется тривиа́льной, поло́жим (8). Полу́ченные в рабо́те значе́ния ма́ссы и эне́ргии основно́го состоя́ния поляро́на как для слу́чаев сла́бой и си́льной свя́зи, так и для промежу́точной свя́зи сра́вниваются со значе́ниями полу́ченными други́ми а́вторами. В ча́стном слу́чае, когда́ $\alpha > 1$, приближённо полу́чим (6). Полу́чено уравне́ние, выража́ющее зави́симость диэлектри́ч. проница́емости воды́ от т-ры в иссле́дованной о́бласти (5), где t вы́ражено в гра́дусах стогра́дусной шкалы́. У́гол ко́нуса подбира́ется таки́м о́бразом, чтобы э́то давле́ние бы́ло всегда́ бо́льше давле́ния создава́емого по́ршнем в жи́дкости.

Vocabulary for Exercise 152

ближа́йший nearest
бога́тый rich
большо́й large
ввести́ to introduce
величина́ magnitude
ветвь branch
в–во = вещество́ substance
вид form
влия́ние effect
вода́ water
возмо́жный possible
вре́мя time
всегда́ always
вызыва́ть to give rise
выража́ть to express
высо́кий high
вы́числить to calculate
вы́ше higher

где where
гра́дус degree
границентри́рованный face-centered
давле́ние pressure
да́же even
далеко́ far
дать to give
двойно́й double
дисперги́ровать to disperse
длина́ length
дли́тельный prolonged
для for
до́лжен ought (to)
до́менный domain
до тех пор till
дробово́й эффе́кт shot effect
друго́й other

если if
есть there is, to eat
жи́дкость liquid
зави́сеть to depend on
зави́симость dependence
заме́тный noticeable
записа́ть to write down
затуха́ть to extinguish
значе́ние value
значи́тельный considerable
изве́стно it is known
измене́ние variation
име́ть to have
иссле́довать to investigate
кана́л channel
ка́чественный qualitative
когда́ when
колеба́ние oscillation
коне́ц end
ко́нус cone
коро́ткий short
куби́ч. = куби́ческий
ла́мпа tube
лишь only
ма́ксим. = максима́льный
мал small
ме́жду between
ме́ньше smaller
наблюда́ть to observe
на́до it is necessary
найти́ to find
намагни́ченность intensity of
  magnetization
наоборо́т on the contrary
наряду́ side by side
насто́лько thus much
нача́ло beginning
ни́же lower
низкий low

о́бласть region
облуча́емый irradiated
объёмноцентр. body-centered
объясне́ние explanation
обы́чный usual
окисля́ть to oxidize
определе́ние determination
о́пыт experiment
основно́й basic
оста́точный residual
отсу́тствие absence
о́чень very
па́дать to fall
перехо́д transition
пе́тля loop
пло́тность density
пове́рхность surface
подбира́ть to pick up
пока́ while
пока́зывать to show
по́лный full
поло́жим let us assume
получи́ть to obtain
по́мощь help
попере́чный transversal
по́ршень piston
появля́ться to appear
превраща́ть to convert
превыша́ть to exceed
приближе́ние approximation
при́месь admixture
причи́на cause
пробе́г path
проводи́мость conductivity
происходи́ть to occur
проница́емость permittivity
промежу́точный intermediate
пучо́к beam
рабо́та work

ра́вен equal

разруше́ние destruction

разря́д discharge

распа́д decay

расширя́ть to expand

свет light

связь bond

свя́зывать to connect

сдвиг displacement

си́льный strong

ско́рость velocity

сла́бый weak

слой layer

слу́чай case

сме́шивать to mix

совпада́ть to coincide

содержа́ние contents

создава́ть to create

соотве́тственный corresponding

сосе́д neighbor

состоя́ние state

сохрани́ть to retain

сплав alloy

сра́внивать to compare

стогра́дусный hundred-degree

существова́ть to exist

схе́ма diagram, circuit

таки́м о́бразом thus

т-ра = температу́ра

(с) тече́нием вре́мени in time

т. е. = то́ есть that is

ток current

тривиа́льный trivial

увели́чивать to increase

углеро́дистый carbonaceous

у́гол angle

удали́ть to move off

ука́зывать to indicate

ур-ние = уравне́ние equation

у́ровень level

устана́вливать to install

установле́ние installation

уча́сток section

уче́сть to take into consideration

хотя́ though

части́ца particle

ча́стный particular

часть part

что́бы in order

ширина́ width

эвтекти́ч. = эвтекти́ческий

эквив. = эквивале́нтный

явля́ться to appear, to be

Chapter 24

Punctuation marks

(Examples—see appropriate Exercises)

The comma

§ 423. A comma is placed between homogeneous parts of the sentence (parts which are independent of each other):

(1) When they are not joined by conjunctions with the exception of those listed below in (2) and (3).

(2) When they are joined by recurring copulative (и ... и, ни ... ни) and disjunctive (или ... или, либо ... либо, то ... то, не то ... не то) conjunctions.

(3) When they are joined by adversative (а, но, да) conjunctions.

§ 424. Words or expressions denoting salutation are set off by commas.

§ 425. Parenthetic words and clauses are set off by commas.

§ 426. Commas are used to separate detached subordinate parts of the sentence:

(1) Verbal adverbs and verbal adverb expressions.
(2) Attributes.
(3) Appositions.
(4) Adverbial modifiers expressed by nouns with prepositions.
(5) Explanatory parts of sentence.
(6) Objects.

§ 427. Commas are used in a compound sentence for the separation of clauses joined by coordinative conjunctions.

§ 428. Commas are used to separate homogeneous subordinate clauses from the principal clause. If the subordinate clause stands within the principal clause it is separated from the latter by commas on each side.

§ 429. Commas separate clauses in a compound sentence having no conjunctions.

The semicolon

§ 430. A semicolon is used to separate extended or only slightly connected clauses in a compound sentence with and without conjunctions.

The colon

§ 431. A colon is placed before homogeneous parts of the sentence following generalizing words.

§ 432. A colon is used in compound sentences without conjunction before explanatory clauses.

§ 433. A colon is used in direct speech and citations.

The dash

§ 434. A dash is placed in some sentences between the subject and predicate.

§ 435. A dash is placed after homogeneous parts of speech in front of generalizing words.

§ 436. A dash is used to separate introductory clauses, appositions, quotations, and compound sentences without conjunctions.

The period

§ 437. A period is placed at the end of a narrative.

§ 438. A period is placed at the end of sentences in which the predicate has an imperative form but the sentence is pronounced without exclamation.

The exclamation point

§ 439. An exclamation point is placed at the end of exclamatory sentences.

The interrogation point

§ 440. An interrogation point is placed after interrogative sentences.

15*

Dots

§ 441. Dots are placed to indicate incomplete speech, as well as interruption in speech.

§ 442. Dots are placed in citations to indicate that they are incomplete.

Quotations

§ 443. Quotations are used to separate direct speech and citations.

Exercise 153. Translate into English and give the reasons for the punctuation.

Потоки, направленные наружу, выдувают из отверстий загрязнения, попадающие сюда с электродов и из окружающей среды. Для характеристики оптических свойств системы, в случае, когда она оказывает линзовое действие, исходя из принципа Ферми, найдены параксиальные траектории. Краткое описание электронных приборов, применяемых в технике связи, и физических явлений, используемых в этих приборах. Один из потенциальных зондов крепится неподвижно на конце образца, другой перемещается. Кроме того, петля становится несимметричной. Измерения на образцах ферритов показывают наличие не одной, а целого ряда резонансных «петель», причём первая из них связывается с резонансом движущихся стенок доменов, вторая – с гидромагнитным резонансом, а последующие – с какими то новыми резонансными явлениями. Спектр состоит из трёх систем поглощения, первая и вторая расположены в области 2200 до 2700 А, третья в области 1900–2100. Кривые имеют три основных пика: I, II и III при −120, −60 и +20. Оптическая система обладает рядом приспособлений, дающих точную юстировку прибора, хорошую видимость изображения. Используются три системы координат: неподвижная относительно газа в области пониженных давлений, неподвижная относительно газа в области повышенных давлений и неподвижная относительно фронта. Это расхождение объясняется тем, что в опыте стоячая волна не является идеальной: падающая волна имеет большую амплитуду, чем отражённая. Придавая поверхностям надлежащую форму, можно с их помощью фокусировать лучи, вследствие чего в последнее время такие системы стали называть конфигурационными линзами.

Vocabulary for Exercise 153

большой	large	волна	wave
видимость	visibility	время	time

вследствие   owing to
выдувать   to blow out
давление   pressure
дать   to give
двигать   to move
действие   action
другой   another
загрязнение   contamination
зонд   probe
измерение   measurement
изображение   representation
использовать   to utilize
исходить   to originate
конец   end
краткий   short
крепить   strengthen
кривая   curve
кроме   except
луч   ray
между   between
надлежащий   proper
найти   to find
наличие   presence
направлять   to direct
наружу   outside
неподвижный   immobile
новый   new
обладать   to possess
область   region
образец   specimen
объяснять   to explain
оказывать   to render
окружать   to surround
описание   description
основной   basic
отверстие   opening

относительно   relatively
отражать   to reflect
падать   to fall
перемещать   to move somewhere
петля   loop
поглощение   absorption
помощь   help
пониженный   lowered
попадать   to hit
последний   latter
последующий   subsequent
поток   stream
прибор   apparatus
придавать   to attach
применять   to apply
приспособление   device
причём   whereby
расположить   to arrange
расхождение   divergence
ряд   series
свойство   property
связывать   to connect
связь   communication
случай   case
состоять   to consist
среда   medium
становиться   to get, to become
стенка   wall
стоячий   standing
сюда   here
точный   exact
целый   whole
юстировка   alignment
явление   phenomenon
являться   to appear, to be

Reader

Exercises 154–180

Exercise 154

Новые материалы и детали в электронике и радиосвязи. Маркович, Техника, 1956, II, No 4, 480–491, серб.

Обзорная статья, посвященная использованию новых материалов в решении проблемы уменьшения габаритов оборудования электро- и радиотехники. Рассмотрены основные свойства новых материалов: полупроводников (германий, кремний), ферроэлектрич. керамик (титанаты бария и стронция), ферритов (мягкие и твердые на основе окиси бария), пластмасс (полиэтилены, тефлон), пьезоэлектрич. кристаллов (кварц, этилендиаминтартарат); а также применения их для изготовления миниатюрных деталей и электронных устройств: полупроводниковых диодов, триодов, фотодиодов, термисторов, конденсаторов, в качестве изолирующих материалов, диэлектриков и др.

Vocabulary for Exercise 154

a while, and
ба́рий barium
габари́т size
герма́ний germanium
дета́ль component
дио́д diode
диэле́ктрик dielectric
для for
друго́й other
и and
изгото́вить to manufacture
изоли́ровать to insulate
испо́льзовать to utilize
ка́чество quality
кварц quartz
кера́мика ceramics
конденса́тор capacitor
кре́мний silicon
криста́лл crystal
материа́л material
миниатю́рный diminutive
мя́гкий soft
на on

но́вый new
обзо́р survey
обору́дование equipment
о́кись oxide
осно́ва basis
основно́й basic
пластма́ссы plastic compounds
полупроводни́к semiconductor
полупроводнико́вый semi-
    conducting
полиэтиле́н polyethylene
посвяща́ть to devote
применя́ть to apply
пробле́ма problem
пьезоэлектри́чество piezoelectricity
радиосвя́зь radio communi-
    cation
радиоте́хника radio engineering
рассмотре́ть to examine
реше́ние solution
сво́йство property
статья́ article
стро́нций strontium

схе́ма circuit	ферри́т ferrite
та́кже also	ферроэлектри́чество ferroelectri-city
твёрдый solid	
терми́стор thermistor	фотодио́д photodiode
тёфлон Teflon	электро́нный electronic
титана́т titanate	электроте́хника electrical engineering
трио́д triode	
уменьше́ние decrease	этилендиаминта́ртарат ethylenediaminetartarate
устро́йство device, arrangement	

Exercise 155

Экспериментальное изучение магнитострикционных резонаторов на феррите. Голубцов И. В., Вестн. Моск. ун-та, 1956, No 2, 45–48.

На тороидальных образцах ферритов «оксифер» исследовалась зависимость магнитострикционного резонанса от величины постоянного подмагничивающего поля и амплитуды переменного магн. поля. Небольшая зависимость частоты магнитострикционного резонанса от постоянного подмагничивающего поля связана, по всей вероятности, с возрастанием модуля упругости при намагничивании. От амплитуды переменного поля частота резонанса не зависит. Зависимость величины магнитострикционного эффекта от амплитуды переменного поля и от подмагничивающего поля объясняется при помощи статич. кривой зависимости магнитострикции от значения магн. поля. Эквив. добротность с ростом постоянного поля возрастает и достигает максимума, когда подмагничивающее поле превосходит амплитуду переменного поля. При дальнейшем увеличении подмагничивающего поля добротность начинает падать ввиду перехода на нелинейный участок кривой магнитострикции при приближении к насыщению.

Vocabulary for Exercise 155

амплиту́да amplitude	зави́симость dependence
ввиду́ in view of	зави́сеть to depend
величина́ quantity, magnitude	значе́ние significance, value
вероя́тность probability	и and
возраста́ть to increase	изуча́ть to study
вся all	иссле́довать to investigate
дальне́йший subsequent	к to
добро́тность quality factor (Q)	когда́ when
достига́ть to attain	крива́я curve

магни́тный magnetic

магнитостри́кция magnetostric-
   tion

ма́ксимум maximum

мо́дуль modulus

на on

намагни́чивание magnetization

насыще́ние saturation

начина́ть to start

не not

небольшо́й not great, small

нелине́йный nonlinear

образе́ц specimen

объясня́ть to explain

от from

па́дать to drop

переме́нный alternating

перехо́д transition, junction

подмагни́чивать to magnetize

по́ле field

по́мощь help

постоя́нный constant

превосходи́ть to excel

при by, with

приближённо approximately

резона́нс resonance

резона́тор resonator

рост growth

с with

свя́зано connected

статисти́чески statistically

увели́чить to increase

упру́гость elasticity

уча́сток section

ферри́т ferrite

частота́ frequency

эквивале́нтный equivalent

эксперимента́льный experimental

Exercise 156

Радиационно-калориметри́ческий метод определения теплоемкости металлов. Любимов А. П., Белащенко Д. К., Сб. Моск. Ин-та стали, 1955, 33, 3–11.

Описан новый метод определения теплоемкости C_p металлов, основанный на одновременном измерении т-ры T охлаждающегося образца и количества тепла Q, отдаваемого им окружающей среде. Теплоемкость рассчитывается по формуле $C_p = Q/m \, dt(dT)$ где m – масса образца, t – время. Образец помещается внутрь двустенного кварцевого колпака и вначале нагревается в вакууме токами высокой частоты. Тепло, излучаемое образцом, поглощается охлаждающей водой, протекающей между стенками колпака, и определяется по разности температур охлаждающей воды до и после колпака. Определена C_p сплавов Fe—C, Fe—Cu и армко-железа при 250–950°. Описан вариант метода, в котором нагрев осуществляется нагревателем, помещенным внутрь образца. В этом варианте измерение теплоемкости можно производить и при нагреве, и при охлаждении. Точность метода повышается с увеличением температуры; свыше 600° ошибка составляет менее 3%.

Vocabulary for Exercise 156

в in
ва́куум vacuum
вариа́нт version
внача́ле at first
внутрь inside
вода́ water
вре́мя time
высо́кий high
двусте́нный two-walled
до to
желе́зо iron
и and
излуча́ть to radiate
измере́ние measurement
им by him, by it
калориметри́чески calorimetric-
  ally
кварц quartz
коли́чество amount
колпа́к mantle
кото́рый which
ма́сса mass
ме́жду between
ме́нее less
мета́лл metal
ме́тод method
мо́жно one can
на on
нагре́в heating
нагрева́тель heater
нагрева́ть to heat
но́вый new

образе́ц specimen
одновре́менный simultaneous
окружа́ть to surround
описа́ть to describe
определе́ние determination
осно́ванный based
осуществля́ть to carry out
отдава́ть to give up
охлажда́ть to cool
оши́бка error
повыша́ть to raise
поглоща́ть to absorb
по́сле after
при at
производи́ть to make
протека́ть to flow
радиацио́нный radiative
ра́зность difference
расчи́тывать to calculate
с with
свы́ше from above
составля́ть to form
сплав alloy
среда́ medium
стена́, сте́нка wall
тепло́ heat
теплоёмкость heat capacity
то́чность precision, accuracy
увели́чить to increase
увеличе́ние increase
частота́ frequency
э́то this

Exercise 157

Адиабатическая форма теории возмущений в задаче о взаимодействии двух частиц с квантовым полем. Москаленко В. А., Уч. зап.
Кишиневск. ун-та 1955, 103–114.

По методу адиабатической теории возмущений рассматривается задача о взаимодействии двух частиц с квантовым полем. Рассматриваются задачи об экситоне и о биполяроне в ионном кристалле, причем исследование ведется в приближении метода эффективной массы. Для поляризующего экситона был исследован энергетический спектр системы и определена его эффективная масса, которая, по оценке автора, равна $10^6\,m$ для щелочногалоидных кристаллов и $10\,m$ для Cu_2O (m – масса электрона). Для биполярона рассмотрены случаи полного спина $S = 0$ и $S = 1$. Для обоих случаев энергия основного состояния оказалась больше энергии двух поляронов, разведенных на бесконечность, что говорит о неустойчивости биполяронов.

Vocabulary for Exercise 157

бесконе́чность infinity
быть to be
взаимоде́йствие interaction
возмуще́ние disturbance
говори́ть to speak
две two
для for
зада́ча problem
иссле́дование investigation
кото́рый which
усто́йчивость stability
неусто́йчивость instability

ока́зываться to appear
определи́ть to determine
основно́й basic
оце́нка evaluation
по́лночь midnight
приближе́ние approximation
ра́вен equal
рассма́тривать to examine
слу́чай case
состоя́ние state
части́ца particle
щелочно-гало́идный alkali-halogen

Exercise 158

О действии амплитудного ограничителя. Жаботинский М. Е., Свердлов Ю. Л., Радиотехн. и электроника, 1956, 1, No 2, 205–212.

Амплитудный ограничитель представлен как комбинация нелинейного элемента, имеющего Z-образную характеристику, с узкополосным фильтром. При анализе схемы учтена проходная ёмкость, шунтирующая нелинейный элемент. Наличие этой ёмкости приводит к тому, что обычные ограничители всегда вызывают паразитную амплитудную и фазовую модуляцию выходного сигнала. Поэтому наиболее полно эффективность действия ограничителя характеризуется уменьшением боковых составляющих в спектре выходного сигнала. Для каждого ограничителя существует оптимальная амплитуда входного сигнала, дающая или максимум уменьшения боковых составляющих, или максимум уменьшения амплитудной модуляции максимумы эти не совпадают.

Приведены простые ф-лы для расчета как оптимальных амплитуд, так и величины уменьшения боковых составляющих в спектре выходного сигнала. Показано, что обычные амплитудные характеристики ограничителей не характеризуют их с точки зрения эффективности работы. Предложено характеризовать ограничители параметром, позволяющим легко определить оптимальный режим. Предложено введение нейтрализации проходной ёмкости. Приведены эксперим. данные, согласующиеся с теоретическими. (Ин-т радиотехн. и электроники АН СССР, Москва)

Vocabulary for Exercise 158

боково́й   lateral
введе́ние   introduction
выходно́й   output
всегда́   always
входно́й   input
вызыва́ть   to cause
дава́ть   to give
да́нные   data
де́йствие   action
ёмкость   capacity
име́ть   to have
легко́   easily
наибо́лее   the most
нали́чие   presence
обы́чно   usually
ограничи́тель   limiter

определи́ть   to determine
позво́лить   to allow
показа́ть   to show
по́лно   completely
поэ́тому   therefore
предложи́ть   to propose
предста́вить   to represent
приводи́ть   to lead
просто́й   simple
рабо́та   work
совпада́ть   to coincide
согласова́ть   to match, agree
составля́ющий   component
то́чка зре́ния   point of view
узкополо́сный   narrow band
уменьше́ние   decrease
уче́сть   to consider

Exercise 159

Простой прибор для одновременного измерения диэлектрического коэффициента и угла потерь. Палицына И. А., Дианов-Клоков В. И., Измерит. техника, 1955, No 4, 35–36.

Принцип действия прибора основан на измерении разности фаз напряжений на двух контурах, слабо и симметрично связанных с ВЧгенератором. Включение в один из них параллельно эталонному переменному конденсатору неизвестной ёмкости C_x нарушает равенство фаз. По разности показаний эталонного конденсатора, при подключении измеряемой ёмкости и без неё, определяется величина C_x. По изменению добротности от подключения C_x можно одновременно определить величину tg δ исследуемого в-ва по изменению наклона кривой на экране осциллографа. Относит. чувствительность прибора равна $3,5 \cdot 10^{-4}$. Миним. обнаруженная ёмкость 0,02 пф. Рабочая частота генератора 1000 кгц. Питание прибора от сети переменного тока (без стабилизации напряжения).

Vocabulary for Exercise 159

без without
величина́ quantity
вещество́ substance
включе́ние switching on
высокочасто́тный high frequency
де́йствие action
добро́тность quality factor
ёмкость capacitance
измене́ние change
измере́ние measurement
измеря́ть to measure
иссле́довать to investigate
крива́я curve
мо́жно one can
накло́н inclination
напряже́ние tension
наруша́ть to disturb
неизве́стный unknown
обнару́жить to reveal
одновре́менно simultaneously
определи́ть to determine

осно́ван based
относи́тельный relative
переме́нный alternating
пита́ние feeding
подключа́ть to switch on
показа́ние reading
поте́ря loss
прибо́р apparatus
просто́й simple
рабо́тать to work
ра́венство equation
ра́вен equal
ра́зность difference
сеть network
сла́бо weakly
у́гол angle
частота́ frequency
чувстви́тельность sensitivity
экра́н screen
этало́нный standard

Exercise 160

Свойства энергетической поверхности тяжелых ядер. Колесников Н. Н. Жэксперим. и теор. физики, 1956, 30, № 5, 889–899.

Произведено подробное изучение свойств энергетич. поверхности тяжелых ядер в отдельности для каждого из четырех типов четности ядер. Наряду с уточнением известных эмпирич. закономерностей и параметров энергетич. поверхности показано, что при одних и тех же массовых числах A массы ядер в зависимости от четности Z достигают миним. значений при несколько различных значениях Z, что кривизна изобарных парабол не зависит от четности Z, и, по-видимому, несколько больше у ядер с четными A. Выясняется характер оболочек $N = 126$ и $Z = 82$. Результаты сравниваются с обычными ф-лами энергии связи (МГУ, СССР).

Vocabulary for Exercise 160

бо́льше greater
выясня́ться to appear
достига́ть to attain
зави́симость dependence
закономе́рность regularity
значе́ние value
изве́стный known
изуче́ние study
ка́ждый each
кривизна́ curvature
миним. = минимальный
наряду́ side by side
не́сколько somewhat, several
оболо́чка shell
обы́чный ordinary

в отде́льности separately
по ви́димому apparently
пове́рхность surface
подро́бный detailed
показа́ть to show
произвести́ to produce
разли́чный different
сво́йство property
связь communication
сра́внивать to compare
уточне́ние making more precise
чётность parity
четы́ре four
число́ number
эмпири́ч. = эмпирический

Exercise 161

К вопросу об акустическом методе газового анализа. Оганесян Г. А. В сб.: Применение ультраакустики к исслед. вещества. Вып. 3, М., 1956, 139–145.

Приводится краткий обзор акустич. газоанализаторов, а также описание и схема разработанного акустич. газоанализатора. Переменное напряжение от звукового генератора (3Г-10) поступает по двум каналам: непосредственно к осциллографу и через телефон, газовую камеру, микрофон к осциллографу. Оба сигнала квадратируются, дифференцируются и в виде острых импульсов подаются на $Y — Y$ пластины осциллографа. Расстояние между сигналами на экране осциллографа зависит от скорости звука в газе, наполняющем камеру, и может быть использовано как указание состава газа. Акустич. камера имеет длину 45 см; на противоположных концах её помещены электродинамич. громкоговоритель и кристаллич. микрофон-приёмник. Камера устанавливается в ответвлении от основного потока газа, так что через неё непрерывно протекает анализируемая смесь газов. Оптимально анализатор работает на частоте 5 кгц., совпадающей с собств. частотой акустич. камеры.

Vocabulary for Exercise 161

вещество́ substance	переме́нный alternating
вопро́с problem, question	пластма́ссы plastic compounds
громкоговори́тель loudspeaker	подава́ть to present
длина́ length	помеща́ть to place
звук sound	поступа́ть to act
звуково́й audible, acoustic	пото́к current, flux
име́ть to have	приводи́ть to bring, to lead
испо́льзовать to use	приёмник receiver
иссле́дование investigation	примене́ние application
коне́ц end	протека́ть to flow
кра́ткий short	противополо́жный opposite
мо́жет – быть perhaps, can be	рабо́тать to work
наполня́ть to fill	разрабо́тать to develop
напряже́ние voltage	расстоя́ние distance
непосре́дственно directly	ско́рость velocity
непреры́вно continuously	смесь mixture
обзо́р survey	со́бств. = со́бственный natural
описа́ние description	совпада́ть to coincide
основно́й main, fundamental	указа́ние indication
о́стрый sharp	устана́вливать to establish, to set
ответвле́ние branch	че́рез across

Exercise 162

Сдвоенные интерференционные светофильтры. Синельников К. Д., Шкляревский И. Н., Дамашка С. И., Уч. зац. Харьковск. ун-та, 1955, 64, 145–146.

Описывается сложный сдвоенный фильтр, состоящий из интерференц. фильтра, пропускающего в видимой части спектра одну полосу, и посеребренной стеклянной пластинки, пригнанной к нему

так, что между серебряными слоями фильтра образуется клинообраз-
ный воздушный зазор. Ребро клина устанавливается параллельно
щели спектрографа.

Сложный фильтр освещается паралл. пучком белого света, и полученная интерференц. картина с помощью ахроматич. линзы проекти-
руется на щель спектрографа. Перемещением интерферометрич.
пластин можно подобрать такую толщину клина, при которой одна
из линий равного хромат. порядка совпадает с максимумом полосы
пропускания одиночного интерференц. фильтра. Замена серебряных
покрытий многослойными диэлектрическими и использование мощ-
ных источников света значительно увеличивают светосилу установки.

Vocabulary for Exercise 162

бе́лый white
ви́димый visible
возду́шный air
зазо́р gap
заме́на substitution
значи́тельный considerable
испо́льзование utilization
исто́чник source
карти́на picture
клин wedge
клинообра́зный tapered
многосло́йный multilayer (attr.)
мо́щный high-power
образова́ть to form
опи́сывать to describe
освеща́ть to illuminate
перемеще́ние transfer
подобра́ть to match, to select
покры́тие coating
полоса́ band
получи́ть to receive
по́мощь help

поря́док order
посере́бренный silver plated
призна́ть to acknowledge
пропуска́ть to pass
пучо́к beam
ра́вный equal
ребро́ rib, edge
свет light
светофи́льтр light filter
сдво́енный double
сере́бряный silvered
сло́жный complex
слой layer
совпада́ть to coincide
состоя́ть to consist (of)
стекля́нный glass
тако́й such
толщина́ thickness
устана́вливать to set
устано́вка installation
часть part
щель slit

Exercise 163

Вторичная электронная эмиссия металлов под действием ионов и нейтральных частиц. Тельковский В. Г., Докл. АН СССР, 1956, 108, No 3,
444–446.

Исследовалось явление вторич. электронной эмиссии металлов под действием ионов водорода, гелия, азота, неона, аргона, молибдена и нейтральных атомов инертных газов с энергиями от нескольких кэв до 120 кэв. Исследование проводилось на масс-спектрометре, давление остаточных газов в области мишени не превышало $3 \cdot 10^{-8}$ мм рт. ст. Чистота поверхности мишени достигалась прогревом её до 2500–3000 °К и контролировалось при измерении по независимости коэфф. вторич. электронной эмиссии Y от плотности потока бомбардирующих частиц. Применяемые мишени приготовлялись из Mo, Zr, Ni, Ta, Cu и графита. Опыт показал, что Y линейно растет до скоростей частиц $2 \cdot 10^8$ см/сек, далее следует пологий максимум с последующим плавным падением. Во всех случаях наблюдается порог вторич. электронной эмиссии, который лежит в интервале $0,5—2 \cdot 10^7$ см/сек. Исследование вторич. электронов по скоростям указывает, что они имеют максвелловское распределение. Средняя энергия вторич. электронов не зависит от энергии падающих частиц. Пропорциональность Y числу частиц, входящих в молекулярный ион, заставляет думать, что ион при приближении к поверхности распадается и взаимодействует как сумма одиночных ионов. Величина Y зависит только от энергии падающих частиц, но не от их заряда; следовательно, теория потенциального вырывания электронов не соответствует действительности.

Vocabulary for Exercise 163

величина́ magnitude
взаимоде́йствие interaction
во всех in all
вторич. = вторичный
вырыва́ние emission
входи́ть to enter
давле́ние pressure
да́лее further
де́йствие action
действи́тельность reality
до to
достига́ть to reach
ду́мать to think
зави́сеть to depend
заря́д charge

заставля́ть to force
измере́ние measurement
иссле́дование investigation
иссле́довать to investigate
коэфф. = коэффицие́нт
лежа́ть to lie
мише́нь target
наблюда́ть to observe
незави́симость independence
не́сколько several
о́бласть region
едино́чный singular
о́пыт experiment
оста́точный residual
пада́ть to fall

падéние drop
плáвный smooth
плóтность density
повéрхность surface
под under
показáть to show
полóгий sloping
послéдующий subsequent
потóк stream, current
превышáть to exceed
приближéние approaching
приводúть to bring
приготовлять to prepare
применять to apply
прогрéв warming up
распадáться to disintegrate

распределéние distribution
растú to grow
рт. = ртуть mercury
слéдовать to follow
слéдовательно consequently
слýчай case
соотвéтствовать to correspond
срéдний average, middle
ст. = столб column
тóлько only
укáзывать to show
частúца particle
частотá frequency
числó number
явлéние phenomenon

Exercise 164

Исследование помех радиовещанию, создаваемых телевизорами. Брейтбарт А. Я., Людмирский И. Л., Преображенский Б. И. Техника телевидения (М-во радиотехн. пром-сти СССР), 1954, No 1, 3–67.

На основании проведенных предварительных измерений установлено, что помехи в антенне радиовещательного приемника создаются в основном за счет электрич. индукции, а основными источниками помех являются система строчной развертки и выходная цепь видеоусилителя. Выяснен механизм воздействия помехи на вход радиовещательного приемника. В результате теоретич. анализа установлено, что для расчета уровня сигнала помехи на входе приемника, необходимо знать ёмкость связи между мешающим элементом телевизора и антенной приемника. Для определения этой ёмкости выведена простая ф-ла, удобная для инженерных расчетов. Исследованы так наз. первич. и вторич. источники помех. К первичным относятся строчный трансформатор, лампы генератора строчной развертки, отклоняющая система, монтаж, выходная цепь видеоусилителя, люминофор кинескопа. К вторичным-графитовое покрытие кинескопа, генератор кадровой развертки, сеть питания. Дана таблица уровней помех и коэфф. гармоник от различных элементов телевизора КВН-49. Приводятся рекомендации по подавлению помех, заключающиеся в экранировке первич. и вторич. источников помех, защите вторич. источников фильтрами и в применении компенсационной схемы включения отклоняющей строчной катушки. Произведены сравнительные измерения помех от защищенных и незащищенных телевизоров КВН-49 и Т-2 «Ленинград». Уровень помех в результате применения защитных средств уменьшается до 60 дб.

Vocabulary for Exercise 164

видоусили́тель video amplifier
включе́ние switching on
возде́йствие influence
втори́чный secondary
вход inlet
выводи́ть to take out
вы́яснить to elucidate
ёмкость capacitance
заключи́ть to conclude
защи́та protection
защи́тный protective
защищённый protected
знать to know
измере́ние measurement
иссле́довать to investigate
ка́дровый frame, vertical
кату́шка coil
ла́мпа tube
ме́жду between
меша́ющий interfering
называ́емый (так...) so called
незащищённый unprotected
необходи́мо necessary
определе́ние determination
основа́ние basis
основно́й basic
отклоня́ться to diverge, to deflect
отно́сится concerns
перви́чный primary
пита́ние feeding

подавле́ние suppression
покры́тие coating
поме́ха interference
предвари́тельно preliminarily
приводи́ть to bring
приёмник receiver
примене́ние application
провести́ to lead
производи́ть to carry out
радиовеща́ние radio broadcasting
радиовеща́тельный radio broadcasting
развёртка scanning
разли́чный different
расчёт calculation
связь communication
сеть network
сравни́тельно comparatively
сре́дство means
стро́чный line, scanning
счёт account
табли́ца table
так thus
удо́бный convenient
уменьша́ть to reduce
у́ровень level
устана́вливать to install
цепь circuit
экраниро́вка shielding
явля́ться to appear

Exercise 165

Могут ли существовать в природе такие кристаллы, которые по признакам симметрии относятся к одной сингонии, а по геометрическим константам-к другой? Шубников А. В., Зап. Всес. минералог. о-ва, 1956, 85, No 1, 108–109.

Разделение кристаллов на сингонии производится по двум признакам: по признакам симметрии и по характеру геометрич. констант кристаллов a, b, c. Автор утверждает, что возможны случаи, когда кристалл по признакам симметрии принадлежит к одной сингонии, а по геометрическим константам – к другой сингонии. Некоторые псевдосимметричные (псевдоромбич., псевдотетрагональные и т. д.) кристаллы по признакам симметрии могут быть отнесены к более низкой сингонии, чем по измеренным константам. Несовпадение признаков может быть объяснено неточностями измерений и, особенно, условиями образования кристаллов. У ряда кристаллов коэфф. линейного расширения по разным направлениям имеют разный знак. В природе могут найтись такие, например, псевдотетрагональные кристаллы ромбич. сингонии, у которых коэфф. расширения вдоль меньшего отрезка a, мало отличающегося от b, будет иметь положит. знак, а коэфф. расширения вдоль b – отрицат. знак. При некоторой т-ре a и b будут равны. При этих условиях ромбич. по физич. свойствам кристалл будет иметь константы тетрагонального кристалла. Приводятся и другие возможные примеры кристаллов, геометрич. константы которых при известных условиях не соответствуют их сингонии. Указывается на существование кристаллов, не имеющих определ. периодов идентичности по a, b, c. Их принадлежность к определ. сингонии и к определен. классу устанавливается по физич. свойствам. Это кристаллы твердых растворов замещения (неупорядоченного). К ним принадлежат смешанные кристаллы алюмоаммиачных и хромовокалиевых квасцов. В них в узлах одной и той же кристаллич. решетки ионы Al и Cr, а также ионы K и NH_4 распределены статистически по узлам решетки, что означает отсутствие паралл. повторяемости в таких кристаллах.

Vocabulary for Exercise 165

бóлее more	замещéние substitution
вдоль along	знак sign
возмóжный possible	измерять to measure

име́ть to have
квасцы́ alums
ма́ло little
ме́ньший smaller
найти́сь to be found
направля́ть to direct
наприме́р for instance
не́который some
несовпаде́ние out of phase
нето́чность inaccuracy
неупоря́доченный disordered
ни́зкий low
образова́ть to form
объясни́ть to explain
означа́ть to signify
определ. = определённый
  definite
осо́бенно especially
отлича́ться to differ
отнести́ to refer
отре́зок section
отрица́тельный negative
отсу́тствие absence
повторя́емость recurrence
положит. = положи́тельный
  positive

приводи́ть to bring
при́знак sign, feature
приме́р example
принадле́жность belonging
приро́да nature
производи́ть to carry out
ра́вен equal
разделе́ние separation
ра́зный different
расшире́ние expansion
распределя́ть to distribute
решётка lattice
ряд series
слу́чай case
сме́шанный mixed
соотве́тствовать to correspond
существова́ть to exist
у́зел point, junction
ука́зывать to indicate
усло́вие condition
устана́вливать to place
утвержда́ть to affirm
физич. = физи́ческий
хромовока́лиевый chrome
  potassium
чем than

Exercise 166

Второй температурный максимум диэлектрической проницаемости титаната бария. Кошкин Л. И., Уч. зап. Ленингр. гос. пед. ин-та, 1955, 103, 295–303.

Исследовалась балистич. методом зависимость величины диэлектрич. проницаемости ε в слабых, постоянных по направлению электрич. полях. Вслед за 1-м температурным максимумом у $BaTiO_3$ наблюдался 2-й максимум, величина и положение которого зависели от времени зарядки образца, величины приложенного поля, от рода образцов и от характера и величины примесей. ε в области 2-го максимума может превосходить ε вблизи 1-го максимума в 5 раз и более. Предварительная прокалка образцов приводит к смещению максимумов в область более низких т-р.

Vocabulary for Exercise 166

балистич. = балисти́ческий

вблизи́ near

величина́ quantity

диэлектрич. = диэлектри́ческий

зави́симость dependence

зави́сеть to depend

заря́дка charge

иссле́довать to investigate

наблюда́ть to observe

напра́вленный directional

о́бласть region

образе́ц sample

положе́ние position, situation

постоя́нный constant, direct

превосходи́ть to exceed

предвари́тельный preliminary

привести́ to bring

приложи́ть to apply

при́месь impurity

прока́лка firing

проница́емость penetration, permittivity

род kind

сла́бый weak

смеще́ние displacement

Exercise 167

«Контактные» явления в плазме. Сена Л. А., Таубе Н. С., Ж экспе-рим. и теор. физики, 1956, 30, No 2, 287–290.

Основые представления классич. теории металлов Друде применя-ются к изучению «контактных» явлений в газоразрядных плазмах. На основании ф-лы для скачка потенциала на контакте металлов с различными т-рами и концентрациями свободных электронов полу-чено выражение для скачка потенциала на границе двух плазм. В слу-чае, если плазмы отличаются только концентрациями, скачок потен-циалов дается ф-лой $\Delta V = xT/e \ln n_2/n_1$. Вычисления, проведенные по этой ф-ле, сравниваются с измерениями разности потенциалов на границе двух плазм, которые были осуществлены в специальной трубке с помощью двух анодов. Измеренные значения несколько выше вычисленных, что до некоторой степени вызвано выбранным в работе способом измерения разности потенциалов. (Н.-и. ин-т постоянного тока М-ва электростанций СССР).

Vocabulary for Exercise 167

выбира́ть to select

вызыва́ть to give rise

выраже́ние expression

вычисля́ть to calculate

вы́ше   above

газоразря́дный   gas discharge

грани́ца   boundary

измере́ние   measurement

изуче́ние   study

класси́ч. = класси́ческий

не́который   some

не́сколько   several

основно́й   main

осуществля́ть   to realize

отлича́ться   to differ

получи́ть   to receive

представле́ние   presentation

применя́ть   to apply

разли́чный   different

ра́зность   difference

свобо́дный   free

скачо́к   jump

слу́чай   case

сра́внивать   to compare

сте́пень   degree

то́лько   only

ф-ла = фо́рмула

явле́ние   phenomenon

Exercise 168

К теории асимметричного деления тяжелых ядер. Рыжанов С. Г. Ж. эксперим. и теор. физики, 1956, 30, No 3, 599–601.

Показано, что принятие предложенной Я. И. Френкелем гипотезы, по которой спонтанное и вынужденное деления рассматриваются как туннельный эффект, идущий соответственно с основного и возбужденного уровней делящегося ядра, приводит к единообразному объяснению основных закономерностей ассиметричного деления. Путем обобщения квантовомеханич. ф-лы α распада выводится выражение для вероятности деления ω, которое дает правильный порядок величины спонтанного деления в предположении, что процесс идет через промежуточную стадию соприкасающихся сфер. Разложение в ряд $\ln \omega/\overline{\omega}$ (ω – вероятность симметричного деления) дает достаточно точное выражение для вероятности асимметричного деления. Из этого выражения следует, что асимметрия распределения зарядов осколков сказывается на вероятности асимметричного деления значительно больше, чем асимметрия распределения масс. Получена ф-ла для зависимости периода спонтанного деления от параметра устойчивости.

Результаты оказываются в хорошем согласии с эксперим. данными. Для периода деления U^{236}, образующегося после захвата теплового нейтрона, согласие с опытом получается, если принять, что для возбужденного уровня радиус потенц. ямы возрастает в 1,2 раза. Это допущение равносильно учету влияния деформации пове́рхности на вероятность туннельного деления. Относит. деформация, равная 0,5, достаточна для объяснения различия в периодах спонтанного и вынужденного делений. Хорошее согласие с опытом получается и для делеиня нейтронами 15–20 Мэв в предположении, что кинетич. энергия падающей частицы полностью переходит к осколкам деления. (Кишиневск. гос. ун-т, СССР.)

Vocabulary for Exercise 168

вероя́тность probability
возбужде́ние excitation
выводи́ть to take out
вынужда́ть to force
выраже́ние expression
дать to give
дели́ть to divide
доста́точно sufficient
единообра́зный uniform
зави́симость dependence
закономе́рность regularity
заря́д charge
значи́тельно considerably
идти́ to go
обобще́ние generalization
объясне́ние explanation
ока́зывать to render
оско́лки fragments
основно́й basic
па́дающий incident
переходи́ть to get across
показа́ть to show
по́лностью completely
получа́ть to receive

поря́док order
пра́вильный correct
предложи́ть to propose
привести́ to bring
приня́тие acceptance
промежу́точный intermediate
разложе́ние expansion
распа́д disintegration
распределе́ние distribution
рассма́тривать to consider
ска́зываться to tell upon
согла́сие agreement
соотве́тствовать to correspond
соприкаса́ться to come in contact
ста́дия stage
то́чный precise
тяжёлый heavy
у́ровень level
усто́йчивость stability
ф-ла = фо́рмула
хоро́ший good
че́рез across
ядро́ nucleus

Exercise 169

Ненаправленные керамические звукоприемники. Ананьева А. А., Акуст. ж., 1956, 2, No 1, 10–27.

Описываются сферич. и цилиндрич. ненаправленные широкополосные приемники звука из поляризованной керамики титаната бария. Приводятся характеристики направленности таких приемников с радиальной поляризацией, которые для цилиндров в плоскости, перпендикулярной к оси, и для сфер в экваториальной плоскости близки по форме к окружностям в широком диапазоне частот (от 15 до 200–300 кгц). Характеристики направленности для сферич. приемников в плоскости, содержащей вывод, существенно отличаются от круговых.

Приводимые частотные характеристики показывают, что рабочая полоса с относительно постоянной чувствительностью сохраняется до частот, соответствующих наинизшим собств. частотам механич. колебаний керамич. пьезоэлементов и крепящих их конструкций. Решена задача по повышению чувствительности керамич. приемников, которая при радиальной поляризации низка (порядка нескольких микровольт на бар). Для этой цели применяется т. наз. трансформация механич. напряжений, т. е. используются тангенциальные напряжения в тонкостенном цилиндре или сфере, создаваемые давлением звука на внешнюю поверхность. Коэфф. трансформации, определяемой как отношение тангенциального напряжения к внешнему, давлению, равен для сферы выражению $R/2a$, а для цилиндра R/a (где R – радиус, а a – толщина стенок). Для того, чтобы иметь возможность использовать максимальный пьезомодуль керамики, применяется тангенциальная поляризация при поверхностном нанесении электродов. Для такого типа поляризации круговая направленность не сохраняется до таких высоких частот, как при радиальной поляризации. Приводятся расчетные данные по статич. чувствительности цилиндрич. гидрофонов с тангенциальной поляризацией и полученные экспериментально значения, причем наблюдается вполне удовлетворительное совпадение эксперимента с теорией. Чувствительность для цилиндров диаметром 52 мм и с толщиной стенок 1,5 мм достигала 250 мкв/бар (Акуст. ин-т АН СССР, Москва).

Vocabulary for Exercise 169

близок near
внешний external
вполне quite
вывод conclusion
выражение expression
давление pressure
данные data
достигнуть to reach
звук sound
звукоприёмник sound pick up

использовать to use
колебание oscillation
крепящий supporting
круговой circular
наинизший the lowest
нанесение charting
направленность directivity
напряжение voltage
низкий low
окружность circle

опи́сывать to describe
определя́ть to determine
ось axis
отлича́ться to differ
относи́тельно relatively
отноше́ние ratio
пло́скость plane
пове́рхностный surface (attr.)
повыше́ние rise
пока́зывать to indicate
приводи́ть to lead
приёмник receiver
расчётный rated
реши́ть to solve
собст. = со́бственный natural

совпада́ть to coincide
содержа́ть to contain
создава́ть to create
соотве́тствовать to correspond
сохраня́ть to retain
сте́нка wall
суще́ственный essential
сферич. = сфери́ческий
толщина́ thickness
тонкосте́нный thin walled
удовлетвори́тельный satisfactory
цилиндрич. = цилиндри́ческий
широ́кий wide
широкополо́сный wide band

Exercise 170

О квазиэвтектических и квазиэвтектоидных структурах. Гречный Я. В., Изв. АН СССР, Отд. техн. н., 1956, No 3, 77–91.

Предложено рассматривать образование квазиэвтектич. и квазиэвтектоидных структур в бинарных сплавах, исходя из метастабильных диаграмм кристаллизации сплавов. На этих диаграммах вместо линий, наблюдаемых на равновесных диаграммах, существуют области, заключенные между верхней границей метастабильности жидкости, на которой инкубац. период появления зародышей бесконечен, и нижней границей метастабильности, на которой превращение идет безинкубационно. Построены метастабильные диаграммы состояния для семи бинарных металлоподобных сплавов органич. соединений. Изложена методика эксперим. определения границ метастабильности жидкости и условий метастабильного равновесия между жидкостью и кристаллами одной из фаз. Для одного из сплавов, кроме этого, построена метастабильная диаграмма перекристаллизации с эвтектоидным превращением. (Днепропетровский металлург. ин-т, СССР).

Vocabulary for Exercise 170

бесконе́чный infinite
ве́рхний upper
вме́сто instead
грани́ца boundary

жи́дкость liquid
заключи́ть to conclude
заро́дыш embryo
идти́ to go

излага́ть   to set forth
исходи́ть   to come (from)
кро́ме   except
ме́жду   between
металлоподо́бный   metal-like
наблюда́ть   to observe
ни́жний   lower
о́бласть   region
образова́ние   formation
определе́ние   determination
постро́ить   to construct

появле́ние   appearance
превраще́ние   conversion
предлага́ть   to offer
равнове́сный   equilibrium
рассма́тривать   to consider
семь   seven
соедине́ние   compound, combination
состоя́ние   state
сплав   alloy
существова́ть   to exist
усло́вие   condition

Exercise 171

Электромагнитные волны в плазме, находящейся в магнитном поле. Пятигорский Л. М., Уч. зап. Харьковск. ун-та. 1955, 64, 23–30.

Рассмотрены свойства плазмы, находящейся в магн. поле. В основу рассмотрения положены полная система ур-ний Максвелла и ур-ние движения электрона без учета хаотич. скоростей. Их решение дало выражение для тензора диэлектрич. постоянной. Исследование полученного тензора показало, что в отсутствие магн. поля плазма ведет себя как изотропная среда. Наличие магн. поля делает среду гиротропной, причем степень гиротропности оказывается зависящей от магн. поля и частоты поля волн. Во второй части работы исследовано поведение электромагн. волн, распространяющихся в плазме (в частности, в плазме, заполняющий цилиндрич. волновод).

Vocabulary for Exercise 171

вести́   to conduct
волна́   wave
волново́д   waveguide
второ́й   second
выраже́ние   expression
дать   to give
движе́ние   motion
де́лать   to make
зави́сеть   to depend
запо́лнить   to fill
иссле́довать   to investigate

нали́чие   presence
находи́ться   to be found
ока́зываться   to render
осно́ва   basis
отсу́тствие   absence
показа́ть   to indicate
по́лный   full
положи́ть   to assume
получи́ть   to receive
постоя́нная   constant
рабо́та   work
рассмотре́ть   to consider

распространя́ть to propagate
реше́ние solution
сво́йство property
ско́рость velocity

среда́ medium
сте́пень degree
уравне́ние equation
учёт calculation

Exercise 172

О происхождении космических лучей. Гинзбург В. Л., Изв. АН СССР, сер. физ., 1956, 20, No 1, 5–16.

С точки зрения развиваемой автором и другими теории происхождения космич. лучей и сверхновых звездах, опирающейся на данные радиоастрономии, обсуждаются некоторые новые работы. В частности, последние радиоастрономич. работы о квазисферич. распределении галактич. радиоизлучения указывают на подобное же распределение космич. лучей в Галактике; открытие радиоизлучения у новых звезд косвенно подтверждает сделанное ранее предположение о генерации космич. лучей не только в сверхновых, но и в новых звездах; анализ распределения космич. радиоизлучения по небосводу показал, что источники первичных космич. лучей занимают область, имеющую форму сильно сплюснутого сфероида с радиусом, близким к расстоянию между солнцем и центром галактики. Тот недавно установленный факт, что высокоширотное обрезание с спектре протонов и многозарядных ядер происходит при одном и том же значении магн. жесткости, указывает на магн. характер обрезания спектра и говорит против предполагавшейся в ряде работ сильной концентрации источников космич. лучей к галактич. центру.

Подробно рассматривается вопрос об изменении состава и спектра космич. частиц при их блуждании в межзвездной среде. Показывается, что за время блуждания должно устанавливаться равновесие, при котором ядер Li, Be и B должно быть $\sim 0{,}33 \div 0{,}38$ от всего числа ядер с $Z \geqslant 6$. Показывается также, что в вопросе об энергетич. потерях и при нахождении спектра «некатастрофический» характер соударений протон – протон мало существен. Учет характера соударений важен лишь при вычислении интенсивности вторичной электронной компоненты, находящейся в равновесии с протонами. Оказывается что ее интенсивности должно быть достаточно для образования космич. радиоизлучения. Показывается несостоятельность работ, пытающихся сохранить идею ускорения частиц в межзвездном пространстве (Физ. ин-т АН СССР).

Vocabulary for Exercise 172

бли́зкий near
блужда́ние wandering
ва́жен important
вопро́с question
втори́чный secondary
высокоширо́тный high latitude
вычисля́ть to calculate
галактич. = галакти́ческий
говори́ть to say
да́нные data
доста́точный sufficient
друго́й another
жёсткость rigidity, hardness
занима́ть to occupy
звезда́ star
значе́ние significance
измене́ние change
име́ть to have
исто́чник source
ко́свенно indirectly
космич. = косми́ческий
лишь only
луч ray
магн. = магни́тный
ма́ло little
межзвёздный interstellar
многозаря́дный multicharger
находи́ть to find
небосво́д firmament
неда́вно recently
не́который some
но́вый new
о́бласть region
образова́ние formation
обреза́ние cutting
обсужда́ть to discuss

ока́зывать to render
опира́ться to be guided
откры́тие discovery
перви́чный primary
подо́бный similar
подро́бно in detail
подтвержда́ть to confirm
пока́зывать to show
после́дний latter
поте́ря loss
предполага́ть to assume
предположе́ние assumption
происходи́ть to occur
происхожде́ние origin
простра́нство space
пыта́ться to attempt
рабо́та work
равнове́сие equilibrium
радиоизлуче́ние radio emission
развива́ть to develop
ра́нее earlier
распределе́ние distribution
рассма́тривать to consider
расстоя́ние distance
ряд series
сверхно́вые supernovae
сде́лать to make
си́льный strong
соста́в composition
соударе́ние collision
сохрани́ть to retain
сплю́снутный flattened out
среди́ among
суще́ственный essential
та́кже also
то́чка зре́ния point of view
ука́зывать to indicate

ускоре́ние acceleration	части́ца particle
устана́вливать to establish	ча́стности (в) in particular
учёт calculation	число́ number

Exercise 173

Полупроводниковые приборы. Остроумов Б. А., Рогинский В. Ю. В сб.: 60 лет радио. М., Связьиздат, 1955, 82–108.

Обзорная статья по теории и технике изготовления полупроводников и полупроводниковых приборов. Кратко описаны новейшие типы полупроводниковых приборов: слоистый полупроводниковый триод с управлением электрич. полем, полупроводниковый тетрод, упомянут германиевый триод с фотоэлектрич. управлением. Указаны достижения советских ученых в разработке и применениях фотоэлементов и фотосопротивлений в радиотехнике и автоматике. Кратко рассмотрены преимущества применения полупроводниковых приборов в некоторых схемах.

Vocabulary for Exercise 173

достиже́ние achievement	рассмотре́ть to examine
изготовле́ние preparation	сло́истый lamellar
кра́тко briefly	статья́ article
не́который some	схе́ма set-up
обзо́рный review	указа́ть to indicate
полупроводни́к semiconductor	упомина́ть to mention
преиму́щество advantage	управле́ние control
прибо́р apparatus	учёный scientist
примене́ние application	фотосопротивле́ние photo-
разрабо́тка development	resistance

Exercise 174

Термическое и металлографическое исследование системы PbS—ZnS—FeS. Аветисян Х. К., Гиатышенко Г. И., Изв. АН Каз ССР, сер. горн. дела, стройматериалов и металлургии, 1956, Вып. 6, 11–25.

Термическим, микроструктурным и химич. методами изучалась диаграмма фазового равновесия сульфидов Pb, Zn и Fe. Были взяты сплавы с концентрацией сернистого Zn не более 30%, которые могут встречаться в свинцовых штейнах. Сульфиды Fe и Pb получались сплавлением чистых металлов с S, а сернистый Zn – осаждением сероводородом из раствора сернокислого Zn. Изучено 6 разрезов на 80 сплавах. Построена проекция пространств. тройной диаграммы на плоскость концентрац. треугольника. Приведены изотермы ликвидуса. Полученная часть диаграммы относится к типу диаграмм с полной нерастворимостью компонентов в твердом состоянии. Нанесены проекции линии двойных эвтектик. Тройной эвтектич. сплав отвечает составу 8,5% ZnS + 30% FeS + 61,5% PbS. Т-ра затвердевания эвтектики 820°.

Vocabulary for Exercise 174

взять to take
двойно́й double
затвердева́ние hardening
изуча́ть to study
иссле́довать to investigate
нанести́ to plot, to cause
отвеча́ть to answer
относи́ть to take to
по́лный full
получи́ть to receive
постро́ить to construct

простра́нств. = простра́нственный spatial
равнове́сие equilibrium
разре́з cut-section
раствори́мость solubility
серни́стый Zn zinc sulfide
соста́в composition
состоя́ние state
сплав alloy
твёрдый solid
тройно́й ternary

Exercise 175

Радиоастрономические инструменты. Хайкин С. Э. Тр. 5-го совещания по вопр. космогонии, 1955, М., АН СССР 1956, 9–13.

Сопоставление радиоастрономич. инструментов с астрономич. позволяет установить их сходные черты. «Оптические системы» радиотелескопов, как и обычных телескопов, делятся на два класса-рефракторы и рефлекторы. В радиорефракторах, как и в оптич. рефракторах, существует предел, дальше которого нет смысла увеличивать размеры радиотелескопа. Этот предел обусловлен потерями энергии в ВЧ-линиях. В радиорефлекторах, как и в оптике, потери на отражение не зависят от размеров радиотелескопа. Увеличение предельных размеров радиорефракторов путем применения когерентного преобразования или прямого усиления непосредственно у отдельных антенн сопряжено с трудностями выполнения необходимого постоянства фазовых соотношений. Кроме того, радиорефракторы являются узкополосными устр-вами (что аналогично хроматич. аберрации в рефракторах), радиорефлекторы обеспечивают прием в широких диапазонах частот. С другой стороны, в рефракторах легко исключать аберрацию наклонных пучков. Поэтому оптич. ось радиорефрактора можно поворачивать электрич. методами, не поворачивая самого рефрактора, в то время как рефлектор нужно поворачивать для наблюдения источников, имеющих различные склонения.

Vocabulary for Exercise 175

вы́полнить to carry out
ВЧ = высокочасто́тный high frequency
да́льше further
дели́ть to divide
диапазо́н range, band
зави́сеть to depend
исключи́ть to exclude
исто́чник source
кро́ме того́ besides
легко́ easily
наблюде́ние observation
накло́нный inclined
необходи́мо necessary
непосре́дственно directly
обеспе́чивать to provide
обусло́влен caused
обы́чный ordinary
ось axis
отде́льный separate
отраже́ние reflection
повора́чивать to turn
позволя́ть to allow
постоя́нство constancy
поте́ря loss
поэ́тому therefore
преде́л limit
преобразова́ние transformation

приём reception
примене́ние application
прямо́й straight
путь path
пучо́к beam
разли́чный different
разме́р dimension
склоне́ние declination
смысл sense, meaning
соотноше́ние correlation
сопоставле́ние comparison
сопряжено́ entails
сторона́ side
с друго́й стороны́ on the other hand
существова́ть to exist
схо́дный similar
тру́дность difficulty
увеличе́ние increase
увели́чивать to increase
узкополо́сный narrow band
усиле́ние amplification
устана́вливать to place
устр-ва = устро́йства equipment
черта́ line
широ́кий wide
явля́ться to appear

Exercise 176

Расчет поля длинных и сверхдлинных радиоволн над земной поверхностью в реальных условиях. Альперт Я. Л., Радиотехн. и электроника, 1956, 1, No 3, 281–292.

Приводятся результаты теоретич. расчетов распространения электромагн. волн в диапазоне 500–30000 гц над земной поверхностью с учетом слоистой неоднородной ионосферы в зависимости ее проводимости от частоты. Для выбранной модели ионосферы решено ур-ние полюсов и таким образом расчитаны волн. числа дискретного спектра волн, формирующих поле в точке наблюдения. Анализ «интерференцнонного» множителя показал, что фаза и амплитуда поля изменяется сложным нерегулярным образом в зависимости от расстояния и частоты. Построены графики зависимости напряженности поля от частоты для различных расстояний, изменяющихся в пределах 500–10000 км. Известные из литературы измерения напряженности поля, а также результаты других опытов сравниваются с теоретич. расчетами. Получается хорошее согласие между ними, даже в ряде деталей.

Vocabulary for Exercise 176

волна́ wave
вы́брать to choose
да́же even
дли́нный long
зави́симость dependence
земно́й terrestrial
изве́стный known
измере́ние measurement
измеря́ть to measure
ме́жду between
мно́житель factor
наблюде́ние observation
напряжённость intensity
неоднор́одность heterogeneity
о́пыт experiment
пове́рхность surface
показа́ть to show

получа́ть to receive
преде́л limit
приводи́ть to bring
проводи́мость conductivity
распространи́ть to spread
расчи́тывать to calculate
расчёт calculation
реша́ть to solve
ряд series
сверхдлинный superlong
сло́истый lamellar
согла́сие agreement
сра́внивать to compare
таки́м о́бразом thus
то́чка point
усло́вие condition
учёт calculation
хоро́ший good

Exercise 177

О модификации сплавов эвтектического типа. Гречный Я. В., Ж. физ. химии, 1956, 30, No 2, 391–395.

Проведены опыты по комбинированному модифицированию сплавов эвтектич. типа для установления возможности такого изменения структуры эвтектич. колонии, в результате которого фаза, являющаяся до модифицирования диспергированной, превращается в монокристальную и наоборот. Модифицирование проведено на сплавах камфоры с нафталином и камфоры с бензойной кислотой. Установлено, что если в эти сплавы одновременно ввести растворимую примесь (пальмитиновую кислоту) — и нерастворимую (частицы слюды-мусковита), — то это комбинированное модифицирование приводит к тому, что камфора превращается в монокристальную фазу, а нафталин или бензойная кислота в диспергированную. (Металлургич. ин-т, Днепропетровск, СССР.)

Vocabulary for Exercise 177

бензо́йная benzoic	наоборо́т on the contrary
ввести́ to introduce	одновре́менно simultaneously
возмо́жность possibility	превраща́ть to convert
дисперги́ровать to disperse	провести́ to take
е́сли if	сплав alloy
измене́ние change	установи́ть to place
кислота́ acid	установле́ние establishment
	явля́ться to appear, to be

Exercise 178

Электропроводность ферромагнитных металлов при низких температурах. Туров Е. А., Изв. АН СССР, сер. физ., 1955, 19, No 4, 474–480.

Проводится расчет температурной зависимости электрического сопротивления (p) ферромагнетиков при низких температурах. По идее, впервые высказанной С. В. Вонсовским, Ж. эксперим. и теор. физики, 1948, 18, 219, в ферромагнетиках электроны могут обмениваться энергией не только с фононами, но и с ферромагнонами.

Используя выражения вероятности взаимодействия, найденные в другой работе Изв. АН СССР, сер. физ., 1955, 19, No 4, 642, автор получает: а. в случае обменного механизма $p \sim T^2$; б. в случае спин-орбитального взаимодействия $p \sim T$.

Показывается, что при низких температурах сопротивление, обусловленное взаимодействием и ферромагнонами, может значительно превышать сопротивление, обусловленное взаимодействием с фононами, из двух механизмов взаимодействия при этом более эффективным может оказаться спин-орбитальное. Этот результат хорошо согласуется с экспериментом по температурной зависимости электросопротивления Fe в области гелиевых температур.

Возбуждение ферромагнонов возможно тепловым путем и облучением ферромагнетика микроволновым резонансным полем. В мо-

17*

мент облучения, вследствие возбуждения ферромагнонов, сопротивление ферромагнетика должно увеличиваться. Это явление может дать эффективный способ обнаружения электросопротивления ферромагнетиков, обусловленного взаимодействием электронов проводимости с ферромагнонами. (Инст. физ. металлов Уральск. филиала АН СССР, Свердловск.)

Vocabulary for Exercise 178

вероя́тность probability
взаимоде́йствие interaction
возбужде́ние excitation
возмо́жно possible
впервы́е for the first time
всле́дствие owing to
выраже́ние expression
вы́сказать to state
зави́симость dependence
испо́льзовать to use
микроволново́й microwave
найти́ to find
ни́зкий low
о́бласть region
облуче́ние radiation
обме́нивать to exchange
обнару́жить to reveal

обусло́вливать to cause
оказа́ться to be rendered
показа́ть to show
получа́ть to receive
проводи́мость conductivity
путь path
расчёт calculation
согласова́ть to match
сопротивле́ние resistance
теплово́й thermal
то́лько only
увели́чивать to increase
электропроводи́мость electric
  conductivity
электросопротивле́ние electrical
  resistance
явле́ние phenomenon

Exercise 179

О кинетике разрушения сверхпроводимости переменным полем. Лифшиц И. М., Ицкевич Ф. И., Уч. зап. Харьковск. ун-та, 1955, 64, 45–57.

Теория кинетики разрушения сверхпроводимости переменным полем, развитая И. М. Лифшицем (Ж. эксперим. и теор. физики, 1950, 20, 834; РЖФиз, 1956, 6727), обобщается с учетом кривизны образца и тепловых эффектов. Показано, что максим. толщина норм. слоя для цилиндрич. образца больше, чем для плоского. В том же отношении увеличивается средняя скорость релаксации. При учете тепловых эффектов авторы исходят из ур-ния теплового баланса. Полученное ур-ние движения границы интегрируется в случаях изотермич. и адиабатич. режимов.

Vocabulary for Exercise 179

бо́льше   more

исходи́ть   to proceed

кривизна́   curvature

обобща́ть   to generalize

образе́ц   sample

отноше́ние   ratio

переме́нный   alternating

пло́ский   plane

показа́ть   to show

получи́ть   to receive

развива́ть   to develop

разруше́ние   destruction

сверхпроводи́мость   superconductivity

ско́рость   velocity

слу́чай   case

слой   layer

сре́дний   average, middle

теплово́й   thermal

толщина́   thickness

увели́чивать   to increase

учёт   calculation

чем   than

Exercise 180

Подавление импульсных помех компенсационными методами. Кляз-
ник В. А., Электросвязь, 1956, No 8, 25–35.

Рассмотрено действие импульсной помехи на радиоприемное устр-
во, содержащее систему компенсации помех после амплитудного детектирования. Приведен простой способ ее усовершенствования с
целью лучшего подавления импульсной помехи. Дана оценка поме-
хоустойчивости системы при учете действия фильтра нижних частот.
Указан путь технич. осуществления практически полного подавления
импульсной помехи до детектирования.

Vocabulary for Exercise 180

дать   to give

де́йствие   action

лу́чший   better

ни́жний   lower

осуществля́ть   to realize

оце́нка   estimation

подавле́ние   suppression

подавля́ть   to suppress

по́лный   full

поме́ха   interference

помехоусто́йчивость   interference
   killing feature

по́сле   after

привести́   to lead

просто́й   simple

путь   path

радиоприём   radio reception

рассмотре́ть   to examine

содержа́ть   to contain

спо́соб   method

указа́ть   to indicate

усоверше́нствовать   to perfect

устро́йство   arrangement

учёт   calculation

цель   goal

частота́   frequency

Appendix 1

Реферативный журнал. Физика

Общий отдел.
    Общие вопросы.
    Философия и методология.
    История. Персоналия.
    Научные учреждения. Конференции.
    Вопросы преподавания.
    Метрология.
    Лабораторная техника.

Теоретическая физика.
    Общие вопросы.
    Теория относительности.
    Единая теория поля.
    Классическая электродинамика.
    Квантовая механика.
    Квантовая электродинамика.
    Квантовая теория полей.

Ядерная физика.
    Общие вопросы.
    Приборы и установки.
    Методы измерения и исследования.
    Элементарные частицы.
    Строение и свойства ядер.
    Ядерные реакции.
    Прохождение заряженных и нейтральных частиц через вещество.
    Космические лучи.
    Ядерная техника и энергетика.

Атомная и молекулярная физика.
    Физика атома.
    Физика молекулы.

Атомная и молекулярная физика.

    Статистическая физика. Термодинамика.

    Теплота.

    Физика низких температур.

    Физика высоких давлений.

    Газы.

    Жидкости.

    Физика молекулярных веществ.

Физика твердого тела.

    Общие вопросы.

    Теория твердого тела.

    Геометрическая кристаллография.

    Структурная кристаллография.

    Структура сплавов и других систем.

    Фазовые превращения в твердых телах.

    Диффузия.

    Морфология кристаллов. Кристаллизация.

    Структура деформированных материалов.

    Механические свойства кристаллов и поликристаллических соединений.

Магнетизм.

    Общие вопросы.

    Экспериментальные методы магнетизма.

    Диамагнетизм. Парамагнетизм.

    Ферромагнетизм.

    Антиферромагнетизм.

    Ферриты.

    Магнитный резонанс.

Электричество.

    Общие вопросы.

    Диэлектрики.

    Полупроводники.

    Проводники.

Электроника.

    Общие вопросы.

    Электронная и ионная эмиссия.

    Электронная оптика.

Электроника.

Электронная микроскопия.

Электронные лампы.

Электроннолучевые трубки.

Газовый разряд и газоразрядные приборы.

Полупроводниковые устройства и фотоэлементы.

Вакуумная техника.

Радиофизика.

Общие вопросы.

Статистические явления в радиофизике.

Генерирование и преобразование радиочастотных колебаний.

Излучение радиоволн. Линии передачи и антенны.

Распространение радиоволн.

Прием радиоволн.

Радиоизмерения.

Применение полупроводниковых приборов.

Применение радиофизических методов.

Акустика.

Общие вопросы.

Звуковые колебания и волны.

Шумы.

Ультразвук.

Атмосферная акустика. Гидроакустика.

Электроакустика и техническая акустика.

Архитектурная акустика.

Физиологическая акустика. Речь и пение.

Музыкальная акустика.

Оптика.

Общие вопросы.

Геометрическая оптика.

Оптические среды.

Оптотехника.

Физическая оптика.

Спектроскопия.

Оптические методы анализа. Приборы.

Рентгеновские лучи.

Физиологическая оптика.

Оптика.
  Фотометрия. Колориметрия.
  Фотография.

Авторский указатель.

Referativnyi Zhurnal. Fizika
Abstracts Journal. Physics

General section.
  General.
  Philosophy and methodology
  History. Personalia.
  Scientific institutions. Conferences.
  Education.
  Metrology. Laboratory technique.

Theoretical physics.
  General.
  Relativity theory. Unified field theory.
  Classical electrodynamics.
  Quantum mechanics.
  Quantum electrodynamics.
  Quantum theory of fields.

Nuclear physics.
  General.
  Instruments and installations. Methods of measurement and research.
  Elementary particles.
  Structure and properties of nuclei.
  Nuclear reactions.
  Penetration of charged and neutral particles through matter.
  Cosmic rays.
  Nuclear power and technology.

Atomic and molecular physics.
  Physics of atoms.
  Physics of molecule.
  Statistical physics. Thermodynamics.
  Heat.
  Low temperature physics.

Atomic and molecular physics.
   High pressure physics.
   Gases.
   Liquids.
   Physics of polymers.

Solid state physics.
   General.
   Solid state theory.
   Geometrical crystallography.
   Structural crystallography.
   Structure of alloys and other systems.
   Phase transitions in solids.
   Diffusion. Sintering.
   Crystal morphology. Crystallization.
   Structure of deformed materials.
   Mechanical properties of crystals and polycrystalline substances.

Magnetism.
   General.
   Experimental methods of magnetism.
   Diamagnetism. Paramagnetism.
   Ferromagnetism.
   Antiferromagnetism.
   Ferrites.
   Magnetic resonance.

Electricity.
   General.
   Dielectrics.
   Semiconductors.
   Conductors.

Electronics.
   General.
   Electron and ion emission.
   Electron optics.
   Electron microscopy.
   Electronic valves.
   Cathode ray tubes.

Electronics.
  Electrical discharges in gases and gas discharge apparatuses.
  Semiconductor devices and photocells.
  Vacuum technique.

Radiophysics.
  General.
  Statistical phenomena in radiophysics.
  Generation and conversion of radio frequency oscillations.
  Radiation of radio waves. Transmission lines and antennae.
  Propagation of radio waves.
  Reception of radio waves.
  Radio frequency measurements.
  Application of transistor devices.
  Application of radiophysical methods.

Acoustics.
  General.
  Sound waves and oscillations.
  Noise.
  Ultrasonics.
  Atmospheric acoustics. Hydroacoustics.
  Electroacoustics and technical acoustics.
  Architectural acoustics.
  Physiological acoustics. Speech and singing.
  Musical instruments acoustics.

Optics.
  General.
  Geometrical optics.
  Optical media.
  Optical technology.
  Physical optics.
  Spectroscopy.
  Optical methods of analysis. Instrumentation.
  X-rays.
  Physiological optics.
  Photometry. Colorimetry.
  Photography.

Author index.

Appendix 2

A partial list of Russian periodicals

1. Автоматика и телемеханика.
2. Акустический журнал.
3. Астрономический журнал.
4. Атомная энергия.
5. Высокомолекулярные соединения.
6. Доклады Академии Наук, СССР.
7. Изветия Академии Наук, СССР. Отделение технических наук.
8. Изветия Академии Наук, СССР. Отделение химических наук.
9. Изветия Академии Наук, СССР. Серия математическая.
10. Изветия Академии Наук, СССР. Серия физическая.
11. Журнал аналитической химии.
12. Журнал научной и прикладной фотографии и кинематографии.
13. Журнал неорганической химии.
14. Журнал общей биологии.
15. Журнал общей химии.
16. Журнал прикладной химии.
17. Журнал технической физики.
18. Журнал физической химии.
19. Журнал экспериментальной и теоретической физики.
20. Коллоидный журнал.
21. Кристаллография.
22. Математический сборник.
23. Оптика и спектроскопия.
24. Приборы и техника эксперимента.
25. Прикладная математика и механика.
26. Природа.
27. Радиосвязь.
28. Радиотехника.
29. Радиотехника и электроника.
30. Радиофизика.

31. Радиохимия.
32. Реферативный журнал. Астрономия и геодезия.
33. Реферативный журнал. Биология.
34. Реферативный журнал. Биологическая химия.
35. Реферативный журнал. Математика.
36. Реферативный журнал. Металлургия.
37. Реферативный журнал. Механика.
38. Реферативный журнал. Физика.
39. Реферативный журнал. Химия.
40. Реферативный журнал. Электротехника.
41. Теория вероятностей и её применение.
42. Успехи математических наук.
43. Успехи современной биологии.
44. Успехи физических наук.
45. Успехи химии.
46. Физика металлов и металловедение.
47. Физика твердого тела.
48. Электричество.

Partial list of Russian periodicals.

1. Automation and remote control.
2. Acoustical journal.
3. Astronomical journal.
4. Atomic energy.
5. Herald of the Academy of Sciences, USSR.
6. Reports of the Academy of Sciences, USSR.
7. Bulletin of the Academy of Sciences, USSR. Division of technical sciences.
8. Bulletin of the Academy of Sciences, USSR. Division of chemical sciences.
9. Bulletin of the Academy of Sciences, USSR. Mathematical series.
10. Bulletin of the Academy of Sciences, USSR. Physical series.
11. Journal of analytical chemistry.
12. Journal of scientific and applied photography and cinematography.
13. Journal of inorganic chemistry.
14. Journal of general biology.
15. Journal of general chemistry.
16. Journal of applied chemistry.
17. Journal of technical physics.

18. Journal of physical chemistry.
19. Journal of experimental and theoretical physics.
20. Colloid journal.
21. Crystallography.
22. Mathematical symposium.
23. Optics and spectroscopy.
24. Apparatus and experimental technics.
25. Applied mathematics and mechanics.
26. Nature.
27. Radio communication.
28. Radio engineering.
29. Radio engineering and electronics.
30. Radio physics.
31. Radiation chemistry.
32. Abstracts journal. Astronomy and geodesy.
33. Abstracts journal. Biology.
34. Abstracts journal. Biological chemistry.
35. Abstracts journal. Mathematics.
36. Abstracts journal. Metallurgy.
37. Abstracts journal. Mechanics.
38. Abstracts journal. Physics.
39. Abstracts journal. Chemistry.
40. Abstracts journal. Electrical engineering.
41. Theory of probabilities and its application.
42. Advances in mathematical sciences.
43. Advances in contemporary biology.
44. Advances in physical sciences.
45. Advances in chemistry.
46. Physics of metals and metalology.
47. Physics of solid state.
48. Electricity.

Appendix 3

Реферативный журнал. Физика

ПЕРЕЧЕНЬ ЗАГОЛОВОК

предметного указателя по разделам за 1956 г.

ОБЩИЙ ОТДЕЛ
Весы
Времени измерение
Выставки
Вычислительные машины
Демонстрационные приборы
Длины измерение
Единицы измерения
Константы
Космогония
Космология
Космонавтика
Математические методы физики
Метрология
Научные организации
Номограммы
Обработка эксперимента
Периодическая система
Персоналия
Плотность
Поверхностей измерение
Поверхностей исследование
Преподавание физики
Размерности
Стандарты
Таблицы
Толщины измерения

Углов измерение
Физика
Физики история
Физическая химия
Философские вопросы в физике
Химический анализ

ТЕОРЕТИЧЕСКАЯ ФИЗИКА

Квантовая механика
Квантовая теория полей
Квантовая химия
Классическая теория поля
Мезонная теория
Относительности теория
Статистическая физика
Теоретическая физика
Термодинамика
Электродинамика квантовая
Электродинамика классическая
Электромагнитное поле

ЯДЕРНАЯ ФИЗИКА

Альфа-распад
Альфа частиц спектрометры
Альфа-частиц спектры
Альфа-частицы
Атомного ядра деление

271

Атомного ядра масса

Атомного ядра строение

Атомного ядра энергия связи

Атомное ядро

Атомные пучки

Атомные ядра ориентирования

Атомные весы

Бета-распад

Бета-частиц спектрометры

Бета-частиц спектры

Бета-частицы

Бетатрон

Вильсона камера

Гамма-дефектоскопия

Гамма-лучей спектрометры

Гамма-лучей спектры

Гамма-лучи

Гипероны

Гиперядра

Дозиметрия

Защита от радиоактивных излу-
чений

Изотопический спин

Изотопный анализ

Изотопных индикаторов метод

Изотопы

Ионизационные камеры

Ионизационные потери

Ионизационный потенциал

Ионизация

Ионные источники

Комптона эффект

Космические лучи

Масс-спектрометры

Масс-спектры

Мезоатомы

Мезоны

Мезоны легкие

Мезоны тяжелые

Микротрон

Нейтрино

Нейтронов спектрометры

Нейтронов спектры

Нейтронография

Нейтроны

Нуклоны

Оже-эффект

Период полураспада

Позитроний

Позитронно-электронные пары

Позитроны

Протонов спектрометры

Протонов спектры

Протоны

Радиоактивность

Радиография

Радиология

Радиохимия

Рассеяние частиц

Синхротон

Синхрофазотрон

Совпадений метод

Сцинтилляторы

Счетные схемы

Счетчики частиц

Теплопередача

Термоядерные реакции

Тормозная способность

Тормозное излучение

Ускорители атомных частиц

Ускорители высоковольтные

Ускорители линейные

Фазотрон

Фотоэмульсий метод

Циклотрон

Черенкова эффект

Электронные пучки

Электронный захват ядром

Электронов спектры
Электроны
Ядерная аппаратура
Ядерная техника
Ядерная физика
Ядерная флуоресценция
Ядерная электроника
Ядерная энергия
Ядерное оружие
Ядерные звезды
Ядерные изомеры
Ядерные радиусы
Ядерные реакторы
Ядерные силы
Ядерный квадрупольный резо-
    нанс
Ядерный магнитный момент
Ядерный магнитный резонанс
Ядерный спин
Ядерный электрический момент

АТОМНАЯ И МОЛЕКУЛ-
ЯРНАЯ ФИЗИКА

Адгезия
Адсорбция
Аморфные вещества
Ассоциация
Атомные веса
Атомы
Аэрозоли
Броуновское движение
Вакуумная техника
Валентность
Вискозиметрия
Вискозиметры
Влажность
Водяной пар
Волокна
Вязкость

Газы
Гидродинамика
Давление
Дисперсные системы
Диссоциация
Диффузия
Жидкий гелий
Жидкости
Замерзание
Излучение тепловое
Ионизационный потенциал
Ионизационные потери
Ионизация
Ионы
Испарение
Калориметрия
Калориметры
Капиллярность
Капли
Квантовая механика
Кинетическая теория
Кипение
Кипения точка
Коагуляция
Коллоиды
Конвекция
Конденсация
Константы
Критическое состояние
Манометры
Межмолекулярное взаимодей-
    ствие
Молекулы
Молекулярные пучки
Молекулярный вес
Необратимые процессы
Низкие температуры
Низкотемпературная техника
Ожижение газов

Окисление
Охлаждение
Пары
Плавление
Плавления точка
Пластмассы
Пленки
Плотность
Поверхностей исследование
Поверхностное напряжение
Поверхностные явления
Полимеризация
Полимеры
Полиморфизм
Пористые среды
Порошки
Пузыри
Растворимость
Растворы
Реология
Сверхпроводимость
Сверхтекучесть
Свободная энергия
Смачивание
Статистическая физика
Струи
Сублимация
Суспензии
Температура
Тепловое расширение
Теплоемкость
Теплопередача
Теплопроводность
Теплота
Теплота адсорбции
Теплота диссоциации
Теплота испарения
Теплота образования
Теплота плавления

Теплота растворения
Теплота смачивания
Теплота смешения
Теплота сублимации
Термисторы
Термодинамика
Термодинамические потенциалы
Термодинамические свойства
Термодинамические функции
Термодиффузия
Термоизоляционные материалы
Термометры
Термопары
Термостаты
Турбулентность
Уравнение состояния
Фазовые превращения
Фазовые равновесия
Флуктуации
Электроны
Эмульсии
Энтальпия
Энтропия

ФИЗИКА ТВЕРДОГО ТЕЛА

Гамма-дефектоскопия
Деформация
Диффузия
Жаропрочность
Зонная теория
Интерметаллические соединения
Контроль материалов без раз-
    рушения
Кристаллизация
Кристаллические структуры
Кристаллов свойства
Кристаллография
Кристаллооптика

Фотоэлектронные умножители
Фотоэлементы
Фотоэффект
Холла эффект
Центры окраски
Цепи электрические
Экситоны
Электризация
Электрическая аппаратура
Электрическая прочность
Электрические заряды
Электрические измерения
Электрические контакты
Электрические машины
Электрические напряжения
Электрические токи
Электрический пробой
Электрическое поле
Электричество
Электроизмерительные приборы
Электролиз
Электромагнитное поле
Электромагниты
Электронная теория
Электропроводность
Электрострикция
Электротехника
Электроэрозия

МАГНЕТИЗМ

Антиферромагнетизм
Антиферромагнетики
Антиферромагнитный резонанс
Гальваномагнитные явления
Диамагнетизм
Диамагнетиков восприимчи-
  вость
Коэрцитивная сила

Кюри точка
Магнетизм
Магнитная анизотропия
Магнитная восприимчивость
Магнитная вязкость
Магнитная дефектоскопия
Магнитная проницаемость
Магнитное поле
Магнитные измерения
Магнитные методы измерений
Магнитные моменты
Магнитные свойства веществ
Магнитные устройства
Магнитный поток
Магнитогидродинамика
Магнитомеханические явления
Магнитооптические явления
Магнитострикция
Магниты постоянные
Намагниченность
Намагничивание
Намагничивания технического
  кривая
Парамагнетизм
Парамагнетиков восприимчи-
  вость
Парамагнитный резонанс
Размагничивание
Размагничивания коэффициент
Ферриты
Ферромагнетизм
Ферромагнетики
Ферромагнитные домены
Ферромагнитные материалы
Ферромагнитный резонанс
Электромагнитное поле
Электромагниты
Ядерный магнитный момент
Ядерный магнитный резонанс

ЭЛЕКТРОНИКА

РАДИОФИЗИКА

Переходные процессы в радио-
технике
Печатные схемы
Радиационное давление
Радио
Радиоастрономия
Радиозондирование
Радиозонды
Радиоизмерения
Радиолокация
Радиометеорология
Радионавигация
Радиопомехи
Радиоприем
Радиосвязь
Радиоспектроскопия
Распространение радиоволн
Резонаторы объемные
Сврхвысокие частоты
Случайные процессы в радио-
технике
Телевидение
Телеизмерения
Телеуправление
Усилители
Фазы измерение
Ферриты
Фильтры электрические
Цепи электрические
Частоты измерение
Частоты преобразование
Частоты стабилизация
Шумы электрические

АКУСТИКА

Акустика
Акустические излучатели
Акустические камеры

Акустические фокусирующие
системы
Анализаторы колебаний
Архитектурная акустика
Взрывы
Вибрации
Воспроизведение звука
Генераторы
Гидроакустика
Гидрофоны
Громкоговорители
Громкость
Дисперсия акустических волн
Дифракция акустических волн
Допплера эффект
Звук
Звуковая аппаратура
Звуковая проводимость
Звуковое поле
Звукозапись
Звукоизоляция
Звукопоглотители
Звукопоглощающие материалы
Звукосниматели
Излучение звука
Импеданс акустический
Интерференция
Интерферометрия
Интерферометры
Информации теория
Колебания
Магнитофоны
Мембраны
Микрофоны
Музыкальная акустика
Музыкалные инструменты
Озвучение
Отражение звуковых волн
Пластины

ОПТИКА

Освещение
Отражение света
Офтальмология
Пирометрия
Поглощение света
Поляризация света
Переломление света
Приемники излучения
Проекционные приборы
Радиационное давление
Радиоспектроскопия
Разрешающая способность
Распространение света
Рассеяние света
Рассеяние света комбинационное
Рентгеновская аппаратура и тех-
  ника
Рентгеновская спектроскопия
Рентгеновские лучи
Рентгеновские спектры
Рентгеновский спектральный
  анализ
Рентгеногрфия
Рентгенолюминесценция
Рефрактометрия
Свет
Светофильтры
Сенситометрия
Спектральные приборы
Спектральный анализ
Спектроскопия
Спектрофотометрия
Спектрофотометры
Спектры атомные
Спектры молекулярные
Спектры отражения
Спектры поглощения
Стереоскопия
Телескопические системы

Ультрафиолетовые лучи
Фазовый контраст
Фазы измерение
Физиологическая оптика
Фотографическая аппаратура
Фотографические материалы
Фотографический процесс
Фотография
Фотокатоды
Фотометрия
Фотохимия
Фотоэлектрическая аппаратура
Центры окраски
Штарка эффект
Экраны
Эокситоны
Экспонометрия
Яркость

ГЕОФИЗИКА. ОБЩИЙ ОТДЕЛ

Антарктика
Арктика
Взрывы
Геофизика
Карты
Космогония
Космология
Космонавтика
Ледники
Международный геофизический
  год
Научные организации
Планеты

ФИЗИКА АТМОСФЕРЫ

Актинометрия
Альбедо
Антициклоны

Торнадо
Тропопауза
Тропосфера
Туман
Турбулентность атмосферы
Ураган
Фён
Циклоны
Шары-зонды
Шары-пилоты
Шквалы
Штормы

ФИЗИКА ГИДРОСФЕРЫ

Водохранилища
Воды
Геофизические приборы
Гидроакустика
Гидродинамика
Гидрология
Гидрометеорология
Гидрофоны
Гидрохимия
Замерзание
Лед
Ледники
Море
Мореплавание
Морские волны
Наводнения
Наносы
Озера
Океанография
Океаны
Почвы
Приливы
Реки
Сток

Струи
Струйные течения
Судовые наблюдения
Температура моря
Теплообмен в атмосфере
Уровень вод
Эхолоты

ФИЗИКА ЗЕМЛИ

Антисейсмическое строитель-
ство
Взрывы
Вулканы
Геологическое летоисчисление
Геофизическая разведка
Геофизические приборы
Горных пород физические свой-
ства
Гравиметрическая разведка
Гравиметрия
Землетрясения
Земля
Земная кора
Земное ядро
Космогония
Магнитная разведка
Магнитное поле земли
Магнитометрия
Метеориты
Метеоры
Микросейсмы
Минералы
Почвы
Радиометрическая разведка
Сейсмическая разведка
Сейсмические волны
Сейсмические станции
Сейсмическое районирование

Сейсмология
Сейсмометрия
Тектонические движения

Ударные волны
Электрическая разведка
Электрическое поле земли

Vocabulary for Appendix 3

бегу́щий traveling
весы́ balance
ве́тер wind
вещество́ substance
взаимоде́йствие .interaction
взрыв explosion
ви́димость visibility
вла́жность moisture
водохрани́лище reservoir
водяно́й aquatic
волна́ wave
волново́д waveguide
волокно́ fiber
восприи́мчивость susceptibility
воспроизведе́ние reproduction
вре́мя time
выпрями́тель rectifier
вы́ставка exhibition
вы́числительный computing
вя́зкость viscosity
газоразя́дный gas discharge
глаз eye
год year
град hail
гроза́ thunderstorm
давле́ние pressure
движе́ние motion
двойно́й double
деле́ние division
длина́ length
дождь rain
дуга́ arc

ёмкость capacitance
жаропро́чность heat resistance
заголо́вок heading
замерза́ние freezing
за́морозки frosts
заря́д charge
за́суха drought
захва́т capture
защи́та protection
звезда́ star
землетрясе́ние earthquake
земна́я earthly
земля́ earth
зонд probe
излуча́тель radiator
излуче́ние radiation
измере́ние measurement
изображе́ние representation
и́ней hoar-frost
испаре́ние evaporation
иссле́довать to investigate
исто́чник source
ка́пля drop
ка́рта map
кипе́ние boiling
колеба́ние oscillation
кора́ crust
крива́я curve
ла́мпа tube
лёгкий light
ле́дник refrigerator
летоисчисле́ние chronology

луна moon
луч ray
лучевой radial
лучепреломление refraction
межмолекулярный intermolecular
мерцание twinkling
металловедение metalology
море sea
мореплавание navigation
мост bridge
мощность power
наблюдение observation
намагниченность intensity of magnetization
намагничивание magnetization
напряжение voltage
небо sky
необратимый irreversible
облако cloud
обледнение ice formation
обработка treatment
образование formation, education
обратный reverse
общий general
объёмный volumetric
ожижение liquefaction
окисление oxidation
окраска coloring
оружие weapon
осадки precipitates
освещение illumination
отдел section
относительность relativity
отражение reflection
охлаждение cooling
пар vapor
передача transmission

переходный transitional
перечень enumeration
печатный printed
плавление melting
пластмассы plastic compounds
плёнка film
плотность density
поверхность surface
поглощение absorption
погода weather
поле field
полураспад half-decay
пористый porous
порошок powder
постоянный constant
потери losses
поток stream
почва soil
превращение transformation
предмет object
преобразователь transformer
преподавание education
приземный
прилив flow
пробой breakdown
проницаемость permittivity
пространственный spatial
прочность strength
пузырь bubble
пучок beam
пыль dust
работа work
работа выхода work function
равновесие equilibrium
радиозонд radio probe
радиозондирование radio probing
радиопомеха radio interference
радиоприём radio reception

радиосвязь radio communication
развéдка prospecting
раздéл division
размагнúчивание demagnetizing
размéрность dimension
разрешáющая resolving
разрушéние destruction
разрáд discharge
распáд decay
распространéние distribution
рассéяние scattering
раствóр solution
растворúмость solubility
расширéние expansion
решётка lattice
росá dew
сверхпроводúмость superconductivity
сверхтекýчесть superfluidity
свет light
свобóдный free
свóйство property
связь bond
сúла force
сияние radiance
скóрость velocity
слýжба service
слух hearing
случáйный accidental
смáчивание wetting
смерч water-spout
смешéние mixing
снег snow
совпадéние coincidence
сóлнце sun
сопротивлéние resistance
состояние state
спекáние sintering
сплав alloy

спосóбность ability
стéржень pivot
строéние structure
струá stream
суднó ship
судовóй ship's
суховéй dry wind
счётчик meter
твёрдость hardness
телеуправлéние telemechanical control
тéло body
тепловóй thermal
теплоёмкость heat capacity
теплообмéн heat exchange
теплопередáча heat transfer
теплопровóдность heat conductivity
теплотá heat
термообрабóтка thermal treatment
термоэлектродвúжущий thermoelectromotive
ток current
толщинá thickness
тормóзный retarding
тóчка point
трéние friction
тумáн fog
тяжёлый heavy
ýгол angle
удáрный percussive
указáтель index
ультразвýк ultrasound
упрýгость elasticity
уравнéние equation
ýровень level
усилúтель amplifier
ускорúтель accelerator

усро́йство arrangement
фён foehn
холо́дный cold
хру́пкость fragility
цепь circuit
части́ца particle
частота́ frequency

шле́йфный loop
шум noise
экра́н screen
эхоло́т echo sounding apparatus
явле́ние phenomenon
я́дерный nuclear
ядро́ nucleus
я́ркость brightness

Cumulative Vocabulary

Abbreviations: см. denotes смотри – See Attr. denotes attribute

a and, while
аберра́ция aberration
абсолю́тный absolute
а́вгуст August
автоколеба́тельный automatically oscillating
автома́тика automation
автомати́ческий automatic
автомоби́ль automobile
автоподстро́йка automatic control
а́втор author
авторите́т authority
а́вторство authorship
агенту́ра agency
адге́зия adhesion
адиабати́ческий adiabatic
адсорби́ровать to adsorb
адсо́рбция adsorption
а́зимут azimuth
азимута́льный azimuthal
азо́т nitrogen
акаде́мик academician
акаде́мия academy
аксиа́льный axial
актива́ция activation
акти́вность activity
акти́вный active
акти́ний actinium
актиноме́трия actinometry
аку́стика accoustics

акусти́ческий acoustic
альбе́до albedo
А́льпы Alps
алюми́ний aluminium
Аме́рика America
америка́нец American
америка́нка American woman
аме́риций americium
аммиа́к ammonia
амора́льный amoral
амо́рфный amorphous
амплиту́да amplitude
ана́лиз analysis
анализа́тор analyzer
анализи́ровать, проанализировать to analyze
аналити́ческий analytical
аналоги́чный analogous
анало́гия analogy
англи́йский English
англича́нин Englishman
анизотро́пный anisotropic
анизотропи́я anisotropy
ано́д anode
ано́дный anodic
анома́льный anomalous
Анта́рктика Antarctic
анте́нна antenna
антизапо́рный antiblocking
антимора́льный amoral
антисанита́рный insanitory

287

антисейсми́ческий antiseismic
антиферромагнети́зм antiferromagnetism
антиферромагне́тик antiferromagnetic
аппара́т, аппарату́ра apparatus
аппроксими́ровать to approximate
апре́ль April
арго́н argon
А́рктика Arctic
А́рмко Armco
архите́ктор architect
архитекту́ра architecture
архитекту́рный architectural
асимметри́ческий, асимметри́чный asymmetric
асимптоти́ческий asymptotic
ассоциа́ция association
астати́н astatin
астроно́мия astronomy
а́тлас atlas
атмосфе́ра atmosphere
а́том atom
а́томный atomic
аттенюа́тор attenuator
ацикли́ческий acyclic
А́фрика Africa
африка́нец African
ахромати́ческий achromatic
аэродина́мика aerodynamics
аэродинами́ческий aerodynamic
Аэрозо́л Aerosol
бала́нс balance
балли́стика ballistics
баллисти́ческий ballistic
ба́рий barium
баро́метр barometer
барье́р barrier

батаре́я battery
бе́гать, бежа́ть, побежа́ть to run
бегу́щий traveling
бежа́ть см. бегать
без, бе́зо without
безинерцио́нный without inertia
безразме́рный dimensionless
бе́лый white
беля́щий bleaching
бензо́йная benzoic
бери́ллий beryllium
бе́рклий berklium
бесе́да conversation
бесе́довать to talk
бесконе́чность infinity
бесконе́чный infinite
бе́та beta
бетатро́н betatron
бето́н concrete
бина́рный binary
биоло́гия biology
биофи́зика biophysics
биполя́рный bipolar
благодаря́ owing to, thanks to
благодаря́ тому́ что owing to the fact that
благоро́дный noble
бланк form
ближа́йший nearest
бли́же mearer
близ, вблизи́ near
бли́зкий near
блок block
блужда́ние wandering
бога́тый rich
бога́че richer
бок side
бо́лее more
боле́знь illness

болеть to be ill
боло́метр bolometer
болт bolt
бо́льше larger
большо́й large
бомбардирова́ть to bombard
бор boron
борьба́ struggle
боя́ться to be afraid of
брат brother
брать, взять to take
бриз breeze
бром bromine
броса́ть, бро́сить to throw
бро́сить см. броса́ть
брошю́ра brochure
буди́льник alarm-clock
буди́ть, разбуди́ть to awaken
бу́дто like, as, as … as, as if
бу́дто бы as if, allegedly
бу́ква letter
буква́рь ABC book
бума́га paper
бу́ря storm
бы, б should
быва́ло used
бы́стро rapidly
быстроде́йствующий acting with speed
бы́стрый rapid
быть to be
в, во in, at, into, to
ва́жный important
ва́куум vacuum
вале́нтный valent
вальцева́ть to roll
вальцо́вщик roller
вана́дий vanadium
вариа́нт variant

вариа́ция variation
ваш your
по ва́шему according to your opinion
вбега́ть, вбежа́ть to run into
вбежа́ть см. вбега́ть
вблизи́ near
введе́ние introduction
вверх upwards
вверху́ above
ввести́ см. вводи́ть
ввиду́ того́ что as
вводи́ть, ввести́ to insert
вгиба́ть, вогну́ть to bend inwards
вглубь deep down
вдави́ть см. вда́вливать
вда́вливать, вдави́ть to press in
вдалеке́ in the distance
вдали́ far
вдвига́ть, вдви́нуть to move in
вдви́нуть см. вдвига́ть
вдво́е double
вдоль along
вдруг suddenly
ведь but
везде́ everywhere
везти́, повезти́ см. вози́ть
ве́ктор vector
вели́кий great
велича́йший the greatest
величина́ quantity, magnitude
верну́ть to return
верну́ться to return
ве́рный correct
вероя́тность probability
вероя́тный probable
вертика́льный vertical
верх top

вéрхний upper

вес weight

вéсело merrily

вéсить to weigh

веснá spring

веснóй in the spring

весовóй by weight

вести́ см. води́ть

вéстник herald

весь, вся, все all

весьмá greatly, highly

весы́ balance

ветвь branch

вéтерь wind

вéчер evening

вéчером in the evening

вещéственный real

веществó substance

вещь thing

взаи́мность reciprocity

взаи́мный mutual

взаимодéйтвие interaction

взаимодéйствовать to interact

взаимоинду́кция mutual induction

взамéн instead

взгляд opinion

взлезáть, взлезть to climb up

взлéзть см. взлезáть

взлетáть, взлетéть to fly up

взлетéть см. взлетáть

взойти́ см. всходи́ть, восходи́ть

взорвáть см. взрывáть

взрыв explosion

взрывáть, взорвáть to blow up

взять см. брать

вибрáтор vibrator

вибрацио́нный vibrational

вибрáция vibration

вид aspect, form, view

ви́деть, уви́деть to see

видеоусили́тель video amplifier

видико́н vidicon

ви́димость visibility, appearance

ви́димый visible

ви́дно apparently

визуáльный visual

вискозимéтрия viscosimetry

ви́смут bismuth

вихрь perturbation, whirlwind

включáть, включи́ть to switch on

включи́ть см. включáть

вконéц completely

владéть to possess

влáжность moisture

влия́ние effect, influence

влия́ть, повлия́ть to affect, to influence

вмéсте together

вмéсто instead

вначáле at first, initially

вне outside

внеземнóе extraterrestrial

внедрéние interstitial

внести́ см. вноси́ть

внéшний external

вниз downward

внимáние attention

вноси́ть, внести́ to insert

вну́тренний internal

внутри́, внутрь inside

вóвсе нет not at all

вогну́ть см. вгибáть

водá water

води́ть, вести́, повести́ to lead

водопровóд gas pipe

водорóд

водохрани́лище reservoir

водяно́й aquatic
возбуди́ть см. возбужда́ть
возбужда́ть, возбуди́ть to excite
возбужде́ние excitation
возврати́ть см. возвраща́ть
возвраща́ть, возврати́ть to return
возде́йствие action
возде́йствовать to influence
во́здух air
воздухопла́ватель aeronaut
возду́шный air (attr.)
вози́ть, везти́, повезти́ to carry
во́зле near
возмо́жность possibility
возмо́жный possible
возмути́ть см. возмуща́ть
возмуща́ть, возмути́ть to disturb
возмуще́ние perturbation, disturbance
возника́ть, возни́кнуть to arise
возникнове́ние origin
возни́кнуть см. возника́ть
возраста́ть, возрасти́ to grow
возрасти́ см. возраста́ть
войти́ см. входи́ть
вокру́г around
волна́ wave
волни́стый wavy
волново́д waveguide
волново́й wave (attr.)
волноме́р wavemeter
волокно́ fiber
во́лосы hair
вольта́ж voltage
вольта́мпер volt-ampere
вольтме́тр voltmeter
вольфра́м tungsten

19*

вон there
вообще́ generally
вопреки́ in contradiction
вопро́с question
восемна́дцать eighteen
во́семь eight
во́семьдесят eighty
воспи́танность (good) breeding
воспи́танный courteous
воспита́ть см. воспи́тывать
воспи́тывать, воспита́ть to bring up
воспо́льзоваться to avail oneself, to take advantage
воспрети́ть см. воспреща́ть
воспреща́ть, воспрети́ть to prohibit
восприи́мчивость susceptibility
воспроизведе́ние reproduction
восто́к east
восто́чный eastern
восхо́д rising
восходи́ть, взойти́ to ascend
восьмидеся́тый eightieth
восьмисо́тый eight-hundredth
вот here
вот здесь here
вот там there
впервы́е for the first time
вперёд forward
вписа́ть см. впи́сывать
впи́сывать, вписа́ть to inscribe
вплоть up to, down to
вполне́ completely, quite
впосле́дствии afterwards
впуска́ть, впусти́ть to let in
впусти́ть см. впуска́ть
врач physioian
враща́ть to rotate

враще́ние rotation
временно́й time (attr.)
вре́мя time
вре́мя от вре́мени at times
врыва́ть, вры́ть to dig in
все all
всё all
всё же all the same
всегда́ always
вселённая universe
вска́кивать, вскочить to jump up
вски́дывать, вскинуть to throw up
вскинуть см. вски́дывать
вско́ре soon
вскочи́ть см. вска́кивать
вслед after
всле́дствие in consequence
всле́дствие того́ что owing to
   that
вслух aloud
всплыва́ть, всплы́ть to come to
   the surface
всплы́ть см. всплыва́ть
вспомога́тельный auxiliary
вспы́хивать, вспы́хнуть to take
   fire
вспы́хнуть см. вспы́хивать
вспы́шка flash
встава́ть, встать to get up
вста́вка insert
вста́ть см. встава́ть
встре́тить см. встреча́ть
встреча́ть, встре́тить to meet
всходи́ть, взойти́ to ascend
вы you
вся́кий every
втори́чный secondary
второ́й second
втро́е triple

вулка́н volcano
вулканиза́тор vulcanizer
вулканиза́ция vulcanization
вулканизи́ровать to vulcanize
вход entrance
входи́ть, войти́ to enter
входно́й input
входя́щий incoming
вчера́ yesterday
выбира́ть, вы́брать to select
вы́бор choice
выбра́сывать, вы́бросить to
   throw out
вы́брать см. выбира́ть
вы́бросить см. выбра́сывать
вы́брать см. выбира́ть
вы́вести см. выводи́ть
вы́вод lead (out), deduction
выводи́ть, вы́вести to lead out,
   to derive
выдаю́щийся prominent
выдвига́ть, вы́двинуть to pull out
вы́двинуть см. выдвига́ть
выделе́ние isolation
вы́делить см. выделя́ть
вы́делиться см. выделя́ться
выделя́ть, вы́делить to isolate
выделя́ться, вы́делиться to be
   distinguished
выдува́ть, вы́дуть to blow out
вы́дуть см. выдува́ть
вы́звать см. вызыва́ть
вызыва́ть, вы́звать to give rise,
   to provoke
вы́йти см. выходи́ть
выключа́тель switch
выключа́ть, вы́ключить to turn
   off
вы́ключить см. выключа́ть

вылета́ть, вы́лететь to escape
вы́лететь см. вылета́ть
выла́вливать, вы́ловить to catch
вы́ловить см. выла́вливать
вы́нести см. выноси́ть
вынима́ть, вы́нуть to take out
выноси́ть, вы́нести to place
  outside
вы́нудить см. вынужда́ть
вынужда́ть, вы́нудить to force
вы́нужденный forced
вы́нуть см. вынима́ть
вы́писать см. выпи́сывать
выпи́сывать, вы́писать to write out
вы́пить см. пи́ть
выполне́ние realization
вы́полнить см. выполня́ть
выполни́мость feasibility
вы́полнить см. выполня́ть
выполня́ть, вы́полнить to fulfill
вы́прямитель rectifier
вы́прямить см. выпрямля́ть
выпрямле́ние rectification
выпрямля́ть, вы́прямить to
  rectify
выпуска́ть, вы́пустить to let out
вы́пустить см. выпуска́ть
выража́ть, вы́разить to express
выраже́ние expression
вы́разить см. выража́ть
выраста́ть, расти́, вы́расти
  to grow
вы́расти см. выраста́ть
вы́растить см. выра́щивать
выра́щивание growth
выра́щивать, вы́растить to grow
вы́рез cut
  диск с вы́резами chopper disk
вырыва́ние emission

вы́сказать to advance
высо́кий high
высокомолекуля́рный high
  molecular
высокочасто́тный high frequency
высокоширо́тный high latitude
высотоме́р altimeter
вы́ставка exhibition
выстра́ивать, вы́строить to line
  up
вы́строить см. выстра́ивать
вы́ступ projection,
вы́сушить см. суши́ть
вы́сший higher
выта́лкивать, вы́толкнуть
  to knock out
вытека́ть, вы́течь to follow,
  to flow out
вы́течь см. вытека́ть
вы́толкнуть см. выта́лкивать
вытя́гивать, вы́тянуть to draw
  out
вы́тянуть см. вытя́гивать
вы́ход outlet, yield, output
выходи́ть, вы́йти to get out
выходно́й output
вычёркивать, вы́черкнуть
  to cross out
вы́черкнуть см. вычёркивать
вычисле́ние calculation
вычисли́тельный computing
вы́числить см. вычисля́ть
вычисля́ть, вы́числить to calculate
вы́ше above, higher
вышеприве́денный cited
  above
вы́явить см. выявля́ть
выявле́ние exposure

выявля́ть, вы́явить to reveal
вы́яснить см. выясня́ть
выясня́ть, вы́яснить to elucidate
вяза́ть to knit
вя́зкость viscosity
габари́т size
гадоли́ний gadolinium
газ gas
газоанализа́тор gas analyzer
га́зовый, газообра́зный gaseous
газопрово́д gas-pipe
газоразря́дный gasdischarge
  (attr.)
гала́ктика galaxy
га́ллий gallium
гальвани́ческий galvanic
гальваномагни́тный galvano-
  magnetic
гальвано́метер galvanometer
га́мма gamma
гармо́ника harmonic
га́усс gauss
га́фний hafnium
гаше́ние extinction
где where
где́-либо somewhere
где нибу́дь somewhere
где-то somewhere
гексагона́льный hexagonal
ге́лий helium
генера́тор generator, oscillator
генера́ция generation
геодези́ческий geodetic
геоде́зия geodesy
гело́гия geology
геометри́ческий geometric
геофи́зика geophysics
геофизи́ческий geophysical
герма́ний germanium

гетероге́нный heterogeneous
гетероди́н heterodyne
ги́бкость flexibility
гибридиза́ция hybridization
гига́нтский gigantic
гидрази́н hydrazine
гидроаку́стика hydroacoustics
гидродина́мика hydrodynamics
гидродинами́ческий hydrodyna-
  mic
гидроло́гия hydrology
гидромагнитный hydromagnetic
гидрометеороло́гия hydro-
  meteorology
гидросфе́ра hydrosphere
гидрофо́н hydrophone
гидрохи́мия hydrochemistry
ги́перон hyperon
гиперсенсилибази́рованный
  hypersensitized
гипо́теза hypothesis
гиромагни́тный gyromagnetic
гистере́зис hysteresis
гла́вный chief, principal
глаго́л verb
гла́дкий smooth
гла́же smoother
глаз eye,   глаза́ eyes
  за глаза́ in absence
глода́ть to gnaw
глубина́ depth
глубь depth
говори́ть, сказа́ть to speak
год year
голубо́й pale blue
го́льмий holmium
гомеополя́рный homeopolar
гора́ mountain
гора́здо much

горева́ть to grieve
горизо́нт horizon
горизонта́льный horizontal
го́рный mountainous
горя́чий hot
гото́вить, пригото́вить
  to prepare
гравиме́трия gravimetry
гравита́ция gravitation
град hail
градие́нт gradient
градуиро́вка calibration
гра́дус degree
гра́дусник thermometer
грамма́тика grammar
граммати́ческий grammatical
гранецентри́рованный face-
  centered
грани́ца boundary
грануля́рность granularity
гра́фик graph, diagram
графи́т graphite
графи́ть to make lines
графи́ческий graphic
гроза́ thunderstorm
гро́мкий loud
громкоговори́тель loud-speaker
гро́мкость loudness
громо́здкий cumbrous
грохота́ть to crush, to roar
гру́бый coarse, rough
грузи́ть, погрузи́ть to load
гру́ппа group
группиро́вка bunching
грусти́ть to long (for)
гуля́ть to take a walk
гу́сто thick
гу́ще denser
да and

да?, да ну? really?
дава́ть, дать to give
давле́ние pressure
да́вний old
да́же even
да́лее further
далёкий distant
далеко́ far
далеко́ не far from being
даль long way off
дальне́йший subsequent
дальноме́р range finder
да́льше further
да́нные data
да́нный given
дари́ть, подари́ть to present
дать см. дава́ть
два, две two
два́дцать twenty
два́жды twice
двена́дцать twelve
две́сти two hundred
дви́гатель motor
дви́гать, дви́нуть to move
движе́ние motion
дви́нуть см. дви́гать
дво́е two
двойно́й double
двуме́рный two dimensional
двусте́нный two-walled
двухзаря́дный double charged
двухко́нтурный double cavity
  (attr.)
двухкриста́льный double crystal
  (attr.)
двухсло́йный double layer (attr.)
двухсо́тый two hundredth
двухступе́нчатый two-step
двухчасти́чный two-particle

девяносто ninety
девятнадцать nineteen
девять nine
девятьсот nine hundred
дедушка grandfather
действие action
действительность reality
действовать, подействовать
  to act
дейтрон deutron
декремент decrement
делать, сделать to make
деление division, fission
делегат delegate
делегатка woman-delegate
делимость divisibility
делимый divisible
делитель divisor
делить, разделить to divide
дело affair
  иметь дело to deal
дельта delta
демонстрационный demonstra-
  tional
демонстрация demonstration
демонстрировать to demonstrate
денситометрия densitometry
день day
день за днём day after day
день ото дня with every day
деньги money
депрессия depression
деревня village
дерево tree, wood
деревья trees
деревянный wooden
держать to hold
десять ten
деталь component

детектирование detection
детектор detector
дефект defect
дефективный defective
дефектоскоп flaw detector
дефектоскопия flaw detection
деформация deformation
деюстировка misalignment
диаграмма diagram
диамагнетизм diamagnetism
диамагнитный diamagnetism
диапазон range
диафрагма diaphragm
диборид diboride
динамика dynamics
динамический dynamic
диод diode
диполь dipole
дипольный dipolar
диск disk
дискретный discrete
дискриминатор discriminator
дискуссия discussion
дислокация dislocation
диспергировать to disperse
дисперсионный dispersed
дисперсия dispersion
диспрозий disprosium
дистанционно by remote control
дисциплина discipline
дифференциальный differential
дифференцирование differentia-
  tion
дифференцировать to differen-
  tiate
дифракционный diffractive
дифракция diffraction
диффузия diffusion
дихроизм dichroism

диэлéктрик dielectric
длинá length
длиноволновóй long wave
дли́нный long
дли́тельный prolonged
для for
для тогó чтóбы in order that
дневнóе врéмя daytime
днём in the daytime
 на днях one of these days
до till, to
до тех пор till
до тогó что to such an extent
 that
добáвить см. добавля́ть
добавля́ть, добáвить to add
добáвочный supplementary
добéгать, добежáть to run to
добежáть см. добéгать
добрóтность (good) quality
дóбрый good
дóверху up to the top
довóльно enough
доезжáть, доéхать to reach the
 place
доéхать см. доезжáть
дождь rain
дози́метр dosimeter
дозимéтрия dosimetry
доказáтельство proof
доказáть см. докáзывать
докáзывать, доказáть to
 demonstrate
доклáд report
доклáдчик lecturer
доклáдывать, доложи́ть to
 report
дóкрасна red hot
дóлгий long

долготá longitude
дóлжен ought (to)
доложи́ть см. доклáдывать
дом house
дóма at home
дóмен domain
дóнизу to the bottom
дóнор donor
дописáть см. допи́сывать
допи́сывать, дописáть to finish
 writing
дополни́тельный additional
допóлнить см. дополня́ть
дополня́ть, допóлнить to supplement
допускáть, допусти́ть to admit
допусти́ть см. допускáть
допущéние assumption
дорóга road
дорогóй dear
дослу́шать см. дослу́шивать
дослу́шивать, дослу́шать to
 listen to the end
достáточно sufficiently
достигáть, дости́чь, дости́гнуть
 to attain, to reach
дости́гнуть см. достигáть
достижéние achievement
дости́чь см. достигáть
достóинство quality
дострáивать, дострóить
 to finish building
дострóить см. дострáивать
дóсыта to one's heart content
дохóд income
дóчиста completely clean
дочитáть см. дочи́тывать
дочи́тывать, дочитáть
 to finish reading

драгоце́нный precious
дрейф drift
дрема́ть to doze
дробно́й эффе́кт shot effect
друг friend
друго́й other
дру́жба friendship
дру́жеский friendly
дружи́ть to be on friendly terms
дуга́ arc
ду́мать, поду́мать to think
дя́дя uncle
дупле́кс duplex
дутьё blowing
дыра́, ды́рка hole
ды́рочный hole (attr.)
евро́пий europium
едва́ hardly
едини́ца unit
едини́чный single
единообра́зный uniform
еди́нственно only
еди́ный single, unified
е́здить, е́хать, пое́хать to depart
ель spruce
ёмкостный capacitive
ёмкость capacitance
е́сли, е́сли бы if
естествоиспыта́тель naturalist
есть there is, to eat
е́хать см. е́здить
ещё still
жаль pity
жаропро́чность heat resistance
жать to press
ждать to wait for
же even, as far
жела́ть, пожела́ть to wish
желе́зная доро́га railroad

железнодоро́жный railroad (attr.)
железня́к iron-clay
желе́зо iron
жёлтый yellow
жёсткий rigid
жи́дкий liquid
жи́дкость liquid, fluid
жизнь life
жир fat
жить to live
журна́л journal
журнали́ст journalist
жюри́ jury
за for, at, beyond
забега́ть, забежа́ть to drop in
забежа́ть см. забега́ть
забыва́ть, забы́ть to forget
забы́ть см. забыва́ть
зави́сеть to depend on
зави́симость dependence
заво́д factory
заво́дчик factory owner
за́втра tomorrow
заголо́вок heading
заде́ржка delay, stepping
загрязне́ние contamination
задава́ть, зада́ть to give
задава́ться, зада́ться to set
зада́ть см. задава́ть
зада́ться см. задава́ться
зада́ча problem
зада́чник book of problems
задержа́ть см. заде́рживать
заде́рживать, задержа́ть to detain
за́дний rear (attr.)
задо́лго long before
зажи́м binding post
заземле́ние grounding
зазо́р gap

заигра́ть to begin to play
зайти́ см. заходи́ть
закали́ть см. закаля́ть
зака́лка hardening
закаля́ть, закали́ть to temper
зака́нчивать, зако́нчить to finish
заключа́ть, заключи́ть
  to conclude
заключа́ться to consist
заключе́ние conclusion
заключи́ть см. заключать
зако́н law
зако́нность validity
закономе́рность regularity
зако́нчить см. зака́нчивать
закрепи́ть см. закрепля́ть
закрепля́ть, закрепи́ть to fasten
закрича́ть to begin to shout
закры́вать, закры́ть to close
закры́тие closing
закры́ть см. закрывать
замедлённый delayed
заме́длить см. замедля́ть
замедля́ть, заме́длить to delay
заме́на substitution
замени́ть см. заменя́ть
заменя́ть, замени́ть to replace
замерза́ние freezing
заме́тить см. замеча́ть
заме́тный noticeable
замеча́ние remark
замеча́ть, заме́тить to note
замеще́ние substitution
замира́ние fading
за́мкнутый locked, closed
за́морозки frosts
занима́ть, заня́ть to occupy
занима́ться, заня́ться to be
  occupied

за́ново anew
заня́тие occupation
заня́тия studies
заня́ть см. занима́ть
заня́ться см. занима́ться
запа́с stock, reserve
запере́ть, см. запира́ть
запира́ть, запере́ть to lock
записа́ть см. запи́сывать
запи́ски notes
запи́сывать, записа́ть to write
  down
за́пись recording
запо́лнить см. заполня́ть
заполня́ть, запо́лнить to fill
запомина́ть, запо́мнить to memo-
  rize
запо́мнить см. запомина́ть
запо́рный blocking
запрещённый forbidden
запроекти́ровать см. про́ектиро-
  вать
за́просто simply, without
  ceremony
запуска́ть, запусти́ть to neglect
запусти́ть см. запуска́ть
зара́з at one stroke
зарегистри́ровать см. регистри́ро-
  вать
заро́дыш embryo
заря́д charge
заряди́ть см. заряжа́ть
заряжа́ть, заряди́ть to charge
заражённый charged
за́светло before nightfall
заседа́ние conference
заста́вить см. заставля́ть
заставля́ть, заста́вить to force
за́суха drought

затвердева́ние　hardening
зате́м　then
зате́м что́бы　in order that
затме́ние　eclipse
зато́　in return
затра́тить см. затра́чивать
затра́чивать, затра́тить　to spend
затрудне́ние　difficulty
затуха́ние　attenuation
затуха́ть, зату́хнуть　to extinguish
затуха́ющий　damped
зату́хнуть см. затуха́ть
зафикси́ровать см. фикси́ровать
захва́т　capture
захвати́ть см. захва́тывать
захва́тывать, захвати́ть
　to capture, to take in
заходи́ть, зайти́　to call
захоте́ть см. хоте́ть
заче́м　what for
защи́та　protection
защити́ть см. защища́ть
защи́тник　defender
защища́ть, защити́ть　to protect
зва́ть, позва́ть　to call
звезда́　star
звено́　section, branch
звук　sound
звукоза́пись　sound recording
звукоизоля́ция　sound insulation
звукопоглоти́тель　sound
　absorber
звукопоглоще́ние　sound
　absorption
звукоприёмник　sound pick up
звукоснима́тель　phonograph
　pick up
звукоулови́тель　sound locator
звукохими́ческий　sonochemical

здра́вствовать　to be well
　да здра́вствует!　long live!
землетрясе́ние　earthquake
земля́　earth, ground
земна́я　earthy
зе́ркало　mirror
зерно́　grain
зима́　winter
зимо́й　in winter
знак　sign
знамена́тель　denominator
зна́ние　knowledge
знать　to know
значе́ние　value, significance
значи́тельный　considerable
зна́чить　to signify
зо́лото　gold
золото́й　golden
зо́на　zone
зонд　probe
зре́ние　vision, view
зри́тельный　visual
и　and
и…и　both…and
и́бо　for
игла́　needle
игнитро́н　ignitron
игра́ть, сыгра́ть　to play
идеа́л　ideal
идеали́зм　idealism
иде́я　idea
идти́, ходи́ть, пойти́　to go,
　to walk
из, и́зо　from, out of
из-за　because of
избега́ть, избежа́ть, избе́гнуть
　to avoid
избе́гнуть см. избега́ть
избежа́ть см. избега́ть

избыточный excess
известия news
известно it is known
известняк limestone
известный well known
известь lime
исвлекать, извлечь to extract
извлечь см. извлекать
изгнать см. изгонять
изгонять, изгнать to expel
изготавливать, изготовить
  to manufacture
изготовить см. изготавливать
издавна long since
издали from a distance
излагать, изложить to set forth
изложить см. излагать
излучатель radiator
излучать, излучить to radiate
излучение radiation
излучить см. излучать
изменение variation
изменить см. изменять
изменять, изменить to change
измерение measurement
измеритель measuring instrument
измерительный measuring
измерить см. измерять
измерять, измерить to measure
изобар isobar
изобарический isobaric
изображать, изобразить
  to represent
изображение image
изобразить см. изображать
изобретатель inventor
изобретение invention
изогнуть to curve
изогнутый tilted

изоклина isoclinal line
изолированность insultivity
изолированный insulated
изолятор insulator
изоляционный insulating
изоляция insulation
изомер isomer
изометрический isometric
изотермический isothermal
изотоп isotope
изотропный isotropic
изоэлектронный isoelectric
израсходовать см. расходовать
изредка now and then
изучать, изучить to study
изучение study
изучить см. изучать
изъять см. изымать
изымать, изъять to withdraw
или or
или...или either...or
иллюстративный illustrative
именно just, namely
иметь to have
имитация imitation
имитировать to imitate
импеданс impedance
импульс impulse
имя name
иначе in another manner
индекс index
индивидуальный individual
индий indium
индикатор indicator
индикация indication
индуктивный inductive
индукция induction
индустриальный industrial
иней hoar-frost

инéртность inertness
инéрция inertia
инжéктор injector
инженéр engineer
инженéрство engineering
инконгруэнтно incongruently
инкубациóнный incubational
иногдá sometimes
иностránный foreign
институт institute
инструкция instruction
инструмéнт instrument
интегрáл integral
интегрáция integration
интегрировать to integrate
интенсивность intensity
интенсивный intensive
интервáл interval
интерéсно it is interesting
интересовáться to be interested
интерметаллический intermetallic
интернационáльный
   international
интерполяция interpolation
интерпретáция interpretation
интерферéнция interference
интерферóметрия interferometry
информáция information
информировать to inform
инфракрáсный infrared
иóд iodine
иóн ion
ионизáция ionization
иóнный ionic
ионосфéра ionosphere
ионосфéрный ionospheric
иридий iridium
искажéние distortion
искáть to look for, to search

исключáть, исключить
   to exclude
исключительно exclusively
исключить см. исключáть
искóмый desired
искра spark
искренний sincere
искусственный artificial
искусство art
испарéние evaporation
испóлнить см. исполнять
исполнять, испóлнить to carry
   out
испóльзовать to utilize
испускáние emission
испытáние test
испытáтель tester
испытáть см. испытывать
испытывать, испытáть to test
исслéдование investigation
исслéдователь investigator,
   researcher
исслéдовать to investigate
истечéние efflux
истинный true
истолковáть см. истолкóвывать
истолкóвывать, истолковáть
   to interpret
истóрия history
истóчник source
исходить to originate, to start
исхóдный initial
исчезáть, исчéзнуть to disappear
исчéзнуть см. исчезáть
иттéрбий ytterbium
иттрий yttrium
июнь June
июль July
к, ко to, towards

кабель cable
кабы if
кадмий cadmium
кадровый frame, vertical
каждый every
казаться, показаться to appear
как as, like, how
как будто as if
как бы as if
как либо somehow
как нибудь somehow
как раз just
как...так и both...and
как то somehow
как только as soon as
какой which
какой-либо some
какой-нибудь some
какой-то some
калибратор calibrator
калибровка calibration
калий potassium
калифорний californium
калориметр calorimeter
калькуляция calculation
кальций calcium
каменщик bricklayer
камень brick
камера chamber, camera
камфора camphor
канал channel
канализировать to supply with
  sewerage system
канализация canalization
каникулы vacation
капать to drip
капиллярность capillarity
капля drop, droplet
карбид carbide

карта map
картина picture
касательная tangent
каскад cascade
катион cation
катод cathode
катодный cathodic
каток roller
катушка coil
каучук rubber
качество quality
  в качестве as
качественный qualitative
квадрат square
квадратировать to square
квадратичный quadratic
квадратура quadrature
квадрупольный quadrupole
квазистационарный quasi-
  stationary
квазисферический quasispherical
квазичастотный quasifrequency
  (attr.)
квазиэвтектический quasieutectic
квазиэвтектоидный quasieutectoid
квант quantum
квантовомеханический quantum
  mechanical
квантовый quantum (attr.)
кварц quartz
кварцевый quartz (attr.)
кверху upwards
керамика ceramics
керамический ceramic
кинескоп kinescope
кинетика kinetics
кинетический kinetic
кинематография cinemato-
  graphy

кипе́ние boiling
кипе́ть to boil
кислоро́д oxygen
Кита́й China
класс class, classroom
класси́ческий classical
классифика́ция classification
кли́мат climate
климатоло́гия climatology
клин wedge
клинообра́зный tapered
клистро́н klystron
кни́га book
кни́зу downwards
коагуля́ция coagulation
коаксиа́льный coaxial
ко́бальт cobalt
ковале́нтный covalent
когда́ when
когере́нтный coherent
ко́е-где somewhere
ко́е-как somehow
ко́е-како́й someone
ко́е-кто somebody
ко́е-куда́ somewhere
ко́е-что something
колеба́ние oscillation
колеба́тельный oscillating
колеба́ть, поколеба́ть to shake
ко́ли, коль if
коли́чественный quantitative
коли́чество amount
коллекти́вный collective
колло́идный colloidal
коло́ния colony
колори́метр colorimeter
колориме́трия colorimetry
колпа́к mantle
кольцо́ ring

комбина́ция combination
комбини́ровать to combine
коммута́тор commutator
ко́мната room
ко́мпасс compass
компенсацио́нный compensating
компенса́ция compensation
компенси́ровать to compensate
ко́мплекс complex
компоне́нт component
Компто́новский Compton's
конве́кция convection
конверсио́нный conversional
конве́рсия conversion
конденса́тор condenser
коне́ц end
коне́чный final
конста́нта constant
конструи́ровать, сконструи́ровать to construct, to design
констру́кция construction, design
конта́кт contact
конта́ктный contact (attr.)
контра́ст contrast
контроли́ровать, проконтроли́ровать to control
контро́ль control
ко́нтур contour, outline, circuit
ко́нус cone
конфере́нция conference
конфигура́ция configuration
концентра́ция concentration
концентри́ческий concentric
ко́нчик tip
координа́ты coordinates
кора́ crust
корми́ть, накорми́ть to feed
коро́бка box

коро́на corona
коро́ткий short
коротковолново́й short-wave
коро́че shorter
коррелиро́ванный correlated
корреляцио́нный correlative
корреля́ция correlation
корреспонде́нт correspondent
ко́свенно indirectly
косми́ческий cosmic
космона́втика cosmonautics
космогони́ческий cosmogonal
космого́ния cosmogony
кость bone
кото́рый who
коэрцити́вная coercive
коэффицие́нт coefficient
край edge
кра́йний extreme
краси́вый beautiful
краси́льня dye-house
кра́сить, покра́сить to paint
красне́ть, покрасне́ть to turn red
кра́сный red
кра́ткий short
кратковре́менный momentary
кра́ткость briefness
кра́тность multiplicity
кре́мний silicon
крепи́ть to strengthen
кре́пкий strong
кре́пко firmly
крива́я curve
кривизна́ curvature
крипто́н krypton
криста́лл crystal
кристаллиза́ция crystallization
кристаллизи́ровать to crystallize
кристалли́ческий crystalline

кристаллогра́фия crystallography
крити́ческий critical
кро́ме besides
круг circle
кру́глый round
кругово́й circular
круго́м round
крутизна́ steepness
крути́ть to twist
круто́й steep
ксено́н xenon
кто who
кто́-либо somebody
кто-нибу́дь somebody
кто́-то somebody
куби́ческий cubic
куда́ where
куда́-либо somewhere
куда́-нибу́дь somewhere
куда́-то somewhere
купи́ть см. покупать
ку́пленный bought
кури́ть to smoke
кю́рий curie
лаби́льный labile
лаборато́рия laboratory
ла́мпа tube
ланта́н lanthanum
лауреа́т laureate
ле́вый left
легали́рование alloying
лёгкий light
легко́ easily
лёд ice
ле́дник refrigerator
лежа́ть to lie
ле́кция lecture
ле́мма lemma

ле́нта ribbon, strip
лес forest
лета́ть, лете́ть, полете́ть to fly
лете́ть см. лета́ть
ле́то summer
50 лет 50 years
ле́том in the summer
летоисчиле́ние chronology
ли, ль whether, if
ли́бо or
ли́бо ... ли́бо either ... or
ликвида́ция liquidation
лине́йный linear
ли́нза lens
ли́ния line
лист sheet, leaf
листва́ foliage
литерату́ра literature
ли́тий lithium
литр liter
литьё casting
лицо́ face
лицо́ к лицу́ face to face
лиша́ться, лиши́ться to be
  deprived
лиши́ться см. лиша́ться
лишь only
лишь бы if only
лишь то́лько as soon as
лови́ть, пойма́ть to catch
лову́шка trap
логарифми́ческий logarithmic
локализова́ть to localize
лока́льный local
лока́тор locator
ло́мкость fragility
ло́щадь horse
луна́ ray, moon
луч ray

лучево́й radial
лучепереломле́ние refraction
лу́чший better
люби́ть to love
любо́й any
любопы́тный curious
люме́н lumen
люминесце́нтный luminescent
люминесце́нция luminescence
люминофо́р luminophore
люте́ций lutetium
магнети́зм magnetism
магнетро́н magnetron
ма́гний magnesium
магни́т magnet
магни́тный magnetic
магнитогидродина́мика
  magnetohydrodynamics
магнитоио́нный magnetoionic
магнитомеха́ника magneto-
  mechanics
магнитостри́кция magnetostric-
  tion
магнитофо́н magnetic sound
  recorder
магнитоэлектри́ческий magneto-
  electric
максима́льный maximal
ма́ксимум maximum
мал too small
ма́ленький small
ма́ло a little
ма́лость smallness
малошумя́щий low noise (attr.)
ма́лый small
манипуля́ция manipulation
мано́метр manometer
ма́рганец manganese
март march

ма́сса mass

масс-спектроме́трия mass spectrometry

матема́тика mathematics

математи́ческий mathematical

материа́л material

материа́льный materialism

ма́трица matrix

маши́на machine

машини́ст machinist

ма́як lighthouse

ма́ятник pendulum

мгнове́нный instantaneous

ме́гатрон megatron

ме́дленный slow

медь copper

ме́жду, меж between

ме́жду тем meanwhile

междунаро́дный international

межзвёздный interstellar

межмолекуля́рный intermolecular

мезоа́том mesoatom

мезо́н meson

мембра́на membrane

мемуа́ры memoires

менделе́евый mendelevium

ме́нее less

ме́ньше smaller, less

меня́ть, поменя́ть to change

ме́ра measure

по мере того как as

ме́рить to measure

мерца́ние twinkling

ме́стный local

ме́сто place

ме́сяц month

ме́сячный monthly

мета́лл metal

металли́ческий metallic

металлове́дение metalology

металлографи́ческий metallographic

металлогра́фия metallography

металлоподо́бный metal-like

металлу́ргия metallurgy

метастаби́льный metastable

метео́рный meteoric

метеорологи́ческий meteorological

метеороло́гия meteorology

ме́тод method

мето́дика method

методоло́гия methodology

метроло́гия metrology

механи́зм mechanism

меха́ника mechanics

механи́ческий mechanical

меша́ющий interfering

ми́гать, мигну́ть to wink at somebody

микровесы́ microbalance

микроволново́й microwave

микроме́тер micrometer

микро́н micron

микросе́йсма microseism

микросеку́нда microsecond

микроско́п microscope

микроскопи́я microscopy

микрострукту́ра microstructure

микротвёрдость microhardness

микрофо́н microphone

микрофотогра́фия microphotography

миллиампе́р milliampere

милливольтме́тр millivoltmeter

миллио́н million

ми́ля mile

ми́мо past, by
минера́л mineral
миниатю́рный miniature
минима́льный minimal
мину́та minute
мир world, peace
мише́нь target
мне́ние opinion
мни́мый imaginary
мно́гие many
мно́го many
многозаря́дный multicharger
многокра́тный multiple
многолучево́й multi-beam
многопо́люсный multipole
многосекцио́нный multisection
многосло́йный multilayer
многофа́зный polyphase
многоцентрово́й multicentered
мно́житель factor
модели́ровать to model
моде́ль model
моде́льщик pattern maker
модифици́ровать to modify
мо́дуль modulus
модуля́тор modulator
модуля́ция modulation
мо́жно it is possible, one can
мой my, mine
  по моему in my opinion
моле́кула molecule
молекуля́рный molecular
молекуля́рный генера́тор maser
молибде́н molybdenum
мо́лния lightning
молоко́ milk
молча́ть to keep silence
моме́нт moment
монокриста́лл monocrystal

монта́ж assembly
мора́льный moral
мо́ре sea
морепла́вание navigation
морско́й marine
морфоло́гия morphology
мост, мо́стик bridge
мочь to be able
мо́щность power, capacity
музе́й museum
му́зыка music
музыка́льный musical
музыка́нт musician
мультипле́тный multiplet
мускови́т muscovite
муссо́н monsoon
мы we
мы́слимый conceivable
мы́слитель thinker
мышья́к arsenic
мя́гкий soft
мя́гче softer
на on, at, upon, for
наблюда́ть to observe
наблюде́ние observation
наверху́ above
наводне́ние flood
нагрева́ние heating
нагрева́ть, нагре́ть to heat
нагре́ть см. нагрева́ть
нагрузи́ть см. нагружа́ть
нагру́зка loading
нагружа́ть, нагрузи́ть to load
над over, upon
на́двое in two
надвяза́ть см. надвя́зывать
надвя́зывать, надвяза́ть to add a
  length
надёжный reliable

надлежа́щий proper, appropriate
на́до it is necessary
надписа́ть см. надпи́сывать
надпи́сывать, надписа́ть to inscribe
надстра́ивать, надстро́ить to build a superstructure
надстро́ить см. надстра́ивать
надшива́ть, надши́ть to make longer
надши́ть см. надшива́ть
назва́ть см. называ́ть
назло́ in spite
назнача́ть, назна́чить to set
назна́чить см. назнача́ть
называ́ть, назва́ть to name
наибо́лее most
наибо́льший the greatest
наиме́ньше least
наини́зший lowest
найти см. находить
найти́сь см. находиться
нака́пливать to accumulate
нака́чка pumping
наки́дывать, наки́нуть to throw on
наки́нуть см. наки́дывать
накле́ивать, накле́ить to paste
накле́ить см. накле́ивать
накло́н inclination
накло́нный inclined
накану́не on the eve
наконе́ц at last, finally
накорми́ть см. корми́ть
на́крепко fast
накрыва́ть, накры́ть to cover
накры́ть см. накрыва́ть
налага́ть, наложи́ть to lay on, to impose
нале́во to the left

налегке́ lightly
на лицо́ (to be) present
нали́чие presence
наложе́ние overlapping
наложи́ть см. налага́ть
намагни́тить см. намагни́чивать
намагни́ченность intensity of magnetization
намагни́чивать, намагни́тить to magnetize
намагни́чивание magnetization
нанести́ см. наноси́ть
нано́с deposit
наноси́ть, нанести́ to deposit
наоборо́т on the contrary
напеча́тать см. печа́тать
написа́ть см. писа́ть
напо́лнить см. наполня́ть
наполня́ть, напо́лнить to fill
наполови́ну half
напомина́ть, напо́мнить to remind
напо́мнить см. напомина́ть
напра́вить см. направля́ть
направле́ние direction
напра́вленность directivity
направля́ть, напра́вить to direct
напра́во to the right
на́просто simply
напряже́ние voltage, tension
напряжённость intensity
наравне́ equally
нараста́ть, нарасти́ to grow
нарасти́ см. нараста́ть
наро́чно on purpose
нару́жу outside
наруша́ть, нару́шить to disturb, to rule out
наруше́ние disturbance

нару́шить см. наруша́ть
наряду́ side by side
насо́с pump
насто́лько thus much
настоя́щий
настра́иваемый tunable
на́сухо dry
насыпа́ть, насы́пать to pour (in, into)
насы́тить см. насыща́ть
насыща́ть, насы́тить to saturate
насыще́ние saturation
ната́лкиваться to run (against)
на́трий sodium
на́трое in three
натура́льный natural
натяже́ние tension
нау́ка science
нау́чный scientific
находи́ть, найти́ to find
находи́ться, найти́сь to be found
нахожде́ние being (in a place)
нача́ло beginning
нача́льный initial
нача́ть см. начина́ть
начина́ть, нача́ть to start
национа́льный national
на́чисто clean
наш our
не not
небина́рный non-binary
не́бо sky
небольшо́й not great
небосво́д firmament
невозмо́жный impossible
нево́ля bondage
неда́вно recently
неде́ля week
недоразуме́ние misunderstanding

недоста́ток defect, disadvantage
недоста́точно inadequately
незави́симость independence
незатуха́ющий undamped
незначи́тельно negligibly
незначи́тельный insignificant
неизме́нный unchanged
нейтрализа́ция neutralization
нейтрализова́ть to neutralize
нейтра́лный neutral
нейтри́но neutrino
нейтро́н neutron
нейтроногра́фия neutronography
некатастрофи́ческий noncata-
    strophic
не́кий someone
некогере́нтный incoherent
не́кого there is nobody one can
некоррели́рованный uncor-
    related
не́который some
не́кто someone
нелине́йный non-linear
нельзя́ it is impossible
неме́цкий german
ненасы́щенный unsaturated
необрати́мый irreversible, non-
    reciprocal
необходи́мо it is necessary
необходи́мость necessity
необыкнове́нно unusually
необыкнове́нный unusual, extra-
    ordinary
нео́дим neodymium
неоднокра́тно repeatedly
неоднор́одность heterogeneity
неоднор́одный heterogeneous
нео́н neon
неоргани́ческий inorganic

неподви́жный immobile
непола́док fault
непола́рный nonpolar
непосре́дственно directly
непреры́вный continuous
непригодный unfit
непту́ний neptunium
неравнове́сный irreversible
нераствори́мость insolubility
нерегуля́рный irregular
не́сколько several
несжима́емый incompressible
несмотря́ на то что in spite of
несовпаде́ние no coincidence
несогла́сие discrepancy
нести́ см. носи́ть
несуще́ственно immaterially
нет no
нетру́дно not difficult
нето́чность innaccuracy
неуже́ли? indeed?
неупру́гий inelastic
неупоря́доченный disordered
неусто́йчивость instability
неусто́йчивый unstable
не́хотя reluctantly
не́чего there is nothing
не́что something
ни not a
ни ... ни neither ... nor
ни́же lower
ни́жний lower
низ bottom
ни́зкий low
ни́зко low
низково́льтный low voltage
низколежа́щий low lying
низкотемперату́рный low temperature

никако́й none
ни́кель nickel
никогда́ never
никто́ no one
нио́бий niobium
нить filament
нихро́м nichrome
ниче́й nobody's
ничто́ nothing
но but
нобе́лий nobelium
но́вость news
но́вый new
нога́ foot
нога́ в но́гу in step
нож knife
но́жницы scissors
номина́льный nominal, rated
номогра́мма nomogram
нормализо́ванный normalized
норма́льный normal
нормиро́вка setting
носи́тель carrier
носи́ть, нести́ to carry
ночь night
но́чью at night
нра́виться to like
нужда́ться to need
ну́жен, ну́жный necessary
нукло́н nucleon
нуль zero
ны́не now
о, об, обо about, against, on, upon
о́ба, о́бе both
обвива́ть, обви́ть to wind (round)
обви́ть см. обвива́ть
обвяза́ть см. обвя́зывать

обвя́зывать, обвяза́ть to tie
(round)
обе́д dinner
обеспе́чивать, обеспе́чить to
ensure, to provide
обеспе́чить см. обеспе́чивать
обзо́р review
облада́ть to possess
о́блако cloud
о́бласть region
обледене́ние ice formation
облуча́емый irradiated
облуча́ть, облучи́ть to irra-
diate
облуче́ние irradiation
облучи́ть см. облуча́ть
обману́ть см. обма́нывать
обма́нывать, обману́ть to
deceive
обме́нный exchange
обмо́тка winding
обнаруже́ние discovery
обнару́живать, обнару́жить
to discover
обнару́жить см. обнару́живать
обобща́ть, обобщи́ть to generalize
обобще́ние generalization
обобщи́ть см. обобща́ть
обогати́ть см. обогаща́ть
обогаща́ть, обогати́ть to enrich
обознача́ть, обозна́чить to de-
signate
обозначе́ние designation
обозна́чить см. обознача́ть
оболо́чка cover, shell
оборо́т revolution
обору́дование equipment
обоснова́ть см. обосно́вывать

обосно́вывать, обоснова́ть
to base
обраба́тывать, обрабо́тать to
treat
обрабо́тать см. обраба́тывать
обрабо́тка treatment
о́браз form
таким о́бразом thus
образе́ц specimen
образова́ние formation, education
образова́ть см. образо́вывать
образо́вывать, образова́ть to
form
обрати́ть см. обраща́ть
обра́тная связь feedback
обра́тный reverse, reciprocal
обраща́ть, обрати́ть to turn
обреза́ние cutting
обстоя́тельство circumstance
обсуди́ть см. обсужда́ть
обсужда́ть, обсуди́ть to discuss
обусла́вливать, обусло́вить to
stipulate, to produce
обусло́вить см. обусла́вливать
о́бщий general
о́бщность common nature
объедини́ть см. объединя́ть
объединя́ть, объедини́ть to unite
объе́кт object
объекти́в objective
объём volume
объёмноцентри́рованный body-
centered
объёмный volumetric
объяви́ть см. объявля́ть
объявля́ть, объяви́ть to announce
объясне́ние explanation

объясни́ть см. объясня́ть

объясня́ть, объясни́ть to explain

обыкнове́нно, обы́чно usually

обы́чный usual

огиба́ющий envelope

огонёк small light

ого́нь fire

ограниче́ние limitation

ограни́чивать, ограни́чить to restrict

ограни́чить см. ограни́чивать

оде́жда cloth

оди́н one

одина́ковый identical

оди́ннадцать eleven

одино́чный individual

одна́жды once

одна́ко however

одновреме́нно simultaneously

одномолекуля́рный single molecular

однопрово́дный single wire

односторо́нний one-sided

одночасти́чный single particle

ожида́ть to expect

ожиже́ние liquefaction

озвуче́ние scoring

о́зеро lake

означа́ть to signify

озо́н ozone

оказа́ть см. ока́зывать

оказа́ться см. ока́зываться

ока́зывать, оказа́ть to render

ока́зываться, оказа́ться to find oneself

океа́н ocean

океаногра́фия oceanography

о́кисел oxide

окисле́ние oxidation

окисли́ть см. окисля́ть

окисля́ть, окисли́ть to oxidize

о́кись oxide

о́коло about, near

окра́ска coloring

окружа́ть, окружи́ть to surround

окружи́ть см. окружа́ть

окру́жность circle

окрути́ть см. окру́чивать

окру́чивать, окрути́ть to wind around

оксидно́й oxide

октя́брь october

о́лово tin

омме́тр ohmmeter

омыва́ть to wash

он he

опера́тор operator

опера́ция operation

опира́ться to be guided, to rely

описа́ние description

описа́ть см. опи́сывать

опи́сывать, описа́ть to describe

оправда́ть см. опра́вдывать

опра́вдывать, оправда́ть to justify

определе́ние determination

определённый definite

определи́ть см. определя́ть

определя́ть, определи́ть to determine

о́птика optics

оптима́льный optimum

опти́ческий optical

опубликова́ть см. опублико́вывать

опублико́вать, опубликовыва́ть to publish

о́пыт experiment

орбита́льный orbital

органи́зм organism
органи́ческий organic
ордина́рный ordinary
ориента́ция orientation
ориенти́ровать to orient
ору́жие weapon
оса́док precipitate
осажде́ние precipitation
освети́ть см. освеща́ть
освеща́ть, освети́ть to illuminate
освеще́ние illumination
освещённый illuminated
о́сень autumn
о́сенью in the autumn
оско́лки fragments
ослабле́ние attenuation
осма́тривать, осмотре́ть to survey
осмотре́ть см. осма́твирать
о́смий osmium
основа́ние basis, ground
основа́ть см. осно́вывать
основно́й basic
основополо́жник founder
осно́вывать, основа́ть to base
осо́бенно especially
осо́бенность feature
остава́ться, оста́ться to remain
оста́вить см. оставля́ть
оставля́ть, оста́вить to leave
остана́вливать, останови́ть to stop
остана́вливаться, останови́ться to stop, to dwell
останови́ть см. остана́вливать
останови́ться см. остана́вливаться
оста́ться см. остава́ться
о́стрый sharp
осуществи́ть см. осуществля́ть

осуществля́ть, осуществи́ть to realize
осцилла́тор oscillator
осциллогра́мма oscillogram
осцилло́граф oscillograph
осци́ллоскоп oscilloscope
ось axis
от from
отбра́сывать, отбро́сить to throw off
отбро́с kick
отбро́сить см. отбра́сывать
отва́га courage
отве́рстие opening
ответви́ться см. ответвля́ться
ответвле́ние branch
ответвля́ться, ответви́ться to branch off
отве́тить см. отвеча́ть
отвеча́ть, отве́тить to answer
отво́д bend, tap
отдава́ть, отда́ть to return
отда́ть, см. отдава́ть
отде́л, отделе́ние section
отдели́ть см. отделя́ть
отде́льно separately
в отде́льности each taken separately
отде́льный separate
отделя́ть, отдели́ть to separate
о́тдых relaxation
оте́ц father
оте́чественный native
отка́з refusal
отказа́ть см. отка́зывать
отка́зывать, отказа́ть to refuse
откла́дывать, отложи́ть to put aside, to mark off
отклоне́ние deviation

отклони́ть см. отклоня́ть

отклони́ться см. отклоня́ться

отклоня́ть, отклони́ть   to deflect

отклоня́ться, отклони́ться   to be deflected

открыва́ть, откры́ть   to open

откры́ть см. открыва́ть

отку́да   there from, from which

отлича́ть, отличить   to distinguish

отлича́ться, отличи́ться   to be distinguished

отли́чие   difference

отличи́ть см. отлича́ть

отличи́ться см. отлича́ться

отложи́ть см. откла́дывать

отме́тить см. отмеча́ть

отмеча́ть, отме́тить   to note

отме́тка   grade

отнести́ см. относи́ть

относи́ть, отнести́   to attribute, to relate to

относи́тельно   relatively

относи́тельный   relative

относи́ться   to relate to

отноше́ние   ratio, attitude

отождестви́ть см. отождествля́ть

отождествля́ть, отождестви́ть   to identify

оторва́ть см. отрыва́ть

отполирова́ть см. полирова́ть

отпра́вить см. отправля́ть

отпра́виться см. отправля́ться

отправля́ть, отпра́вить   to send

отправля́ться, отпра́виться   to leave

отража́тельный   reflective, reflex

отража́ть, отрази́ть   to reflect

отраже́ние   reflection

отрази́ть см. отража́ть

отреза́ть, отре́зать   to cut off

отре́зок   segment

отрица́тельный   negative

отрыва́ть, оторва́ть   to tear off

отры́вок, passage, extract

отстава́ть, отста́ть   to fall behind

отста́ть см. отстава́ть

отстрани́ть см. отстраня́ть

отстраня́ть, отстрани́ть   to push aside

отступле́ние   deviation

отсу́тствие   absence

отсу́тствовать   to be absent

отсчёт   reading

отта́лкивать, оттолкну́ть   to repel

оттолкну́ть см. отта́лкивать

оттого́ что   because

отцо́в   father's

отча́сти   partly

отчего́   wherefore

отчётливо   distinctly

отьéзд   departure

охарактеризова́ть   to describe

офтальмоло́гия   ophthamology

охва́тывать   to include

охлади́ть см. охлажда́ть

охлажда́ть, охладить   to cool

охлажде́ние   cooling

оце́нивать, оцени́ть   to estimate

оцени́ть см. оце́нивать

оце́нка   estimation

о́чень   very

очи́стить см. очища́ть

очища́ть, очи́стить   to purify

очки́   eye-glasses

очну́ться   to come to oneself

оши́бка   error

оши́бочный   erroneous

ощути́ть см. ощуща́ть

ощуща́ть, ощути́ть   to feel

па́дать, упа́сть   to fall

па́дающий   incident

паде́ние   fall

палла́дий   palladium

пальмити́новая   palmitic

па́мять   memory

пане́ль   panel

пар   vapor

па́ра   pair

пара́граф   paragraph

парази́тный   parasitic, stray

паракси́а́льный   paraxial

паралле́льный   parallel

парамагнети́зм   paramagnetism

парамагни́тный   paramagnetic

пара́метр   parameter

параметри́ческий   parametric

пасса́т   trade-wind

пасть см. па́дать

паха́ть   to plow

пе́ние   singing

первонача́льный   original

пе́рвый   first

перебега́ть, перебежа́ть   to run across

перебежа́ть см. перебега́ть

перебра́сывать, перебро́сить   to throw over

перебро́сить см. перебра́сывать

перевести́ см. переводи́ть

перево́д   transformation, translation

переводи́ть   to transfer, to translate

перево́дчик   translator

пе́ред, пе́редо   before, in front of

переда́ча   transmission, transfer

перейти́ см. переходи́ть

перека́чка   transfer

пе́рекись   peroxide

переключа́ть, переключи́ть   to switch

переключе́ние   switching

переключи́ть см. переключа́ть

перекрести́ть см. перекре́щивать

перекре́щивать, перекрести́ть   to cross

перекристаллиза́ция   recrystallization

перекрыва́ть, перекры́ть   to overlap

перекры́ть см. перекрыва́ть

переломле́ние   refraction

перемени́ть см. переменя́ть

переме́нный   variable, alternate

переменя́ть, перемени́ть   to change

перемести́ть см. перемеща́ть

перемеща́ть, перемести́ть   to move somewhere

перенести́ см. переноси́ть

перено́с   transfer

переноси́ть, перенести́   to carry somewhere else

перенумерова́ть   to number

переписа́ть см. перепи́сывать

перепи́сывать, переписа́ть   to rewrite

переплыва́ть, переплы́ть   to swim across

переплы́ть см. переплыва́ть

пересече́ние   intersection

перестра́ивать   to tune

пересчита́ть см. пересчи́тывать

пересчи́тывать, пересчита́ть   to count again

переу́чивать, переучи́ть
  to teach again
переучи́ть см. переу́чивать
перехо́д transition
переходи́ть, перейти́ to get across
перехо́дный transitional
пе́речень enumeration
перечита́ть см. перечи́тывать
перечи́тывать, перечита́ть
  to reread
переша́гивать, перешагну́ть
  to step over
перешагну́ть см. переша́гивать
пери́од period
периоди́ческий periodic
перо́ pen
перпендикуля́рный perpendicular
персона́лиа personalia
перспекти́вно in prospect
перспекти́вный promising
пе́тля loop
печа́тать, напеча́тать to print
печа́тный printed
печь stove
пик peak
пироме́трия pyrometry
писа́тель writer
писа́тельница woman-writer
писа́ть, написа́ть to write
писе́ц clerk
письмо́ letter
пита́ние feeding
пить, вы́пить to drink
пла́вить to melt
пла́вкость fusibility
плавле́ние melting
пла́вный smooth
пла́зма plasma
пла́кать to cry

плане́та planet
пласти́на plate
пласти́чность plasticity
пластма́ссы plastic compounds
пла́тина platinum
плато́ plateau
пла́тье clothing
плёнка film
плечо́ shoulder, arm
пли́тка slab
пло́скость plane
пло́тно tightly
пло́тность density
пло́щадь area
плутоний plutonium
по along, according to, by, up to,
  till, for in, on
побежа́ть см. бежа́ть
поведе́ние behavior
повезти́ см. вози́ть
поверну́ть см. повора́чивать
пове́рх over
пове́рхность surface
повести́ см. води́ть
повлия́ть см. влия́ть
по́вод occasion
повора́чивать, поверну́ть to turn
поворо́т turn
повтори́ть см. повторя́ть
повторя́емость recurrence
повторя́ть, повтори́ть to repeat
повы́шенный elevated, increased
поглоти́ть см. поглоща́ть
поглоща́ть, поглоти́ть to absorb
поглоще́ние absorption
пого́да weather
пограни́чный boundary (attr.)
погре́шность error
погрузи́ть см. грузи́ть

под, по́до under, near
подава́ть, пода́ть to give
подави́ть см. подавля́ть
подавля́ть, подави́ть to suppress
подари́ть см. дари́ть
пода́ть см. подава́ть
подбира́ть, подобра́ть to pick up
подверга́ть, подве́ргнуть
  to subject
подверга́ться, подве́ргнуться
  to undergo
подве́ргнуть см. подверга́ть
подви́жность mobility
подгото́вка preparation
поддава́ться, подда́ться
  to give way
подда́ться см. поддава́ться
подде́рживать, поддержа́ть
  to support
поде́йствовать см. де́йствовать
поджéчь см. поджига́ть
поджига́ть, поджéчь to ignite
подкла́дывать, подложи́ть
  to lay (under)
подкле́ивать, подкле́ить to glue
  (under)
подкле́ить см. подкле́ивать
подключа́ть, подключи́ть
  to switch on
подключи́ть см. подключать
подлеза́ть, подле́зть to creep
  under
подле́зть см. подлеза́ть
по́длинно really
подложи́ть см. подкла́дывать
подмагни́тить см. подмагни́чи-
  вать
подмагни́чивать, подмагни́тить
  to magnetize

подма́зать см. подма́зывать
подма́зывать, подма́зать
  to grease
поднима́ть, подня́ть to raise
подня́ть см. поднима́ть
подо́бно тому́ как just as
подо́бный similar
подобра́ть см. подбира́ть
подойти́ см. подходи́ть
подписа́ть см. подпи́сывать
подпи́счик subscriber
подпи́сывать, подписа́ть to sign
подразумева́ть to imply
подро́бно in detail
подста́вить см. подставля́ть
подставля́ть, подста́вить
  to substitute
подсчёт calculation
подтверди́ть см. подтвержда́ть
подтвержда́ть, подтверди́ть
  to confirm
поду́мать см. ду́мать
подхо́д approach
подходи́ть, подойти́ to approach
подчёркивать, подчеркну́ть
  to underline
подчеркну́ть см. подчёркивать
подчини́ть см. подчиня́ть
подчиня́ть, подчини́ть to subordinate
подъезжа́ть, подъе́хать to drive
  up
подъе́хать см. подъезжа́ть
пое́хать см. е́здить
пожа́луйста please
пожела́ть см. желать
позади́ behind
позва́ть см. звать
позво́лить см. позволя́ть

позволя́ть, позво́лить   to permit
позитро́н   positron
пойма́ть см. лови́ть
пойти́ см. идти́, ходи́ть
пока́   while, till, so far
пока́…не   until
показа́ние   reading
показа́ться см. каза́ться
показа́тель   index
показа́ть см. пока́зывать
пока́зывать, показа́ть   to show
поко́й   rest
поколеба́ть см. колеба́ть
покра́сить см. кра́сить
покрасне́ть см. красне́ть
покры́тие   coating
покупа́ть, купи́ть   to buy
полага́ть   to suppose
полве́ка   half a century
по́ле   field
полево́й   field (attr.)
поле́зно   useful
полете́ть см. лета́ть
полиме́р   polymer
полиморфи́зм   polymorphism
полирова́ть, отполирова́ть
   to polish
полиро́вщик   polisher
полистиро́л   polystyrene
полиэ́др   polyhedron
полиэтиле́н   polyethylene
по́лностью   completely
по́лный   full
поло́гий   sloping
положе́ние   position, postulate
поло́жим   let us assume
положи́тельный   positive
поло́ний   polonium
полоса́   band

по́лость   cavity
полтора́   one and a half
полупроводни́к   semiconductor
полураспа́д   half-decay
полуце́лый   half-integer
получа́ть, получи́ть   to receive
получе́ние   receipt
получи́ть см. получа́ть
по́льзоваться   to use
по́люс   pole
поляриза́тор   polarizer
поляризацио́нный   polarized
поляриза́ция   polarization
поляризу́емость   polarizability
поля́рный   polar
поляро́н   polaron
по́малу   little by little
поменя́ть см. меня́ть
помести́ть см. помеща́ть
поме́сячно   by the month
поме́ха   noise, interference
помехоусто́йчивый   noise-proof
помеща́ть, помести́ть   to place
поми́мо   besides
помину́тно   every minute
по́мнить   to remember
помножа́ть, помно́жить
   to multiply
помно́жить см. помножа́ть
помога́ть, помо́чь   to help
помо́чь см. помога́ть
помо́щник   helper
по́мощь   help
пона́добиться   may need it
понево́ле   against one's will
понижа́ть, пони́зить   to lower
пониже́ние   lowering
пони́женный   lowered
пони́зить см. понижа́ть

понима́ть, поня́ть to understand
поня́тие concept
поня́ть см. понима́ть
попада́ть, попа́сть to hit
попа́сть см. попада́ть
попере́чный transversal
попра́вка correction
попроси́ть см. проси́ть
по́просту simply
популя́рный popular
попыта́ться см. пыта́ться
попы́тка attempt
по́ра pore
по́ристый porous
поро́г threshold
поро́да species
порошо́к powder
порядко́вый ordinal
поря́док order
посади́ть см. садить
посветле́ть см. светле́ть
посвяти́ть см. посвяща́ть
посвяща́ть, посвяти́ть to devote
посети́ть см. посеща́ть
посеща́ть, посети́ть to attend
поско́льку so far as
посла́ть см. посыла́ть
по́сле after
после́дний last, latter
после́довательный successive
после́довать см. сле́довать
после́дствие consequence
после́дующий subsequent
послужи́ть см. служи́ть
послу́шать см. слу́шать
посмотре́ть см. смотре́ть
посове́товать см. сове́товать
посоде́йствовать см. содейство-
    вать

посреди́, посреди́не in the middle
    of
поста́вить см. поставля́ть
поставля́ть, поста́вить to supply
постано́вка statement
постара́ться см. стара́ться
постаре́ть см. старе́ть
постепе́нный gradual
постоя́нный constant, direct
постоя́нство constancy
постро́ение construction, plotting
постро́ить см. стро́ить
поступа́ть, поступи́ть to act
поступи́ть см. поступа́ть
посыла́ть, посла́ть to send
потемне́ть см. темне́ть
потенциа́л potential
потенциоме́тр potentiometer
поте́ри losses
пото́к stream, flux
пото́м afterwards
потому́ that is why
потому́ что because, for
потре́бовать см. тре́бовать
потуши́ть см. туши́ть
поутру́ in the morning
по́чва soil
почему́ why
почи́стить см. чи́стить
почле́нно term by term
по́чта post office
    по по́чте by post
почти́ almost
почу́вствовать см. чу́вствовать
пошути́ть см. шути́ть
появи́ться см. появля́ться
появле́ние appearance
появля́ться, появи́ться to appear
поэ́тому therefore

пра́вило rule
пра́вильность validity
пра́вильный correct
пра́вый right
празео́дим praseodymium
пра́ктика practice
практи́чески practically
превзойти́ см. превосходи́ть
превосходи́ть, превзойти́
  to excel
преврати́ть см. превраща́ть
превраща́ть, преврати́ть
  to convert
превраще́ние transformation
превы́сить см. превыша́ть
превыша́ть, превы́сить to exceed
пре́данный devoted
предвари́тельный preliminary
предви́деть to foresee
преде́л limit
преде́льный utmost, limiting
предлага́ть, предложи́ть
  to offer
предло́г preposition
предложи́ть см. предлага́ть
предме́т object
предназнача́ть, предназна́чить
  to intend
предназна́чить см. предназнача́ть
предохрани́ть см. предохраня́ть
предохраня́ть, предохрани́ть
  to protect
предполага́ть, предположи́ть
  to suppose
предположе́ние assumption
предположи́ть см. предполага́ть
предпоче́сть см. предпочита́ть
предпочита́ть, предпоче́сть
  to prefer

председа́тель chairman
председа́тельство chairmanship
предсказа́ть см. предска́зывать
предска́зывать, предсказа́ть
  to predict
представле́ние presentation,
  concept
предста́вить см. представля́ть
представля́ть, предста́вить
  to present
предусма́тривать, предусмотре́ть
  to envisage
предусмотре́ть см. предусма́три-
  вать
предыду́щий previous
пре́жде before
преждевре́менно prematurely
пре́жний former
  по пре́жнему as before
преиму́щество advantage
пре́мия premium, reward
пренебрега́ть, пренебре́чь
  to neglect
пренебреже́ние neglect
пренебре́чь см. пренебрега́ть
преоблада́ть to prevail
преобразова́ние transformation
преобразова́тель transformer
преобразова́ть см. преобразо́вы-
  вать
преобразо́вывать, преобразова́ть
  to transform
преогиба́ющий pre-envelope
преподава́ние education
препя́тствовать to prevent
преры́вистый intermittent
пресс press
претерпева́ть, претерпе́ть
  to undergo

претерпе́ть см. претерпева́ть

прибега́ть, прибе́гнуть   to recourse

прибе́гнуть см. прибега́ть

приближа́ть, прибли́зить
to draw nearer

приближа́ться, прибли́зиться
to approach

приближе́ние   approximation,
approaching

приближённый   approximate

приблизи́тельно   approximately

прибли́зить см. приближа́ть

прибли́зиться см. приближа́ться

прибо́р   apparatus

прива́ривать, привари́ть   to weld
on

привари́ть см. прива́ривать

приведённый   considered

привести́ см. приводи́ть

привлека́ть, привле́чь   to attract

привле́чь см. привлека́ть

приводи́ть, привести́   to lead,
to bring

приго́дность   fitness

приго́дный   suitable

приготовить см. гото́вить,
приготовля́ть

приготовля́ть, приготовить
to prepare

придава́ть, прида́ть   to attach

прида́ть см. придава́ть

приезжа́ть, прие́хать   to arrive

прие́м   procedure, reception

прие́мник   receiver

прие́хать см. приезжа́ть

при́зма   prism

при́знак   feature

прийти́ см. приходи́ть

приказа́ть см. прика́зывать

прика́зывать, приказа́ть
to command

прикладно́й   applied

прикла́дывать, приложи́ть
to add

приключе́ние   adventure

прили́в   flow

приложи́ть см. прикла́дывать

примене́ние   application

применя́ть, примени́ть   to apply

примени́ть см. применя́ть

приме́р   example

при́месь   admixture, doping

принадлежа́ть   to belong

принадле́жность   belonging

принести́ см. приноси́ть

принима́ть, приня́ть   to take,
to assume

приноси́ть, принести́   to bring

при́нцип   principle

принципиа́льный   of principle

приня́ть см. принима́ть

приостана́вливать, приостанови́ть
to stop

приостанови́ть см. приостана́вливать

припа́ивать, припая́ть   to solder

припа́йка   soldering

припая́ть см. припа́ивать

приписа́ть см. припи́сывать

припи́сывать, приписа́ть
to attribute, to ascribe

прира́внивать, приравни́ть
to equate

приравни́ть см. прира́внивать

прираще́ние   increment

приро́да   nature

приспособле́ние   device

пристра́ивать, пристро́ить
  to attach
пристро́ить см. пристра́ивать
присуди́ть to grant
прису́тствие presence
прису́тствовать to attend
притяже́ние attraction
прихо́д arrival, income
приходи́ть, прийти́ to arrive
прича́стие participle
причи́на cause, reason
причи́нность causality
про about
проанализи́ровать см. анализи́-
  ровать
пробе́г path
пробега́ть, пробежа́ть to run by
пробежа́ть см. пробега́ть
пробива́ть, проби́ть to punch
  (a hole)
проби́ть см. пробива́ть
пробле́ма problem
пробой breakdown
прове́рить см. проверя́ть
прове́рка control, examination
проверя́ть, прове́рить to verify
провести́ см. проводи́ть
про́вод wire
проводи́мость conductivity,
  admittance
проводи́ть, провести́ to lead out,
  to conduct
проводни́к conductor
програ́мма program
прогре́в heating
прогресси́вный progressive
продава́ть, прода́ть to sell
прода́вливать to push through
прода́ть см. продава́ть

проде́лать см. проде́лывать
проде́лывать, проде́лать
  to perform
продолжа́ть, продо́лжить
  to continue
продо́льный longitudinal
продува́ть, проду́ть to blow
  through
проду́кт product
проду́ть см. продува́ть
проезжа́ть, прое́хать to pass
  (by, through)
прое́ктор projector
проекти́ровать, запроекти́ровать
  to design
прое́кция projection
прое́хать см. проезжа́ть
прожива́ть, прожи́ть to live
прожи́ть см. прожива́ть
прозра́чность transparency
произведе́ние product
произвести́ см. производи́ть
производи́ть, произвести́
  to carry out
произво́дная derivative
произво́дство production
произво́льно arbitrarily
произойти́ см. происходи́ть
проинтегри́ровать см. интегри́-
  ровать
происходи́ть, произойти́
  to occur
происхожде́ние origin
пройти́ см. проходи́ть
прока́лка firing
проконтроли́ровать см. контро-
  ли́ровать
пролёт passage
промежу́ток interval

промежу́точный intermediate
промете́й promethium
промы́шленность industry
прониза́ть см. прони́зывать
прони́зывать, прониза́ть
to pierce
проника́ть, прони́кнуть
to penetrate
проникнове́ние penetration
прони́кнуть см. проника́ть
проница́емость permittivity
пропа́н propane
проследи́ть см. просле́живать
просле́живать, проследи́ть
to follow
пропорциона́льность proportion-
ality
проси́ть, попроси́ть to ask
прослу́шать см. прослу́шивать
прослу́шивать, прослу́шать
to hear
просма́тривать, просмотре́ть
to look over
просмотре́ть см. просма́тривать
просте́йший simplest
просто́й simple
простота́ simplicity
простра́нственный spatial
простра́нство space
протакти́ний protactinium
протека́ть, проте́чь to flow
проте́чь см. протека́ть
про́тив against
противополо́жность contrast
противоре́чие contradiction
противоре́чить to contradict
прото́н proton
протяже́ние extent
протяжённость extent

профе́ссия profession
профе́ссор professor
профессу́ра professorship
проходи́ть, пройти́ to pass
проходна́я ёмкость transfer
capacitance
прохожде́ние passage
проце́сс process
прочита́ть см. чита́ть
про́чно firmly
про́чность strength
прочь away, off
проше́дший past
проявле́ние development
прояви́ться см. проявля́ться
проявля́ться, прояви́ться
to become apparent
пры́гать, пры́гнуть to jump
пры́гнуть см. пры́гать
пряма́я straight line
прямо́й straight
прямоуго́льный rectangular
псевдомо́дуль pseudo modulus
псевдоморфи́зм pseudomorphism
псевдоромби́ческий pseudo-
rhombic
псевдосимметри́чный pseudo-
symmetric
псевдотетрагона́льный pseudo-
tetragonal
псевдоэ́лемент pseudoelement
психо-физи́ческий psychophysical
пуансо́н punch
публикова́ть см. опублико́вывать
пузы́рь bubble
пульса́ция pulsation
пу́ля bullet
пуска́ть, пусти́ть to allow
пусти́ть см. пуска́ть

пустóй empty
пусть even if, let us suppose
путешéствовать to travel
путь path, means
пучóк beam
пýшка cannon
пыль dust
пытáться, попытáться to attempt
пьезоэлектрúческий piezoelectric
пьезоэлектрúчество piezoelectricity
пятидесятый fiftieth
пятнáдцать fifteen
пятнó spot
пятый fifth
пять five
рабóта work
    рабóта выхода work function
рабóтать to work
рабóтник worker
рабóтница woman-worker
рáвен equal
рáвенство equality
равновéсие equilibrium
равномéрно evenly
равносúльно equivalent
ради for the sake of
радиáльный radial
радиáция radiation
радиациóнный radiated
рáдий radium
рáдио radio
радиоактúвность radioactivity
радиоактúвный radioactive
радиоастронóмия radioastronomy
радиовещáние radio broadcasting

радиоволнá radio wave
радиогрáфия radiography
радиозвёзда radio star
радиозóнд radio probe
радиозондúрование radio probing
радиоизмерéния radio measurements
радиоизлучéние radio emission
радиокóмпас radio compass
радиолóгия radiology
радиолокáция radio location
радиометеоролóгия radio meteorology
радиомéтр radiometer
радиомехáника radiomechanics
радионавигáция radio navigation
радиопомéха radio interference
радиоприём radio reception
радиопятнó radio spot
радиосвязь radio communication
радиоспектроскопúя radiospectroscopy
радиотелескóп radio telescope
радиотéхника radio engineering
радиотрáсса radio track
радиофúзика radiophysics
радиохúмия radiochemistry
радиочастотá radio frequency
рáдиус radius
рáдоваться to rejoice
радóн radon
рáдость joy
раз one, since
разбивáть, разбúть to break
разбирáть, разобрáть to break
разбúть см. разбивáть
разбрáсывать, разбросáть to throw about

разбросáть см. разбрáсывать
разбудить см. будить
развáливать, развалить to pull
down
развалить см. развáливать
рáзве really
рáзве лишь perhaps only
развéдка prospecting
развести см. разводить
развивáть, развить to develop
развитие development
развить см. развивáть
разводить, развести to take
(somewhere)
разговáривать to talk
разграфить см. разграфлять
разграфлять, разграфить
to rule (in columns)
раздéл division
разделéние separation
разделить см. делить, разделять
разделять, разделить to divide
раздробить см. раздроблять
раздроблять, раздробить
to smash, to pieces
разлагáть, разложить to expand,
to decompose
разложить см. разлагáть
различáть, различить
to distinguish
различие difference
различить см. различáть
различный different
разложéние expansion, decompo-
sition
разложить см. разлагáть
размагничивание demagnetizing
размéр dimension
размéрность dimension

разместить см. размещáть
размещáть, разместить to place
размыкáть, разомкнуть to break
рáзница difference
рáзностное пóле differential field
рáзность difference
рáзный different
разобрáть см. разбирáть
разойтись см. расходиться
разомкнуть см. размыкáть
разочаровáние disappointment
разрабáтывать, разрабóтать
to develop
разрабóтать см. разрабáтывать
разрабóтка development
разрéз cut section
разрешáть, разрешить to permit
разрешáющая сила resolving
force
разрешéние permission, resolution
разрешить см. разрешáть
разрушéние destruction
разрыв break
разряд discharge
разрядник discharger
разумéется of course
разъезжáть to drive (around)
разъезжáться, разъéхаться
to depart
разъéхаться см. разъезжáться
райони́рование division into
sections
ракéта rocket
рáнее earlier
рáнний early
раскалённый incandescent
распáд decay
распадáться, распáсться
to disintegrate

распа́сться см. распада́ться

распла́в melt

располага́ть, расположи́ть
   to arrange

расположи́ть см. располага́ть

распределе́ние distribution

распростране́ние propagation

распространи́ть см. распро-
   страня́ть

распространя́ть, распространи́ть
   to spread

рассе́янность dispersion

рассе́ять to scatter

рассказа́ть см. расска́зывать

расска́зывать, рассказа́ть to tell

рассмотре́ние examination,
   consideration

рассма́тривать, рассмотре́ть
   to examine

рассмотре́ть см. рассма́тривать

расстоя́ние distance

расстро́йка detuning

раство́р solution

растворе́ние dissolution

раствори́мость solubility

раствори́ть см. растворя́ть

растворя́ть, раствори́ть
   to dissolve

расти́ см. выраста́ть

расту́щий growing

растя́гивать, растяну́ть
   to stretch out

растяну́ть см. растя́гивать

расхо́д expense

расходи́мость divergence

расходи́ться, разойти́сь
   to go away, to disperse

расхо́довать, израсхо́довать
   to spend

расхожде́ние divergence

расчёт calculation

расчётный calculated, rated

расчита́ть см. расчи́тывать

расчи́тывать, расчита́ть to calculate

расшире́ние expansion

расши́рить см. расширя́ть

расширя́ть, расши́рить to expand

реакти́в reagent

реа́ктор reactor

реа́кция reaction

реализова́ть to realize

реа́льный real

ребро́ rib, edge

ревербера́ция reverbation

регистра́ция registration

регистри́ровать, зарегистри́ро-
   вать to register

регули́ровать to regulate

регулиро́вка regulation, aligne-
   ment

регуля́рный regular

ре́дкий rare

ре́зать, сре́зать to cut

рези́на rubber

ре́зко sharply, abruptly

резона́нс resonance

резона́тор resonator

результа́т result

река́ river

рекомбина́ция recombination

рекомменда́ция recommendation

реко́рд record

рекристаллиза́ция recrystallization

релакса́ция relaxation

реле́ relay

рельéф relief
релятивúстский relativistic
рéний rhenium
рентгéновский X-ray
рентгéнограф röntgenograph
рентгéнография röntgeno-
graphy
рентгенолюминесцéнция X-ray
luminescence
реолóгия rheology
рефератá abstract
рефлéксный reflex
рефрактомéтрия refractometry
рефрáктор refractor
рефрáкция refraction
речь speech
решáть, решúть to decide, to
solve
решéние solution
решётка lattice
решёточный lattice (attr.)
решúть см. решáть
рисýнок figure
рóвно exactly
род kind
рóдий rhidium
родúть to give birth
рождéние birth
роль role
росá dew
рост growth
ртуть mercury
рубúдий rubidium
рудá ore
руднúк mine
рукá hand
руководúть to guide, to lead
руководящий leading
рýпор megaphone

рýсский Russian
рýсско-англúйский Russian-English
рутéний ruthenium
рыба fish
рытьё digging
ряд series
с with, from
с тем чтóбы in order that
с тех пор как since than as
сад garden
садúть, посадúть to plant
садúться, сесть to sit down
сам myself
самáрий samarium
самогашéние self-extinction
самолёт aircraft
самораспространяющийся self-
propagating
самофокусúрующий self-focus-
ing
сáмый the very
в сáмом дéле indeed
санитáрный sanitary
сантимéтр centimeter
сбегáть, сбежáть to run down
сбежáть см. сбегáть
сберегáть, сберéчь to save
сберéчь см. сберегáть
сбивáть, сбить to knock down
сбить см. сбивáть
сближáть, сблúзить to bring together
сблúзить см. сближáть
сбóку from one side
сбóрник collection
сбрáсывать, сбрóсить to throw
down
сбрóсить см. сбрáсывать

сва́ливать, свали́ть to tumble down

свали́ть см. сва́ливать

сва́рочный welding

свежеобрабо́танный freshly worked

свёртка coagulation

сверхвысо́кий super-high

сверхзвуково́й ultrasonic

сверхмо́щный high power

сверхно́вый supernova

сверхпроводи́мость superconductivity

сверхтеку́честь superfluidity

сверхто́нкий hyperfine

све́рху from above

све́сить см. све́шивать

свет light

светле́ть, посветле́ть to brighten

светлоси́ний light blue

све́тлый light

светоси́ла illumination

светофи́льтр light filter

све́шивать, све́сить to let down

свида́ние meeting

   до свида́ния goodbye

свиде́тельствовать to testify

свине́ц lead

свобо́дный free

свой one's

   по сво́ему in one's own way

сво́йство property

свы́ше over

связа́ть см. свя́зывать

свя́зывать, связа́ть to connect

связь bond, correlation, coupling

   в связи́ с тем, что in connection with that

сгоряча́ in the heat of the moment

сдвиг displacement

сдвига́ть, сдви́нуть to move

сдви́нуть см. сдвига́ть

сдво́енный doubled

сде́лать см. де́лать

сегнетоэле́ктрик seignettoelectric

сегнетоэлектри́чество seignetto-electricity

сего́дня today

сегрега́ция segregation

седимента́ция sedimentation

сейсми́ческий seismic

сейсмоло́гия seismology

сейсмоме́трия seismometry

сейча́с now

секу́нда second

селе́ктор selector

селе́кторный selective

селе́н selenium

се́льский rural

семь seven

се́мьдесят seventy

семна́дцать seventeen

сенситоме́трия sensitometry

се́ра sulfur

серде́чник core

серебро́ silver

середи́на middle

се́рия series

се́рнистый sulfide

сероводоро́д hydrogen sulfide

сестра́ sister

сесть см. сади́ться

се́точный mesh (attr.)

сеть network

сече́ние cross-section

сжа́тие compression

сжа́тый compressed

сжима́емый compressible

сза́ди behind
сигна́л signal
сиде́ть to sit
си́ла force
  в си́лу того́ что   on account of
  that
силико́н silicone
силово́й power (attr.)
си́льный strong
симметри́я symmetry
симметри́чный symmetrical
синго́ния syngony
си́ний blue
си́нтез synthesis
си́нус sinus
синусоида́льный sinusoidal
синхрогенера́тор synchro-
  generator
синхрониза́ция synchronization
синхрони́зм synchronism
синхро́нный synchronous
синхротро́н synchrotron
си́нька blue
систе́ма system
системати́ческий systematic
сия́ние radiance
сказа́ть см. говори́ть
скака́ть to gallop
скаля́рный scalar
ска́ндий scandium
скачо́к jump
сквозь through
скин skin
склоне́ние declination, declension
скольже́ние sliding
ско́лько how much
сконструи́ровать см. конструи́ро-
  вать
ско́ро quickly

ско́рость velocity
ско́рый fast
скрещённый crossed
скри́пка violin
ску́льптор sculptor
сла́бый weak
слага́емое term
слага́ться, сложи́ться   to be made
  up
сле́ва to the left
слегка́ slightly
сли́шком too
слия́ние fusion
слова́рь dictionary
сло́вно as, as if, like
сложи́ться см. слага́ться
сло́жный complex
сло́истый lamellar
слой layer
слу́жащий employee
слу́жба employment
служи́ть, послужи́ть to serve
слух hearing
слухово́й auditory
слу́чай case
случа́йный accidental, random
слу́шать, послу́шать to listen
слы́шать, услы́шать to hear
слюда́ mica
сма́зать см. сма́зывать
сма́зочный lubricating
сма́зывать, сма́зать to lubricate
сма́чивание wetting
смени́ть см. сменя́ть
сменя́ть, смени́ть to replace
смерч water-spout
смести́ть см. смеща́ть
смесь mixture
сме́шанный mixed

смеша́ть см. сме́шивать
сме́шивать, смеша́ть to mix up
смеща́ть, смести́ть to displace
смеще́ние displacement
смотре́ть, посмотре́ть to look
смысл sense, meaning
снабди́ть см. снабжа́ть
снабжа́ть, снабди́ть to supply
снаря́д projectile
снача́ла at first
снег snow
сни́зу from below
снима́ть, снять to photograph, to take away
сня́тие removal
снять см. снима́ть
со with, of
собира́ть, собра́ть to collect
собра́ть см. собира́ть
со́бственный own, natural, intrinsic
со́бственное вре́мя time constant
соверше́нствовать, усоверше́нствовать to perfect, to improve
сове́т advice
сове́товать, посове́товать to advise
сове́тчик adviser
совеща́ние conference
совпада́ть, совпа́сть to coincide
совпаде́ние coincidence
совпа́сть см. совпада́ть
совреме́нный contemporary
совсе́м quite
согла́сие agreement
согла́сно according to
согла́сно с in accordance with
согласова́ть см. согласо́вывать
согласо́вывать, согласова́ть to coordinate, to match

22*

соде́йствовать, посоде́йствовать to assist
содержа́ние contents
содержа́ть to contain
соедине́ние compound
соедини́ть см. соединя́ть
соединя́ть, соедини́ть to join
создава́ть, созда́ть to create
созда́ние creation
созда́тель creator
созда́ть см. создава́ть
сократи́ть см. сокраща́ть
сокраща́ть, сократи́ть to shorten
со́лнечный solar, sunny
со́лнце sun
соль salt
сомнева́ться to doubt
сообща́ть, сообщи́ть to report
сообще́ние communication
сообщи́ть см. сообща́ть
соотве́тственный appropriate, corresponding
состве́тствие accordance
соотве́тствовать to correspond
соотве́тствующий corresponding
соотноше́ние relation
сопло́ nozzle
сопоста́вить см. сопоставля́ть
сопоставле́ние comparison
сопоставля́ть, сопоста́вить to compare
соприкаса́ться, соприкосну́ться to come in contact
соприкосну́ться см. соприкаса́ться
сопровожда́ть to accompany
сопротивле́ние resistance
по́лное сопротивле́ние impedance
сопряжённый conjugated

сопряжено́ entails
со́рок forty
соро́ковый fortieth
сосе́д neighbor
сосредото́ченный concentrated
  сосредото́ченные пара́метры lumped parameters
сосредото́чивать, сосредото́чить to concentrate
сосредото́чить см. сосредото́чивать
соста́в composition
соста́вить см. составля́ть
составно́й compound
составля́ть, соста́вить to constitute
составля́ющая component
состоя́ние state
состоя́ть to consist
со́тый hundredth
соударя́ть to collide
сохране́ние conservation
сохраня́ть, сохрани́ть to retain
сочу́вствовать to sympathize
спектр spectrum
спектра́льный spectral
спектро́метр spectrometer
спектроско́п spectroscope
спектроскопи́я spectroscopy
спектрохими́ческий spectrochemical
сперва́ at first
специа́льный special
специфика́ция specification
спидо́метр speedometer
спин spin
спира́ль spiral
списа́ть см. спи́сывать
спи́сок list

спи́сывать, списа́ть to copy out
сплав alloy
сплошно́й continuous
сплошь completely
споко́йно calmly
спонта́нный spontaneous
спо́соб method
спосо́бность ability
спра́ва to the right of
справедли́в true, valid, justifiable
справедли́вость correctness
спра́шивать, спроси́ть to ask
спроси́ть см. спра́шивать
спустя́ after
спу́тник satellite
  иску́сственный спу́тник artificial satellite
сравне́ние comparison
сра́внивать, сравни́ть to compare
сравни́тельный comparative
сравни́ть см. сра́внивать
сра́зу at once
среда́ medium
среди́ among
среди́на middle
среднеквадрати́чный root-mean-square
сре́дний average, middle
сре́зать см. ре́зать
сруба́ть, сруби́ть to fell
сруби́ть см. сруба́ть
срыв discontinuity
стабилиза́тор stabilizer
стабилиза́ция stabilization
стабилизиро́ванный stabilized
сталь steel
станда́рт standard
станови́ться, стать to become
стара́ться, постара́ться to try

старе́ть, постаре́ть to grow old
ста́рый old
  по ста́рому as before
стати́стика statistics
статисти́ческий statistical
стати́ческий static
стать см. станови́ться
статья́ article
стациона́рный stationary
стека́ть, стечь to flow down
стекло́ glass
стеклова́ние crystallization
стена́ wall
сте́пень degree
стереоскопи́я stereoscopy
стечь см. стека́ть
сто hundred
стогра́дусный hundred degrees
стоихиоме́трия stoichiometry
сто́йкий stable
сток flow
стол table
столе́тие century
столкнове́ние collision
столь so
сторона́ side
стохасти́ческий stochastic
стоя́ть to stand
стоя́чий standing
стратосфе́ра stratosphere
стреми́ться to aim, to tend
стро́гий strict
строе́ние structure
стро́ить, постро́ить to build
стройматериа́лы building materials
стро́нций strontium
структу́ра structure
структу́рный structural

струя́ jet, stream
студе́нт student
студе́нтка woman-student
сту́кать, сту́кнуть to knock
сту́кнуть см. сту́кать
стуча́ть to knock
сублима́ция sublimation
сублими́рованный sublimed
сиди́ть to judge
судно́ ship
судово́й ship's
су́мма sum, summation
сумми́ровать to summarize
суперпози́ция superposition
сурьма́ antimony
суспе́нзия suspension
суховей dry wind
сухо́й dry
суши́ть, вы́сушить to dry
суще́ственно materially
суще́ственный essential
существо́ creature
существова́ние existence
существова́ть to exist
су́щность essence
  в су́щности as a matter of fact
сфе́ра sphere
сфери́ческий spherical
сферо́ид spheroid
схвати́ть см. схва́чивать
схва́тывать, хвата́ть, схвати́ть
  to grab
схе́ма diagram
схо́ден similar
сходи́ть, сойти́ to come down
сходи́ться to meet
сходя́щийся converging
сцинтилля́тор scintillant
сцинтилляцио́нный scintillating

счастье happiness
счесть см. считать
счёт calculation
счётчик meter
считать, счесть to consider, to count
съезд conference
сыграть см. играть
сытый satisfied, replete
сюда here
таблица table
тайфун typhoon
так как as
также also
таким образом thus
такой such
таллий thallium
там there
тангенциальный tangential
тантал tantalum
твердение hardening
твёрдость hardness
твёрдый solid
тектонический tectonic
текучесть fluidity
телевидение television
телеграмма telegram
телеграф telegraph
телеграфист telegrapher
телеграфный telegraphic
телеизмерение telemetry
телемеханика telemechanics
телескопический telescopic
телеуправление telemechanical control
телефон telephone
телефония telephony
теллур tellurium
тело body

темнеть, потемнеть to become dark
темновой, тёмный dark
темносиний dark blue
температура temperature
тенденция tendency
тензор tensor
теоретический theoretical
теория theory
теперь now
тепло heat
тепловой thermal
теплоёмкость heat capacity
теплообмен heat exchange
теплообработка thermal treatment
теплопередача heat transfer
теплопроводимость, теплопроводность heat conductivity
теплота heat
тёплый warm
тербий terbium
терм term
термиионный thermoionic
термин term
терминология terminology
термистор thermistor
термический thermal
термодинамика thermodynamics
термодинамический thermodynamic
термодиффузия thermal diffusion
термоизоляционный thermoinsulating
термомагнитный thermomagnetic
термометр thermometer
термообработка thermal treatment

термопа́ра thermocouple

термоэлектри́ческий thermo-electric

термоэлектродви́жущий thermo-electromotive

термоэлектро́ника thermoelec-tronics

термоста́т thermostat

термоя́дерный thermonuclear

тетра́эдр tetrahedron

тетро́д tetrode

Те́флон Teflon

технеций technetium

те́хника technic, engineering

техноло́гия technology

тече́ние flow

   с тече́нием вре́мени in time

тип type

типи́чный typical

ти́ратрон thyratron

тита́н titanium

титана́т titanate

ти́хий quiet

тлеть to smoulder

то that

това́р goods

тогда́ then

ток current

токовраща́тель pole changer

толка́ть, толкну́ть to push

толкну́ть см. толка́ть

то́лько only

то́лько бы if only

толщина́ thickness

то́нкий thin

тонкосте́нный thin walled

топо́граф topographer

топогра́фия topography

то́рий thorium

тормози́ть to retard, to apply the brakes

тормо́зный retarding

тормо́зное излуче́ние brems-strahlung

торна́до tornado

тороида́льный toroidal

тотча́с immediately

то́чечная point (attr.)

то́чка point

   то́чка зре́ния point of view

то́чно as though, as if

то́чность accuracy, precision

то́чный strict, accurate

точь-в-точь exactly

траекто́рия trajectory

транзи́стор transistor

трансду́ктор transductor

трансляцио́нный transmission (attr.)

трансформа́тор transformer

тра́сса route

тре́бование requirement

тре́бовать, потре́бовать to de-mand

тре́ние friction

треуго́льник triangle

трёхвале́нтный trivalent

трёхрезона́нсный triple tuned

тривиа́льный trivial

тригона́льный trigonal

три́дцать thirty

три́жды three-times

трина́дцать thirteen

трио́д triode

тро́е three

тройно́й ternary

тропопа́уза tropopause

тропосфе́ра troposphere

тру́бка tube
тру́д labor
  с трудо́м with difficulty
тру́дный difficult
туда́ that way
ту́лий thulium
тума́н fog
тунне́ль tunnel
турбиди́метр turbidimeter
турбуле́нный turbulent
турбуле́нтность turbulence
тут here
туше́ние extinguishing
туши́ть, потуши́ть to extinguish
тща́тельно thoroughly
тща́тельный careful
тяготе́ние gravity
тяжёлый heavy
тя́жесть weight, gravity
тяну́ть, потяну́ть to pull
  тяну́ть ка́бель to lay a cable
ты́сяча thousand
ты́сячный thousandth
у by, with
убеди́ть см. убежда́ть
убежда́ть, убеди́ть to convince
убыва́ть, убы́ть to diminish
убы́ть см. убыва́ть
увеличе́ние increase
увели́чивать, увели́чить to increase
увели́чить см. увели́чивать
уве́ренность certainty
уви́деть см. ви́деть
увлека́ться to be drawn in
углеро́д carbon
углеро́дистый carbonaceous
углово́й angular
у́гол angle

у́голь coal
удава́ться, уда́ться to succeed
удали́ть см. удаля́ть
удаля́ть, удали́ть to move off
уда́р stroke, kick
уда́рный percussive
уда́ться см. удава́ться
уда́чный successful
удво́енный doubled
удержа́ть см. уде́рживать
уде́рживать, удержа́ть to retain
удиви́ть см. удивля́ть
удиви́ться см. удивля́ться
удивля́ть, удиви́ть to astonish
удивля́ться, удиви́ться to be surprised
удо́бный convenient
удовлетвори́тельно satisfactorily
удовлетвори́ть см. удовлетворя́ть
удовлетворя́ть, удовлетвори́ть to satisfy
уезжа́ть, уе́хать to depart
уе́хать см. уезжа́ть
уж, уже́ still, already
у́же narrower
у́зел node
у́зкий narrow
узкополо́сный narrow band (attr.)
уйти́ см. уходи́ть
ука́занный mentioned
указа́тель index
указа́ть см. ука́зывать
ука́зывать, указа́ть to indicate
укла́дывать, уложи́ть to lay
укрепи́ть см. укрепля́ть
укрепля́ть, укрепи́ть to fasten
ула́вливать, улови́ть to catch
улета́ть, улете́ть to fly (away)

улете́ть см. улета́ть
улови́ть см. ула́вливать
уложи́ть см. укла́дывать
улучша́ть, улу́чшить to improve
улучше́ние improvement
улу́чшить см. улучша́ть
ультрааку́стика supersonics
ультразвуково́й supersonic
ультракоро́ткий ultrashort
ультрафиоле́товый ultraviolet
ум mind
уменьша́ть, уменьши́ть to decrease
уменьше́ние decrease
уменьши́ть см. уменьша́ть
умноже́ние multiplication
у́мный clever
умыва́ться, умы́ться to wash (oneself)
умы́ться см. умыва́ться
унести́ см. уноси́ть
универса́льность universality
универса́льный universal
университе́т university
уничтожа́ть, уничто́жить to destroy
уничто́жить см. уничтожа́ть
уноси́ть, унести́ to carry away
упа́сть см. па́дать
упомина́ть, упомяну́ть to mention
упомяну́ть см. упомина́ть
употреби́ть см. употребля́ть
употребля́ть, употреби́ть to use
управле́ние control
управля́ть to manage
управля́ющий manager
управля́ющий снаря́д missile
упражне́ние exercise

упрости́ть см. упроща́ть
упроща́ть, упрости́ть to simplify
упру́гий elastic
уравне́ние equation
урага́н hurricane
ура́н uranium
у́ровень level
уро́к lesson
усиле́ние amplification
уси́ливать, уси́лить to amplify
усили́тель amplifier
уси́лить см. уси́ливать
ускоре́ние acceleration
ускори́тель accelerator
уско́рить см. ускоря́ть
ускоря́ть, уско́рить to accelerate
усло́вие condition
усложне́ние complication
усложни́ть см. усложня́ть
усложня́ть, усложни́ть to complicate
услы́шать см. слы́шать
усоверше́нствовать см. соверше́нствовать
успева́ть, успе́ть to take time, to make progress
успе́ть см. успева́ть
успе́х progress
усредне́ние averaging, neutralization
устана́вливать, установи́ть to install, to establish
установи́ть см. устана́вливать
устано́вка installation
усто́йчивость stability
усто́йчивый stable
устра́ивать, устро́ить to arrange
устро́ить см. устра́ивать
устро́йство arrangement

усы́ whiskers
утверди́ть см. утвержда́ть
утвержда́ть, утверди́ть to affirm
уточне́ние making more precise
у́тро morning
у́тром in the morning
у́хо ear
ухо́д departure
уходи́ть, уйти́ to go away
ухудше́ние deterioration
уча́ствовать to participate
уча́стие participation
уча́сток section, portion
уче́бный educational
учени́к pupil
учёный scientist
уче́сть см. учи́тывать
учёт calculation, allowance
учи́тель teacher
учи́тельница woman-teacher
учи́тывать, уче́сть to take into
　consideration
учи́ть to teach
учи́ться to learn
у́ши ears
фа́за phase
фа́зотрон synchro-cyclotrone
факти́ческий actual
фа́ктор factor
фараде́й faraday
февра́ль February
фён foehn
фе́рми fermi
ферри́т ferrite
ферромагнети́зм ferromagnetism
ферромагне́тик ferromagnetic
ферроэлектри́ческий ferroelectric
фи́зик physicist
фи́зика physics

физиоло́гия physiology
физи́ческий physical
фикси́ровать, зафикси́ровать to
　fix
филосо́фия philosophy
фильтр filter
фильтра́ция filtration
флуктуа́ция fluctuation
флуоресце́нция fluorescence
фо́кус focus
фокуси́ровать to bring to a focus
фокусиро́вка focusing
фо́рма form
форма́льный formal
формо́вка molding
фо́рмула formula
фо́сфор phosphorus
фотовольтаи́ческий photovoltaic
фотогальвани́ческий photogal-
　vanic
фотографи́рование photographing
фотогра́фия photography
фотографи́ческий photographic
фотодио́д photodiode
фотокато́д photocathode
фотомагни́тный photomagnetic
фотоме́трия photometry
фото́н photon
фотоплёнка photographic film
фотопроводи́мость photocon-
　ductivity
фотосопротивле́ние photo-
　resistance
фототелегра́мма phototelegram
фототелегра́фный phototele-
　graphic
фотохими́ческий photochemical
фотохи́мия photochemistry
фотоэлектри́ческий photoelectric

фотоэлектри́чество photoelectricity

фотоэлеме́нт photoelectric cell

фотоэму́льсия photoemulsion

фотоэффе́кт photoeffect

фра́нций francium

фрикцио́нный frictional

фронт front

фтор fluorine

фу́нкция function

хаоти́ческий chaotic

хара́ктер character

характеризова́ть, охарактеризова́ть to characterize

характери́стика characteristics

хвата́ть см. схва́тывать

хи́мик chemist

хими́ческий chemical

хи́мия chemistry

хлеб bread

хлор chlorine

ход motion

ходи́ть, идти́, пойти́ to walk

хозя́йство economy

хо́лод cold

холоди́льник refrigerator

холоди́ть to cool

холо́дный cold (attr.)

хоро́ший good

хорошо́ well

хоте́ть, захоте́ть to want

хотя́, хоть though

хоть бы if only

хром chromium

хромати́ческий chromatic

хромовока́лиевый chrom potassium

хромоме́тр chromometer

хромоско́п chromoscope

хромосфе́ра chromosphere

хру́пкость fragility

худо́жник artist

ху́дший worst

цара́пина scratch

це́зий cesium

целесообра́зность expediency

целесообра́зный expedient

цель goal

це́лый entire

центр center

центра́льно-симметри́чный centrally-symmetrical

центра́льный central

цепно́й chain (attr.)

цепь circuit, chain

це́рий zerium

цикл cycle

цикли́ческий cyclic

циклогра́ф cyclograph

цикло́н cyclone

циклотро́н cyclotron

цили́ндр cylinder

цилиндри́ческий cylindrical

цинк zinc

цирко́ний zirconium

циркуля́ция circulation

час hour

части́ца particle

части́чный partial

ча́стность detail

в ча́стности in particular

ча́стный particular

ча́сто often

частота́ frequency

часть part

часы́ clock

чей whose

челове́к man

человеческий human
через, чрез across, through, over
черта line, trait
четверо four
четвёртый fourth
четвертьволновой quarter-wave (attr.)
чёткость sharpness
чётность parity
чётный even
четыре four
четырёхполюсник four-pole
четырнадцать fourteen
четырёхмерный four dimensional
численный numerical
число number
числовой digital
чистить, почистить to clean
чистка cleaning
чисто neatly
чистота purity
чистый clean
читальня reading room
читать, прочитать to read
член member, term
чрезвычайно extremely
что what
что-нибудь something
чтобы, чтоб that, in order
чувствительность sensitivity
чувствовать, почувствовать to feel
чуть hardly
чуть не nearly
шар ball, baloon
шар-зонд sounding baloon
шар-пилот pilot baloon
шасси chassis
шест pole

шестерня gearing
шестнадцать sixteen
шесть six
шестьдесят sixty
ширина width
широкий wide
широкополосный wide band
широта latitude
шквал squall
школа school
шлейфный loop (attr.)
шлифовка polishing
штейн matte
шпур pinch
штемпель stamp
шторм storm
штрих prime
шум noise
шумомер audio-noise meter
шунт shunt
шунтировать to shunt
шутить, пошутить to joke
щелочной alkaline
щель slit, gap
щётка brush
щипцы pincers
щит shield
щуп probe
эвтектический eutectic
эвтектоидный eutectoid
эйнштений einsteinium
экваториальный equatorial
эквивалентный equivalent
экзамены examination
экзосфера exosphere
экономия economy
экран screen
экранировать to shield
эксперимент experiment

периментальный experimental
позиция exposition
понометр exposure meter
итон exciton
поненциальный exponential
траординарный extraordinary
траполяция extrapolation
ктризация electrization
ктризировать to electrify
ктрический electric
ктричество electricity
ктроакустика electroacoustics
ктрод electrode
ктродвижущий electromotive
ктродинамика electro-
dynamics
ктроизмеритель electric meter
ктролиз electrolysis
ктролитический electrolytic
ктромагнит electromagnet
ктромагнитный electromag-
netic
ктрометрический electrometric
ктромеханик electromechanic
ктромузыкальный electro-
musical
ктрон electron
ктроника electronics
ктронный electronic
ктронограмма diffraction
pattern
ктронолучевой cathode ray
ктроосаждение electrical
deposition
ктропроводность electric
conductivity
ктроразрядник electric discharger
ктроскоп electroscope

электросопротивление electrical
resistance
электростатический electrostatic
электрострикция electrostriction
электротехника electrical engineering
электрохимия electrochemistry
электроэрозия electric erosion
элемент element
элементарный elementary
эллипсоид ellipsoid
эмиссия emission
эмиттер emitter
эмпирический empirical
эмульсия emulsion
энергетика energetics
энергический energetic
энергия energy
энтропия entropy
эпитаксия epitaxy
эрбий erbium
эталонный standard
этиленаминотартарат ethylene-
aminetartarate
эффект effect
эффективный effective
эхолот echo sounding apparatus
юбилей jubilee
юг south
южный southern
юпитер Jupiter
юстировка alignment
я I
явиться см. являться
явление phenomenon
являться, явиться to appear
явный explicit, obvious
яд poison
ядерный nuclear

ядро́ nucleus

язы́к language, tongue

яйцо́ egg

я́корь anchor

я́ма pit, well

янва́рь January

я́ркий bright

я́ркость brightness, luminosity

я́сный clear

я́щик box